從石器時代到數位時代，
你的一天是人類累積的百萬年

GREG JENNER
葛瑞格・詹納

用一天說歷史

楊惠君——譯

A MILLION YEARS IN A DAY

A Curious History of Everyday Life

推薦序

歷史的活·活在歷史

台師大歷史學博士／建國中學歷史教師　莊德仁

其中一個最常見的詐騙手法，是由男人假扮成身無分文的婦女來詐取錢財，也有人很享受把匿名的罵人明信片寄給陌生人的變態樂趣。不過，最惡名昭彰的詐騙案，應該算是兩位住在紐約的無恥英國佬成立的英美索償公司（The British-American Claim Agency）。他們寫信給無辜的市民，哄騙他們只要支付少許搜尋費用，或許就能拿到一筆無人領取的遺產。當然根本沒有什麼遺產可領，這些「費用」直接進了他們的口袋。等他們被警察抓到的時候，每天的進帳高達五百美元，換成現在的幣值，等於每二十四小時就有一輛嶄新的賓士汽車送上門。

以上情節，若不提醒各位讀者，大家一定會以為這是二十一世紀報紙上的社會新聞。現在大家閱讀的《用一天說歷史：從石器時代到數位時代，你的一天是人類累積的百萬年》作者葛瑞格・詹納（Greg Jenner）可謂是個博學家，透過他的生花妙筆，趣味地陳述從一大早起床刷牙、洗臉、上廁所、吃早餐，搭交通工具上班、上學，中午吃午餐、買咖啡，晚上跟朋友吃晚餐、打屁、聊天，然後回家洗澡，最後是睡覺前撥鬧鐘。千百萬年來，人類重複過著這些習以為常的「生活儀式」，我們現在一切的言行舉止，彷彿被「複製貼上」般，再次重複祖先曾做過的生活。時間似乎是停止地，幽暗地殘存在我們的潛意識中，隨時都會來「指揮」我們如何過生活。若您想要了解自己的「前世今生」，這本書或許可以讓您不用透過催眠，讓您從記錄生活中的習慣開始，了解您可能的過去經歷。

但作者的野心還不止如此，他不僅告訴您「每天的生活，都有其來歷」。他還讓您從生活中的每個細節，透過歷史的時光機，進入每種生活經驗的「歷史」，簡單的說：你目前的生活形態，是因為歷史的因素所造成；且每一個生活細節，本身都有一段歷史的發展故事。這種「雙層歷史」的書寫策略，會讓讀者的閱讀充滿多層次的喜悅。這就像是蘇東坡在〈前赤壁賦〉所云：「蓋將自其變者而觀之，則天地曾不能以一瞬；自其不變者而觀之，則物與我皆無盡也。」閱讀此書，讀者一定很快地理解到，時間彷彿被凍結，我們只是重演過去歷史上發生過的行為，一切只有「倒帶重播」，沒有改變——「自其不變者而觀之」；但再仔細閱讀，每一種生活方式，都是先民歷經無數次實驗，選擇出最適合人類物種的生存模式，期間歷經多少淘汰、衝突與競爭，每種生活經驗，都各自有其「生命演化史」——「自其變者而觀之」。這種「歷史中還有歷史」的書寫策略，更讓讀者深感「歷史」如天羅地網般的存在，人類無所逃於其掌控。

記得看過一部韓國電影叫做《腦海中的橡皮擦》，女主角因罹患阿茲海默症，會逐漸遺忘身邊的事物，且會從最近的生活經歷開始。她先忘記現任男友，只記得前任男友，也忘記回家的路，忘記許多生活中的技能，甚至連如何上廁所的記憶／技藝也忘記，逐漸退化成嬰兒時代。從這我們也可以看到「歷史」的功能所在。我們生活中任何行為，哪一個不是透過重複練習、組織記憶，再形成行為模式，小到如何吃飯，大到如何愛人，自我的形成，都是透過記憶，我們才能有言語、行動與個性，若說「失去了記憶也就失去了靈魂」實不為過。還記得片中女主角說過：「你知道了嗎？我的腦子裡……有一塊橡皮擦……」、「如果我的記憶都失去了，愛還有什麼意義？別再對我那麼好，我全部都會忘記的！」在電影的結尾，男主角為喚醒女主角的記憶，竟設計過去他和女主角第一次相遇的場景，讓他們重回記憶，重新在一起。

這本書的作者，從生活出發，透過他博學的生花妙筆，從一大早的起床開始，到夜間上床前的撥鬧鐘，鉅細靡遺地告訴我們每個生活細節的「前世今生」。帶著我們穿越時空的限制，看到人類物種文明生活的演進歷程，好喚醒我們的集體記憶，重新經歷每個文明行為的選擇過程，好讓我們珍惜現在生活中的種種，也思考更好生活方式的「新」可能。

誠摯地推薦這本「妙書」給大家，無論您是對日常生活方式感到好奇、懷抱著考古學家的溯源癖好，還是為滿足知識飢餓下的空虛心靈，或者您對人類行為與認知心理學有著濃厚興趣，甚至您有著探索「歷史為何物？」的哲學關懷，這本書都可以讓您滿載而歸！

推薦序

流光的匯聚

「故事：寫給所有人的歷史」網站共同創辦人　謝金魚

影響了歐洲基督教思想的偉大神學家奧古斯丁（St Augustine of Hippo，西元三五四至四三〇年）在《懺悔錄》中曾反覆論證「時間」，他認為人類以過去、現在與未來的經驗來界定時間，在過去與未來中浮沉，卻不知道在上帝的永恆中不存在時間的起伏，只有永恆的現在，就連人類認知的時間本身也是受造物。在我大學時閱讀《懺悔錄》時，大半有讀沒懂，但奧古斯丁對於時間的論述，卻隱約提示著歷史的本質。

長久以來，歷史一直被貼上「陳腐」、「老朽」、「無用」的標籤，身為一個歷史學人，我們最常遇到的問題就是「知道這個可以怎樣？」，因為不能「怎樣」，所以沒有意義嗎？如果用這樣的方式來衡量的話，那影視作品對觀眾而言，也是「無用」的，我們坐在電影院裡看完了兩小時的電影，有什麼意義呢？我們無法觸碰螢幕上的影星，也不會因為看了一部電影就成為億萬富翁，不是嗎？但是，我們仍然前往電影院，去感受那些影像編織而成的故事，為了電影中的情節而心潮起伏，並從電影中得到了啟發。

我們需要從他人的影像中看見自己，電影反映著創作者的意念，如同歷史反映著過去人們的倒影，不同的載體，反射著我們在當代世界中的旅程。

在一百年前，有沒有一個跟我們很像的人，在某一個國家，跟我們經歷過一樣的事？如果我們可以去到一百年前、或三百年前，我們又會怎麼過日子呢？這些對於歷史的奇想，構成了《用一天說歷史》的主軸，一個平凡假日裡的生活細節，都隱隱與百年或千年前的某件事相關，在漫長的時間中，無數流光相續，構成了我們生活中的一點一滴。

來自歐洲的作者詹納，成書材料大多取材自歐美的歷史，這些細緻的生活史素材，對於身在亞洲的我們來說，確實比較陌生，但也增添了許多樂趣。「啊！原來是這樣呀？」、「羅馬人是這樣生活的嗎？」這樣的感覺在我自己閱讀時不斷出現。

隨著詹納的一天結束，這趟上天下地縱橫千年的旅程，相信也會給讀者帶來更多收穫。

目次

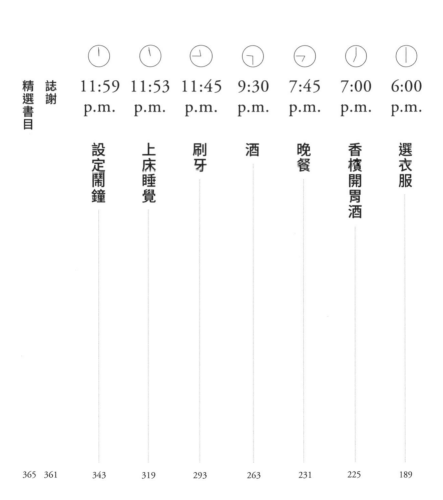

前言

如果一定要我猜，我會說你現在大概是坐著。或許坐在那張厚實的繃皮扶手椅上，舒舒服服地挺直了腰，手臂有一半朝上，手掌張開，把書捧在手裡？又或者你是典型的沙發懶蟲，邋邋遢遢地霸占一張三人沙發？當然，如果你和我有幾分相似，就會站在一班乘客太擠、票價又太貴的通勤列車上，在住家和工作地點之間來來回回，再差幾吋就會碰到陌生人汗濕的腋窩。但我敢說我能猜到你不是在哪裡讀這本書。

我敢說你不是在山洞裡……

雖然仔細想來，不免感到驚駭莫名，但在身體的構造上，你我和三萬年前的人類其實沒什麼不同。雖然我們喜歡看那兩個畫得像卡通的人用棍棒敲對方的腦袋瓜——可能一個叫「烏」（Ug），一個叫「努」（Nug），然後把女人像垃圾箱那樣拖走，但實際的情況可能文雅得多。首先，他們不是整天呼嚕呼嚕的傻瓜。事實上，他們有完整的語言能力，有解決問題的聰明才智，也有保護至親及為死者哀悼送葬的強烈渴望。他們在每一方面都和你我這種現代人沒什麼兩樣，然而我們過的生活卻和他們迥然不同。所以，我們怎麼會過著現在這種生活呢？

嗯，你不妨往四周瞧瞧。生活的每一個層面都是歷史的副產品，前後經歷成千上萬年。到你住家附近晃晃，很多東西乍看之下無疑是現代的產物，但其實每樣東西背後都有令人嘖嘖稱奇的歷史傳承。看看牆上的時鐘，你有沒有停下來想過，最早試圖測量時間的人是誰，他們又是怎麼做到的，又或者為什麼有的國家夏天要調整時間呢？

想想你捧在手上的書。書是兩千年前的發明，聖保羅（St Paul）和暴君尼祿（Emperor Nero）應該都認得出來。用來書寫文字的字母系統經歷了幾千年的演化，可以回溯到古代腓尼基人創造的字母原型，而腓尼基人所屬的溝通傳統，可以從刻有象形文字和楔形文字的石臘板，一路往前追溯到洞穴牆壁上人類史上最早的史前塗鴉。你櫥櫃裡的食物來自世界各地，以前可能只有阿茲特克人知道是什麼東西。你櫃子裡衣服可能是用五千年前在古印度首度栽種的衣料織出來的。而你的床單和圖坦卡門國王（King Tutankhamun）在遙遠的銅器時代所穿的亞麻內褲，可能有很多相似的地方。

在我們生活中的每一天，大多數人輪流進行著人類重複了好幾千年的慣性儀式：起床、上廁所、吃早餐、洗澡、選衣服、和別人溝通、一起吃飯、喝酒、上床睡覺和設定鬧鐘……在這些日常生活的背後，是一代又一代的先人寫下的故事。

我這本書的寫法，就像在描述現代某個星期六的例行活動，每一章都會專門討論你可能覺得很熟悉的活動，但我是透過這些例行活動來回到過去，探索例行的活動是怎麼產生的。

雖然要想像我們和石器時代的穴居人有任何相同之處，不免令人詫異，但我們每天做的事和人類從古到今所做的事情差不多。我們往往以為，相較於我們現代人，所謂的穴居人是走路跌跌撞撞的傻瓜。但他們會不會懂得使用 iPhone 和開車呢？令人吃驚的是，他們也會，如果有人教他們怎麼用的話。唉呀，他們是因為環境所逼，才一輩子沒機會開著設計精良的賓士車兜風，或是在火車上一邊偷偷聽著邦・喬飛（Bon Jovi）的「暢銷金曲」（Greatest Hits），一邊假裝閱讀《包法利夫人》（*Madame Bovary*），因為我們現在正處於人類史詩故事最新的一章，而他們則是在這本書無聊的開頭四處摸索，這時作者都在感謝同事、家人，還有幫他們排版的人。

所以這本書多多少少有一點想替古人平反，同時也回答幾個長久以來的問題：你的生活為什麼是現在這個樣子。這不是說以後我們看到從前稀奇古怪的事情，不會驚訝得翻白眼，而且我也盡量從雙方的差異中找到幽默的地方。但我最希望的是讀者赫然驚覺，我們和幾百年或甚至幾千年前在世上走過一遭的人居然有這麼多共同點。

最後，本書講的是你和我的故事，只是發生的時空剛好大多都在以前。

9:30 a.m.

起床了

鬧鐘刺耳的鈴聲把我們從熟睡中驚醒。我們把頭從溫暖的枕頭上抬起來，枕頭的褶子裡積滿了濕答答的口水，好不容易張開被眼屎黏在一起的眼睛，斜眼看時間，恨不得鬧鐘故障了，至少還能再瞇個兩小時。很可惜，往手機瞥了一眼，確定起床的時間真的到了。

為什麼時鐘上的數字這麼重要？為什麼我們不乾脆繼續睡到完全休息夠了為止？這個嘛，因為時間是支配我們生存節奏的組織架構，無視於時間的存在，會讓我們的生活陷入混亂。然而，雖然時間是一個穩定的實體，千百萬年來一直很可靠地徐徐前進，時間的測量卻一直是個棘手的難題。我們用標準化的單位所做的嚴格劃分（秒、分、時、日、週、月、年），並非亙古不變的普世法則，而是千百年來，世人因為亟欲避免令人晝夜不分的混亂，而共同採用的成規。事實上，要鑽研計時（timekeeping）的歷史，就像看一齣沒有字幕的比利時肥皂劇，起初覺得莫名其妙，但慢慢會產生莫名的說服力。

早安！

今天是星期六，我們之所以知道今天是星期六，是因為昨天是星期五。但我們所謂的「日」（a day）究竟是什麼意思？經常有人說英語是最豐富的語言，字彙不停地增加，所以我們英語系國家讓「日」指涉兩個不一樣的意思——太陽二十四小時自轉一圈，還有夜的反義詞——未免稍嫌荒謬。儘管很顯然會造成溝通上的錯誤，我們仍然堅持這種笨拙又粗野的做法，因為我們死腦筋，而且顯然有一點愚蠢。其他許多語言都不會做這種蠢事。例如荷蘭語就採用兩個不同的字來規避這種混淆（Dag 指的是白天，Etmaal 指的是二十四小時），而保加利亞人、丹麥人、義大利人、芬蘭人、俄羅斯人和波蘭人都有類似的做法。不過和 Etmaal 最接近的英文字是 Nychthemeron（希臘語的「日與夜」），比較像是芬蘭重金屬樂團的名字，一看就讓人傻眼。我從來沒聽哪個人用這個字來講話，連科學家都假裝根本沒這個字，所以它成了語源學家飼養的一隻營養不良的寵物，碰到特殊場合才從籠子裡拿出來，譏笑它有多麼荒謬。

不過以英語為母語的人照樣這麼混下去，不然就是偶爾改變遊戲規則，用夜晚做為時間的測量單位，就像我們訂旅館房間的時候，狡猾地用 fortnight 這個盎格魯撒克遜文字來代表連續十四個晚上的意思。但這種做法也不是每次都行得通，因為旅行社的人必然會問：「是十四天十三夜嗎？」然後我們必須像小孩背九九乘法表一樣，用手指頭挨個兒數一遍。但我們不要給與太嚴厲的批判，因為這多少是遺傳性的弱點。到底怎樣才叫做「日」？相關的術語一直有個很讓人傷腦筋的問題。在三世紀，羅馬哲學家森索瑞努斯（Censorinus）主張，二十四小時的週期應該命名為「民用日」（civil day），而白晝應該被稱為「自然日」（natural day）。儘管看似合理，七世紀一群沒事找事的學究把二十四小時的循環週期改成「自然日」，反而用「人工日」（artificial day）來代表白天，把事情攪和得更加混淆。

但我們不必花心思把定義背下來嚇唬朋友，因為現代天文學又反過來，用「民用日」來描述地球自轉一天的時間。如此一來，原先代表兩種意思的「自然日」，現在已經不再指涉任何意義，而「人工日」現在指的是燈泡發出的光。聽懂了嗎？不，我也不懂……但我擔心本章的內容幾乎沒有簡單的地方，連「日」的起點和終點都很難定義。

午夜時分

把眼睛張大一點，我們看到陽光從窗簾的隙縫流瀉進來，所以現在一定是早上沒錯。只不過呢，日光不是早晨的先決條件，對吧？在現代的西方和東方，新的一天都是從黑漆漆的零時開始算起，所以英國在除夕派對狂歡作樂的人，會在午夜鐘聲敲響時醉醺醺地亂唱「友誼萬歲」（Auld Lang Syne）的前兩行歌詞。不過想像一下，如果這些醉醺醺的派對動物被迫要等到天亮，醉得愈來愈厲害，場面會多麼混亂，這時聽起來恐怕不像一場大合唱，反而更像一群在海上溺水的牛。不過「午夜」（midnight）這個字很令人困惑，組成這個字的兩個音節是指「現在是夜晚的中點」，然而這個字其實是標示出早晨的起點，卻讓我們誤把凌晨一點的電視節目稱為「深夜節目」，或是在凌晨四點回家的時候誇耀自己「徹夜狂歡」。像這樣混淆界線，任由「日」應結束而未結束，顯示我們的生活方式和大約在三千五百年前達到顛峰的古埃及文明，有驚人的共通點。

在埃及高度宗教性的文化裡，新的一天是從黎明開始，而非午夜。因此，日出被視為神聖的現象，太陽神「睿」（Ra）在這個時候開始進行每天的通勤活動，駕著戰車越過天空，然後必須和混沌蛇神阿波菲斯（Apophis）展開一場史詩大戰。不過，為了使這個恆久不變的日常活動生效，並且敦促太陽升起，半人半神的法老必須在卡納克（Karnak）或赫利奧波利斯（Heliopolis）的神聖廟宇舉辦滌淨儀式。在實務上，可能是由代理人代為舉行儀式，因為法老往往待在帝國的其他地方，儘管我真的很願意想像，焦急的僕人拚命想把脾氣暴躁的圖坦卡門從床上拖下來的畫面。

不過以黎明做為「日」的起點，在古代並非放諸四海皆準的習俗。四千年前，巴比倫人住在現今伊朗的大城市裡，和他們銅器時代的埃及鄰居有許多共同點，但他們新的一日是以傍晚為起點，沒多久就要上床睡覺。後來古代的希臘人、塞爾特人、日耳曼民族，甚至是中世紀的義大利人紛紛模仿這種做法，中世紀的希臘人把這種計時系統稱為「佛羅倫斯計算法」（Florentine Reckoning），如果你打算寫一本謀殺案的小說，這倒是一個很好的書名……這也不是什麼消逝已久的遠古遺風，因為正統派猶太教徒的安息日也是從星期五的日落算起，直到星期六的黃昏結束。那現代世界最後怎麼會以午夜為斷點？答案恐怕在羅馬人身上，他們把日與夜分成兩大部分，各占十二小時。

當然，最重要的問題是：計時的做法一開始是誰發明的？難道有一個蘇美人在某天早上醒來，決定現在是早上七點，所有其他人不知該怎麼辦，於是聳聳肩表示同意？好像不太可能。我想我們恐怕必須到更遠古的時代去找答案。

月有陰晴圓缺

南非林波波（Limpopo）省的馬卡盤（Makapan）山谷是那種風景非常優美，活像被好萊塢特效動畫師用數位算圖軟體處理過的地方。這是一個綠意盎然的V字形山谷，裡頭長滿了秋天會變紅的綠樹，在山谷內就算看到翼龍從空中突然撲過來，你也不會覺得非常驚訝。一座座高聳的石灰岩山丘從森林拔地而起，古代的水蝕作用，慢慢侵蝕出一連串的洞穴，考古學家在這些偏僻的洞穴發現了一些非比尋常的史前遺跡，包括人類最遠古的祖先——南方古猿（Homo Australopithecus）的骸骨。

三百萬年前，想必有一個這樣的小型直立動物，發現影子在夜幕低垂時會變長，然後蹣跚地走回安全的洞穴裡。雖然石壁可讓他們暫時棲身，但該發生的事還是會發生，藏身其中的人亞科動物在石灰岩洞穴裡嚥下了最後一口氣，直到二十世紀才被古生物學家重新發現。南方古猿完全沒有我們人類的智能，而且應該很不會填字謎，然而即使是這種原始的生物，可能也會發現自然世界的週期性節奏：月亮的圓缺、浪潮的拍擊，以及每年四次的季節更迭。地球不停地自轉，宛如永不停歇的心跳，讓我們的生活充斥著光明和黑暗，而南方古猿很可能是根據太陽每天穿越天空的弧形軌道來過日子，知道天黑之後太陽又會出來。簡單地說，南方古猿對時間可能有了基本的理解。

不過這只是猜測而已。石器時代的人類懂得計時的證據在哪裡？如果我們快轉到三萬年前，當時地球上除了尼安德塔人（Neanderthals），也有現代人。接著我們遇到一件在法國多爾多涅（Dordogne）省的勒普拉卡（Le Placard）出土的古物，因為不知用途為何，所以特別讓人感興趣。這是一塊老鷹的骨頭，表面刮出一連串的凹痕，在不同的時間沿水平方向刻成，似乎記錄了月亮前十四天由缺轉圓、從新月到滿月的過程。這樣自然令人忍不住想把這塊骨頭當成史上最早的日曆。

雖然這塊骨頭可能是尼安德塔人刻的，但許多考古學家懷疑，這個和智人（Homo）敵對的部族恐怕在認知與適應能力上完全不是我們的對手。如果我們是福爾摩斯（Sherlock Holmes），他們就是特警判官（Judge Dredd）——尼安德塔人比較強壯、結實、能一拳打中大熊一副熊樣的臉……但如果叫他們調整微波爐上的計時器，他們可能會因為洩氣而咆哮。相反地，恐怕是像我們這樣天生充滿好奇心，具有發明能力的智人，才可能好奇地凝視著月亮，決定用昨晚吃飯剩下的一塊骨頭稍微記錄一下月亮的盈虧，用精密的頭腦努力鑽研，想對宇宙的運作方式有基本的了解。不過，話說回來，也可能只是有人一邊上大號一邊亂塗鴉而已。

畢竟，只憑我們都以同樣的方式，用時鐘來測量時間，也不代表我們的祖先也這樣做。

甚至才不過兩百多年前，就發生過一次短暫的變動，戲劇性地揚棄了我們現在不可或缺的二十四小時制……

一天只有十小時？

事情發生在一七九三年，法國陷入暴力革命中。斷頭台砍下了國王路易十六（King Louis XVI）的腦袋，而巴黎石子路上的鵝卵石，也很快就被貴族和農夫的猩紅血漿染紅。對此，歐洲政客個個嚇得瞠目結舌，生怕這場動亂隨時可能感染自己國內的百姓。當時各種崇高的理念在世界各地盛行，一群知識分子受到啟蒙哲學的激勵，在一張白紙上重新繪製法國社會的藍圖。什麼都逃不過他們的法眼，就連時間也必須由上而下重新設計……

巴比倫人十二進位的數學已經被頑固地沿用了四千多年，不過當初為什麼要以十二這個數字為基礎，而不用十呢？這個嘛，十只能被二和五這兩個數字整除，而十二卻可以用二、三、四和六除盡，因此在數學計算上要好用得多。除此之外，陰陽曆（以觀察太陽和月亮為依據所構成的曆法）以每年的十二個月相為基礎（每兩、三年會插進第十三個「閏月」），因此十二是宇宙的數字基石。故在邏輯上，時間應該以十二進位的成規計算，一分鐘有六十秒，一天有二十四小時。

不過那是古老的思維，現在可是一七九三年！法國大革命不只要讓飢餓的暴民懲罰戴假髮的貴族，革命領袖也試圖揮別法國腐敗歷史的傳統，迎向科學的理性主義。兩百多年來，歐洲哲學界不停嘀咕著有沒有可能制訂一套公制計時法，現在測試的時機到了。於是新成立的國民議會就在十月五日把尚—查爾斯．德．波達（Jean-Charles de Borda）一年前提出的建議投票立法。一天二十四小時突然被分成十個小時，每小時有一百分鐘，每分鐘長達一百秒。

各位可能猜到了，曆法其他的部分也被仔細地重新擬定，七天一週變成十天一旬（décades），因此無意間複製了古埃及十天一週的制度。同時，一年減少成十個月份，全部重新命名，名稱都很有文學氣息，例如「風月」（Ventôse），指的是風勢強勁的二月，而非聖誕節期間，我們過聖誕節的時候時常過度放縱，所以完全靠不住。法國人驕傲地把十進位的計時方式譽為法國破舊革新的證據，不過事實上，古代的中國人早在幾百年前就使用十進位。說來有點諷刺，說服中國人放棄十進位的竟然是歐洲的商人，顯然法國當局沒有收到備忘錄，很快他們就會明白什麼叫做「千金難買早知道」。

沒錯，公制計時法處處碰壁，儘管有人打造混合制的時鐘，在鐘面上同時顯示二十四小時制和十小時制的時間，企圖平息眾怒，但各界普遍認為這做法完全是浪費時間。法國人或許能忍受有大批人被送上斷頭台，但十小時的時鐘？發神經！這個自吹自擂的十進位革命只勉強撐了十八個月（或者應該說是十進位的十四個月……？）就火速換回行之有年的十二進位時間，讓相關人士顏面盡失。

不過先等一下，我聽到你們異口同聲地大喊：「你剛才說埃及人一週有十天是怎麼回事？那不是十二進位！」對，那個嘛……或許現在應該開始了解鐘錶學史的「來龍去脈」。這一段可能要專心聽一下，可以先舒舒服服地坐好，下面這段敘述可能比較難懂。

埃及人怎麼計時？

如果看牆上的日曆，會發現我們的制度是模仿巴比倫人，每個星期有七天，不過埃及人把這種習俗加上他們自己的創新，產生另外一種計時系統。不同於美索不達米亞人，他們以十天為一週，在年曆中塞進三十六週，把多出來的五天任意附加在後面。除此之外，既然一週有十天，也表示他們可能只有三個季節，每一季四個月，而非我們的一年四季各自包含三個月。這主要是因為尼羅河的情緒反覆無常，一年到頭氾濫，因此年曆被分割成氾濫、種植和收割農作物這三個農業週期，而非我們的春、夏、秋、冬。

但一天的時間又是如何分割的？這個嘛，埃及人二十四小時的Nychthemeron（對不起，我忍不住要打這個字……）並沒有像我們這樣分成各有十二小時的上下兩半，而是分成四個階段：一小時半光（half-light），然後是十小時的白晝，緊接著是一小時的半光，然後是十二小時的黑夜。這麼一來，我們要問的是，埃及人究竟會不會測量時間，如果會的話，是怎麼測量的？答案是一個很興奮的「會！」，然後緊接著說「講起來很複雜，但基本上和天空有關！」要測量白晝的時辰，多半是用日晷這種技術，我們稍後會介紹什麼叫日晷，但測量黑夜的時辰就困難多了，更顯得埃及人的解決方案非常聰明。

寫在星辰中

你可曾在黎明前凝視過天上的星星？在十八歲的浪漫年紀，我朋友和我打算在新千禧年的第一個早上凝視星辰。我們好像世紀末那樣盡情狂歡，然後醉醺醺地爬上山，觀賞太陽在這個光榮的新紀元升起。很可惜，當時天空烏雲密布，燦爛的日出被塞文歐克斯（Sevenoaks）街燈發出的橘光給破壞了，我們只好拖著疲憊的腳步回去吃甜甜圈。一點也不浪漫……但如果我們當時去的是一處光害沒那麼嚴重的海岬，和一個天氣比較好的國家，或許就能窺見太空人所謂的「偕日升」（heliacal rising）。

黎明之前，幾顆被稱為「旬星」（Decans）的星星在東邊的地平線短暫地露臉。在一年三百六十五天當中，這三十六顆星星構成的一個個星群，每天往西移動一度，每天早上好像都稍微往前移動一點，直到肉眼看不見為止。每十天會有一顆新星出現在東邊的地平線上（因此才叫做旬星，Dekanoi是希臘語「第十」的意思），例如奇怪的「蒙哥」（meerkat）。埃及人可能受到這個影響，才把一星期定為十天。不過這和看時間有什麼關係？這個嘛，古埃及的學者把他們的星圖和曆書寫在石棺上，也刻在墓室的牆壁上，因此現代的考古天文學家得以解讀他們把偕日升變成夜時鐘的精密系統。對角星辰表（Diagonal Star Table）乍看之下（愈看愈糊塗？）很像是一次不幸的軟體故障把公車時刻表變成了象形文字。表格頂端橫向的部分列出了一年的三十六週，每週十天，這三十六欄下方的象徵圖形代表每個旬星在一年的哪一個星期出現。簡單來說，如果你知道精確的日期，就可以用對角星辰表把某顆旬星在天空的位置與表格裡的資料做比對，這樣就會知道這顆旬星大約在哪一個小時出現。

西元前一五〇〇年左右，這個系統被另一個更複雜的系統取代，叫做「拉美西斯星鐘」（Ramesside Star Clock），活像是一九七〇年代前衛搖滾專輯的名稱。這個系統最值得矚目的創舉，是把一年分成二十四個月，一個月十五天，然後把重點放在新發現的一群四十七顆「時星」（hour star）。同樣地，端詳這個刻畫在墳墓和石棺上的設計，不免懷疑這是不是一個複雜局戲（board game）的規則說明。圖像底部是一名跪在地上的男祭司，穿著一件時髦的亞麻短裙，頭上是棋盤式的網格，包含七條垂直的橫切線，類似古代的棋盤，可以記錄星辰的運行。

就學者的判斷，初出茅廬的天文學家應該模擬這位祭司的動作，在張開的手中拿著一個或許是鉛錘的東西，把自己身體各部分和上面的垂直線條對齊，做為星星所在位置的比較性參考。或許他跪下來的時候，面前還得有一池水，用來映照頭頂上的星星？相關的辯論正如火如荼進行著。

靠不住的時辰

針對夜間計時這個棘手問題，追蹤星星的運行是一個很聰明的解決辦法，不過埃及的一小時並不像我們的六十分鐘，是一個標準化的單位，反而會隨著季節而伸縮：冬天的一小時白晝可能只有我們現代的四十五分鐘；到了充滿陽光的夏天，一小時白晝則比較接近七十五分鐘。古埃及人之所以這麼做，是因為他們推論太陽繞地球旋轉時，並非沿著赤道運行，而是順著黃道面環繞地球。在冬天，黃道面起於赤道下方，然後逐漸往上傾斜，在夏天來到赤道上方，然後再往下傾斜。如果這樣聽不懂，就想像有一個圓圈狀的飛盤包圍海灘球的中央，飛盤以對角的方式傾斜，所以左邊比較低，右邊比較高。至少在埃及人眼中，這就是太陽在夏天的天空顯得比較高的原因。

因此白晝總是有十小時（外加兩小時的半光），但夏天的每一個小時都比冬天長，我們或許可以把這個現象稱為「季節時辰」（seasonal hours）。但即使是季節時辰，在正午時分，也不可能光靠天上的星星來測量，因此古代的計時者必須另外想個辦法來計時……

給我陽光

當星辰消失，太陽出來的時候，計時的方法又改了。希羅多德（Herodotus，古希臘作家，經常被稱為「史學之父」）宣稱日晷是狡猾的巴比倫人發明的，不過許多不同的文化恐怕都分別出現了日晷，因為基本的技術要件不過是在地上立一根棍子。

不管怎麼樣，如果我要你說出一種有名的古代日晷，你絕不會扯到巴比倫去。但如果住在巴黎、倫敦或紐約，你可能會舉出你在路上常常經過的一個埃及日晷。這座日晷不是隱藏在博物館的玻璃箱後面，而是傲然豎立在光天化日之下。我指的是什麼？嗯，這日晷的俗稱叫做「克麗奧佩特拉之針」（Cleopatra's Needles），儘管和這位著名的女王一點關係也沒有。事實上，這些方尖碑擁有將近三千五百年的歷史，在克麗奧佩特拉和凱撒（Julius Caesar）共享魚水之歡的時候，它們已經在信仰太陽神的古開羅城守護了一千四百年。

說實話，考古學家不知道這些方尖碑究竟是專門用來計時的，抑或純粹是巨大的裝飾品，只不過剛好投射出一道陰影。而且，即使方尖碑是專門用來看時間的，以它們的體積，根本沒辦法拿來做日常使用，所以要尋求比較小的替代品。最簡單的替代品是影鐘（shadow clock），基本上只是一塊長形的木板，其中一端插了一根直立的T字桿，類似高速賽車車尾的擾流器，所以只要把橫桿從地面舉起來，就能在長形的木板上投射出一道對角線的陰影。在太陽很低的時候，影子拉長，可以到達木板最末端，就像一隻黑貓舒展筋骨，在炎熱的正午做日光浴；快到中午的時候，太陽升到最高點，幾乎位在橫木的正上方，因此影子會縮短。

到了正午時分，影鐘會突然變得毫無用處。即使以手機的標準，這種報廢率也未免太快了，不過犯不著花大錢更新，只消把原本朝向東方的影鐘轉過來朝西，好用來測量太陽下降，而非上升的速度。至少現在的推論是這樣的，但問題是沒有任何埃及的實例（不管是書寫、考古或圖解的例子）真的可以證明這種橫木的存在。基本上，我們其實不知道影鐘是怎麼用的，也不知道上面究竟有沒有橫木。

不過，我們對日晷的推論就比較可信。西元前八世紀，埃及人優雅地發展出斜坡狀的石塊，比較能測出太陽在天空的位置，並且追蹤在外露的盤面上移動的影子，用詳細的測量單位來說明太陽的位置。大約在西元前五四六年，米利都（Miletus）的哲學家阿那克西曼德

（Anaximander）把日晷從埃及引進希臘，旋即和哲學、橄欖油，以及狎玩男童一起成為愛琴海文化不可或缺的成分。到了西元前三世紀初，迦勒底的波洛修斯（Berosus of Chaldea）把日晷重新設計成半輪（hemi-cycle），雖然聽起來很像一台怪異的古代腳踏車，但這其實是把一塊石頭挖成弧形、內凹的扇貝狀石盆（有點像未完成的浴室洗臉盆）。半輪之所以能用來計時，關鍵在於日規（gnomon），亦即位於石盆中心點的尖形投影指示器。

留著發亮大鬍子的希臘萬事通被稱為當時的創造天才，不過因為出現了幾個硬要分一杯羹的義大利暴發戶，古代的科技市場即將變得野蠻許多。西元前二六四年，激進的羅馬人入侵希臘在西西里島的殖民地，在不小心故意殺了島上最有名的居民——離經叛道、大喊「我發現了！」（Eureka!）的阿基米德（Archimedes）——之後，他們偷走了西西里市的官方日晷，等於殺了人之後還要鞭屍。話說善惡到頭終有報，這些羅馬竊賊始終不明白如何根據在地的緯度來校準日晷，回到羅馬之後，發現校準偏移了四度，所以根本不準確。不過，頑固的竊賊大老遠地把東西帶回來，並非毫無目的，他們照樣把日晷裝置好，據說他們在後續的一百年不斷對訪客咕噥說：「沒有，這日晷本來就是這樣，真的。」直到西元前一六四年終於改良了為止。

當羅馬的勢力擴張到整個歐洲，深入中東，並從共和國改制為帝國，原本毫不相干的城市互相往來，日晷也開始出現在古代世界的各個地方。等到羅馬建築大師維特魯維亞（Vitruvius）提筆著述如何興建水道這種複雜的建物時，他已經能列出十三種設計不同的計時裝置。即使偉大的奧古斯都皇帝（Emperor Augustus）也在戰神廣場（Campus Martius）豎立了一座巨大的埃及方尖碑當做日規，而和他關係最密切的軍官瑪爾庫斯・阿格里帕（Marcus Agrippa）可能是刻意在宏偉的萬神殿屋頂留了一個洞，讓陽光在某個特定的時刻照進來。

因此，公開展示的日晷這麼多，我們或許以為羅馬世界是靠太陽時辰（solar hours）可靠的節奏來管理，但事實似乎並非如此。普勞圖斯（Plautus）有一句對白經常被引用，他劇中的角色悲憤地說：日晷迫使他的生活變得非常規律，害他不能高興什麼時候吃午飯就吃，但大多數的羅馬人似乎根本不在乎準不準時。我們現代人整天豎起耳朵聆聽時間永不休止的滴答聲，在他們看來可能不太正常。那我們不停看時鐘的習慣是哪裡來的？這個嘛，罪魁禍首恐怕是上帝，或至少是祂在人間的代表……

神聖的時辰

想像一下這個情景：天一亮，鐘聲再度響起。你已經起床了好一會兒，所以不會被鐘聲嚇醒。事實上，不分晴雨，這個場景每天都會出現，而且同樣的情景還會繼續發生，直到你蒙主寵召為止。你聽到的是當天第一次晨禱（Lauds）的呼召，接下來還有一連串其他的頌禱，從第一時辰經（Prime）到第三時辰經（Terce）、第六時辰經（Sext）、第九時辰經（Nones）、晚禱（Vespers）、晚上的夜禱（Compline），然後是夜間的三次日課（Matins），分別在晚上九點、午夜和凌晨三點把你從床上叫起來。然後等天一亮，又從晨禱重新開始，聽起來很辛苦？從來沒有人說當隱修士要整天笑個不停……

如果你是中世紀的隱修士或修女，那你的生活會有一種被每天的禱告儀式——時辰頌禱（Divine Offices），又稱為「大日課」（canonical hours）——所主宰的呆板節奏。遵照七世紀的薩比尼安教宗（Pope Sabinian）一份極具影響力的敕令，每一次禱告都要敲鐘宣告，既然這些無盡的鐘聲只是要提醒上帝的僕人，其他人自然不會注意到（這怎麼可能？）敲鐘的聲音很響亮。在敬神色彩濃厚的中世紀世界裡，歐洲人從來不會離教堂、修道院或大教堂太遠，所以很少聽不見上帝震耳欲聾的鐘聲。因此，大日課在不經意之間，為數百萬平民的日常生活提供了脈動的節拍，就像我百分之百可以根據我家對面操場，那些吵鬧的小孩在午餐時間抓狂的聲音來設定手錶。

以宗教儀式分割一天的時辰，也不完全是西方基督徒的創舉。在伊斯蘭世界裡，一天五次的日常祈禱（Salah），適用在每一個人身上（不單單適用於立誓從事神職的人），因此，伊斯蘭世界建立了集體通知系統，把公共的日晷架在牆壁上，由屋頂的傳道員召喚民眾禱告。不過，儘管伊斯蘭世界非常習慣長短不同的季節時辰，這裡同時也是培養科學天才的溫床，而且有一個人對時間和天象的關連特別有興趣。伊本．沙提爾（Ibn al-Shāṭir）算得上是十四世紀最偉大的天文學家，由於他身兼大馬士革伍麥亞清真寺（Umayyad Mosque）的官方計時員，這方面的知識相當能派上用場，而他對世界史的重大貢獻，正是率先提倡等量時辰（equal-hours）的太陽鐘。

一三七一年，他建造了一座兩公尺長、一公尺寬的水平日晷，放在清真寺的宣禮塔，上面有三個刻度盤，用來測量日落之後、日落之前，以及日落當下的時間。不過最重要的是他校準這個太陽時鐘的緯度，好跟地球的極軸平行，如此一來，在幾張詳細圖表的協助下，他擊敗了季節時辰這個舊禍患，制訂了春夏秋冬一律是六十分鐘的時辰，這一點預示了時間現代性的開端。事實上，先別管時間的問題了，世界即將遭遇巨大的變遷，而計時扮演了關鍵的角色……

時間就是金錢

我們懶洋洋地在床上坐起來，把溫暖的被子拉到胸口，再看看床頭櫃上的時鐘。現在是輕鬆的星期六早晨，我們接下來好幾個小時都沒什麼要緊事得做，然而我們還是忍不住不停地看時間。我們可能甚至感覺每一天都在和時間不停地比賽，而且我是故意這麼說的。

十三世紀孕育出重商主義，大力推動許多歐洲城市成為經濟火車頭，而機械鐘同時在這個世紀出現，這並不是巧合。這些巨大的裝置高掛在城市的鐘塔裡，於是安靜的日晷被淘汰（大多數的羅馬人好像假裝沒看到？）改由機械鐘來不停地提醒我們留意此時此刻。提醒我們有效營業時間是稍縱即逝的資源，你可以在這段時間出去賺大錢，就像中世紀的川普（Donald Trump），只是髮型沒那麼難看。在鐘塔的監視下，封建主義向資本主義投降。突然之間，時間成了金錢。

所以，更好的計時科技似乎創造出對利潤和效率的新執拗。然而，不到幾百年，利潤和效率會使得人類對更好的計時技術產生新執著。

黎明鳴砲

一七八四年的一個早上，美國的駐法使節在床上被嚇醒。富蘭克林（Benjamin Franklin）前一晚忘了把窗門（window shutter）關上，此刻正沐浴在巴黎溫暖的陽光中。這位傑出的科學家驚慌失措地盯著懷錶，發現到一件怪事：現在是早上六點。太陽這麼早起來幹什麼？他是不是在做夢？是不是喝醉了？他匆忙翻過當天的陽曆曆書，確定他的錶沒有停。然後他在那一週把這個實驗重複做了三次，直到他的懷疑終於得到了科學上的證實。對！毫無疑問，太陽確實在黎明升起！

我希望大家已經了解，這個富蘭克林戴的是形上學諷刺作家的帽子，而不是在歐洲掀起一陣古怪時尚風潮的那頂如假包換的海狸皮帽。雖然肩負極高的政治責任，他骨子仍然是那個喜歡惡作劇的小伙子，他在少年時代把那些容易受騙的報紙讀者唬得一愣一愣，以為他是個脾氣古怪的老女人，叫賽冷絲・多格德（Silence Dogood）。現在年紀大了，富蘭克林整天關在巴黎友人的家裡，偶爾會用他世界一流的頭腦解決這位名人朋友——安東—亞歷克西斯—方索瓦・卡地・德・沃（Antoine-Alexis-François Cadet de Vaux）——丟給他的一些可愛小問題。因為感謝友人帶給他這些消遣，富蘭克林捏造了封惡搞的讀者投書，用這個天大的發現來逗東道主開心，當時他正是《巴黎日報》（*Le Journal de Paris*）的主編。

貴報的讀者如果和我一樣，從來沒有在正午之前看過任何日出的跡象，也很少看曆書上有關天文的部分，他們要是聽到太陽這麼早起床，一定會和我當時一樣驚訝，尤其是當我向他們擔保太陽一起床就會發光的時候。

一看就知道笑點在哪裡。富蘭克林最近才剛剛目睹新奇的油燈轟轟烈烈地上市（可以說是十八世紀的蘋果產品發表會），不過他擔心這種油燈的燃料效率，差不多就像我老為手機太短的電池續航力而苦惱。他強烈地意識到蠟燭是非常昂貴的家庭支出，於是這位著名的「美國第一人」（First American）就把他典型的富蘭克林式成本分析寫進惡搞信裡。打趣說一般的巴黎人都在中午起床（真無恥），他推估從三月到九月的晚上，點了一億兩千八百一十萬小時的蠟燭，因此多燒了六千四百萬鎊燭蠟。為了省錢，富蘭克林用諷刺的口吻建議法國政府對窗門課重稅，並且在黎明時分連續發出一連串震耳欲聾的砲聲，吵醒「賴床的懶鬼」。這個科學式惡作劇本來只是他跟朋友開的一個無傷大雅的玩笑，但卻是對照明經濟學的一個令人玩味的洞見。

富蘭克林用諷刺的口吻建議早一點把民眾叫醒，但既然可以操弄時間本身，為什麼要強迫大家改變習慣？一八九五年，一個叫喬治·佛農·哈德遜（George Vernon Hudson）的英裔紐西蘭人向威靈頓哲學協會（Wellington Philosophical Society）提了一篇論文，做了一模一樣的建議。哈德遜是紐西蘭最重要的昆蟲收藏家之一，但更重要的是，他同時也是一名郵差，所以比其他所有人更早起床。哈德遜發現全世界的人都賴在床上度過黎明時分，於是在論文中建議直接把時鐘往前撥，這樣可以多保存一個小時的日光，等大家醒來之後使用。這個想法很好，但光靠哈德遜的意見沒辦法達到目的。於是世界依照原有的時鐘繼續運轉了十年，直到另一個人做出相同的結論。

威廉．威列特（William Willett）是英國商人，留著一把迷人的大鬍子，他開設的建築公司頗負盛名，專為上流社會的客戶服務。他住在肯特（Kent），每天早上七點會把馬匹牽出來，在住家附近的樹林慢跑，不過有一天早上，他發現附近的人家都把窗簾拉下來，太陽出來，白晝早已開始，卻沒有人起床享受晨光。威列特表面上可能像是愛德華時代拘謹的產業舵手，可是隱藏在他硬挺襯衫底下的心，卻充滿了不羈的熱情……但不是性好漁色的愛德華七世（King Edward VII）喜歡的那種丟人現眼的激情。不，威列特一心想捕捉自然光，而且驕傲地宣告「威列特建造」的住宅最能夠充分利用大自然的照明。

他一心想提醒熟睡的奇斯爾赫斯特（Chislehurst）居民他們錯過了什麼，於是小跑步回家思索。犯不著像富蘭克林說的那樣在黎明連續鳴砲，他的想法比較抽象。一九〇七年，他出版了一本小冊子，書名叫《日光的浪費》（*The Waste of Daylight*），在書中極力主張一種新奇的觀念，叫做「日光節約時間」（Daylight Saving Time，簡稱ＤＳＴ），在四月份的四個星期日各自把時鐘往前撥二十分鐘，就能在夏天偷回很可觀的傍晚日光。

別錯過火車

每年有八個晚上要死撐到半夜，只為了和鬧鐘窮攪和，雖然聽起來好像沒什麼必要，不過為威列特說句公道話，當時很多人都習慣把時間當成一個飄忽不定的東西。千百年來，人們都是靠記錄太陽的陰影來測量白晝的時辰，這表示往東邊或西邊的經度走得愈遠，愈是得調整手錶。舉個例子，布里斯托（Bristol）大約位於倫敦正西方一百一十六哩，因此那裡日出的時間晚了九分鐘，這表示當大多數的東倫敦佬已經笨手笨腳地穿拖鞋，練習他們的狄克·范·戴克（Dick Van Dyke）模仿秀時，布里斯托人可能還躲在被窩裡。

原本每個城市都有屬於自己的黎明和黃昏，直到一八四〇年代，客運列車誕生，相距遙遠的地方突然被高速運輸網路連結起來。這顯然是個天大的好消息，尤其是那些猜火車的廢物星期日總算有事可做，不過這也意外引發了時間上的混亂。舉例來說，從倫敦開往布里斯托的火車，在倫敦當地時間的正午時分，軋軋聲響地駛離首都，但四小時後抵達目的地的時間卻是下午三點五十一分，而非下午四點。九分鐘在路上消失了。可想而知，馬上就要集體錯過火車的通勤者猶如墜入五里霧中。

火車公司一看出這個問題，馬上採取行動，所有火車路線一律採用格林威治標準時間（Greenwich Mean Time）。在邏輯上，這樣編排出的火車時刻表是全國一致的，但卻沒有完全解決個別通勤者的問題。畢竟除非旅客已經站在火車站，可以看到經過校正的火車時鐘，否則他們的日常生活還是由懷錶或大教堂時鐘的當地時間所控制，等他們施施然漫步到火車站，才發現火車在一陣高熱蒸汽中轟然離去。

現在需要的不只是把火車的時間標準化，全國的時間也要比照辦理，然而不是每個人都很想現代化。像艾克希特（Exeter）和牛津這樣的地方就不願意犧牲當地從幾百萬年前留下來的傳統，因此重演了法國那種注定沒有好下場的妥協性做法：在鐘面上多裝一根分針，同時呈現當地時間和「火車時間」。但這種笨拙的折衷手段撐不了多久，尤其是電報通訊在一八六〇年代出現，證明在日益全球化的文化裡，準確的單一計時法非常重要。到了一八八〇年，傳統主義者總算承認失敗，而格林威治標準時間終於讓全英國服膺它的權威。這對所有人都是個大好消息，除了那些長期睡過頭的人，現在得發明其他薄弱的藉口來解釋自己為什麼趕不上火車。

春天往前撥，秋天向後調

所以，當威廉．威列特提議可以在某些日子把時鐘往前調二十分鐘，他的主張不是什麼天馬行空的想法，許多人應該都記得，每次抵達異地時都得調整懷錶。在年輕的溫斯頓．邱吉爾（Winston Churchill）和不怎麼年輕的大衛．勞合．喬治（David Lloyd George）的支持下，威列特信心滿滿地出席國會特別委員會（Parliamentary Select Committee），提出他的王牌論點：在這種計時法實施之後出生的小孩，到了二十八歲生日當天，已經足足賺到了一整年的日光。誰能和這種偉大的邏輯唱反調！唉，威列特事先沒有料到民眾的反對會這麼強烈。在全國時間標準化三十年之後，沒有多少懷舊分子還渴望回到那些必須和時鐘窮攪和的日子，更別說一年還要攪和八次。

在推動日光節約時間的過程中，威列特從一位受人敬重的紳士，變成了一個逗趣的笑點，眾人譏笑他是個不切實際的傻瓜。威列特的信譽掃地，他向國會提出的申請連續六年被否決。最後——走在時代前端的人照例如此——他才五十八歲就過世了。當時是一九一五年，第一次世界大戰正打得如火如荼，英國國王喬治五世（King George V）拚命想拋棄他充滿日耳曼氣息的姓氏，英國說什麼也不會採用日光節約時間。後來，在一九一六年四月，德國反而捷足先登，採用了這個制度。

德皇的顧問相當聰明，發現可用的自然日照時間一旦增加，必定會降低對人工照明的需求，把省下的燃料轉移給部隊作戰。這種說法很有說服力，事實上，這下連英吉利海峽對岸的人都買帳了。突然之間，當年公然譏笑威廉．威列特的許多唱反調的人，一個個低下了頭，咕噥地說也許日光節約時間這個點子畢竟不是太愚蠢。德國才大膽嘗試了一個月，英國馬上跟進。不過當局很睿智地把一次撥二十分鐘這種慢吞吞的做法簡化，直接往前撥一小時，日光節約時間總算實現了。如同饒舌歌手哈默（MC Hammer），剛過世的威廉．威列特在萬眾的喝采聲中，得到了屬於自己的時間單元，不過可惜沒有人想到要穿一條跳傘褲，大喊：「馬上停止……威列特時間到！」（編按：出自哈默的 U Can't Touch This）第一次世界大戰結束時，在澳洲和歐洲許多地方的國家紛紛採用這個新制度，不過爭議才剛剛開始。

住，美國實施日光節約時間帶來的反作用尤其嚴重，就像容易興奮的小貓咪被一團毛線球纏住，全國上下被自己製造的危機糾纏長達半個世紀。

美利堅不合眾國

美國幅員遼闊，全國一致的標準化時間不會被接受，否則桃莉．巴頓（Dolly Parton）那首描述「朝九晚五」的歌就會有一些很奇怪的歌詞，講她如何設法在黑暗中工作。起初有一位叫桑德佛．佛萊明（Sandford Fleming）的加拿大火車工程師，倡導全球採用單一標準時間，以二十四小時時鐘為依據。這個所謂的「寰宇時間」（cosmic time）是個宏偉的構想，他希望每個國家的人都穿戴可以顯示當地時間和寰宇時間的手錶。這個構想失敗之後，佛萊明改弦易轍，鼓吹二十四個區域性時區的新制度，每個時區以經度十五度劃分整齊，這樣每個時區剛好一小時。這是個很實用的辦法，可以解決搭火車時的混亂，於是在一八八三年，北美洲劃定了五個時區：東部時區、中部時區、山地時區、太平洋時區和殖民地際時區（Intercolonial Time Zone），最後這個名稱是為了紀念佛萊明在工程學上的成就，源自加拿大殖民地際鐵路公司（Intercolonial Railway of Canada）。

為了進一步提升穩定性，次年召開了一場國際會議，建議將格林威治標準時間定為全球測量經度的本初子午線（prime-meridian），只不過此舉惹毛了法國人，素以壞脾氣聞名的法國人硬是拒絕讓巴黎從他們的地圖中央消失。雖然高盧人氣得一肚子火，新時區在美國倒是成效卓著，儘管有幾個城市（例如底特律和克里夫蘭）更改時區，好多賺一點黃昏的日光，但這是當地人為了處理在地問題所做的在地決定。相對地，一九一八年，全國實施日光節約時間（又是為了在戰時保留電力）就弄得人仰馬翻。

時至今日，當美國舉行選舉時，全國五十州顯然幾乎對所有議題都意見分歧，不過對日光節約時間的厭惡，倒是舉國咸有共識。才實施了八個月，相關的立法就遭到廢止，下場很不堪。不過，政府居然蠢到允許各州和各個城市可以和戰前一樣，自由決定要不要實施這個制度，但如今新科技已經改變國家的面貌。一九四五年之後，光鮮的全國性新產業一一誕生（例如客運航空公司和電視台），設法把他們的事業整合到美國人的生活中，但有這麼多不同的時區，他們詳細的時刻表根本應付不過來。就連地方性的公車時刻表，往往也是不到十四天就得全部重寫，因為各城市和各州對日光節約時間的態度反反覆覆，就像小孩的聖誕禮物，在得到之前非常渴望，但玩了兩下就覺得無聊。

由於美國只有五個時區，西維吉尼亞州的蒙茲維爾（Moundsville）和俄亥俄州的史杜本維爾（Steubenville）之間的公路長三十五哩，公車時刻表居然橫跨七個不同時區，幾乎令人咋舌，這表示講究精準無誤的乘客每隔八分鐘就得調一次手錶。開車的通勤族也好不到哪裡去。有許多報導指出人們在尖峰時間的車陣中龜速前進，好不容易越過州界，正想歡呼一聲，卻發現自己又陷入壅塞的交通瓶頸，因為隔壁州慢了一小時。

在一九五〇年代和六〇年代初期，到銀行辦事或是上法院出庭，有時可能必須因為遲到而尷尬地道歉，或是沮喪地朝上鎖的門踹一腳。在愛達荷州，買東西的人必須忍受同一條街的商店各有不同的營業時間，就算是同一棟大樓的店家也一樣。這種令人惱火的困擾常常會變成攸關生死的風險，機車騎士漫不經心地穿過平交道，卻意外發現，應該一小時後才會經過的運貨列車突然朝他們衝過來，司機在驚慌之下猛按喇叭示警。

對普通市民來說，生活受到如此幾乎和《格列佛遊記》（*Gulliver's Travels*），一樣諱莫如深的時間系統所支配，美國海軍天文台（United States Naval Observatory）的威廉・馬可維茲博士（Dr William Markowitz）說美國是「全世界最糟糕的計時者」，可不是在開玩笑。

改變的時候到了

在全美各地各行其是，毫無章法可言的時候，一個由受害產業的業界領袖組成，名字取得很有架勢的遊說團體——時間統一委員會（Committee for Time Uniformity）出來收拾殘局，終於逼得政府不得不採取行動。一九六六年，「統一時間法案」（Uniform Time Act）把為期半年的日光節約時間標準化，期間從四月最後一個星期日到十月最後一個星期日（雖然有四個州馬上退出）。儘管被賦與厚望，這一招不是什麼靈丹妙藥，一九七三年，贖罪日戰爭（Yom Kippur War）導致石油短缺危機，尼克森總統（President Richard Nixon）被迫再度下令美軍部隊暫時進入戰爭戒備狀態，這時日光節約時間又鬧出更多亂子。

面對這種空前絕後的混亂，美國終於被迫承認自己出了問題，開始進行時間復健，最後終於戒掉了老毛病，提出一個可行性高出許多的解決方案，實施七個月的日光節約時間。這個浪子回頭故事的主人翁後來老毛病又犯了，弄得十分狼狽。

不過日光節約時間的爭議並未到此為止……

英國最後的歡呼（又來了）

如果你於一九六八年住在蘇格蘭或北愛爾蘭，可能會覺得冬天特別令人憂鬱。不列顛，一座把歐洲大陸視為無物，孤懸一旁的島嶼，突然臣服於國際和諧這個響噹噹的觀念，孤注一擲地做了三年所謂「英國標準時間」（British Standard Time）的實驗，把英國的時鐘調到和歐洲大多地方一致。如果想推銷英國車給比利時人，這種做法當然很貼心，但如果你住在不列顛群島的北邊，有時太陽直到早上九點四十五分才升起，冬天的早晨忽然變成了荒涼、後啟示錄那種綿延不絕的黑暗。因為北愛爾蘭和蘇格蘭的民眾反應激烈，即使事實證明晚上的天色比較亮，減少了死亡車禍的發生，這場實驗仍然在一九七一年宣告終止。不過英國標準時間，就像三流好萊塢恐怖片的反派，偶爾還是會從墳墓裡跑出來，反覆出現在政治辯論中，至今依然。

這件事告訴我們，即使是一個小國家，自然世界的運行方式和政壇那些把全國一視同仁的鬼點子，未必每次都能完美地契合。在我們這個時代，時間就像我們人生永不停歇的節拍器，如果旅行的路程只有一百哩，我們就不必再調整手錶的時間。可是當我們盯著這些細微數字的時候，就會清楚地發現我們校準時間的方式大多是妥協、實用性和盡力而為的結果。

現在電子時鐘的誤差不到一毫微秒，沒想到即使在這樣一個世界裡，我們分割時間的方式仍然深受理智的實用主義所影響。計時不只是科學研究的領域，也是我們文化遺產的一部分。我們定義時間，時間也同樣定義了我們。

不過到此為止！現在該起床了，睡了一整晚，我們要做的第一件事是上廁所。雖然我們樂於把堆積如山的家事擺在一邊，但膀胱可等不得。所以我們今天要做的第一件事，是把腳踩進床邊的拖鞋裡，然後三步併做兩步地衝進浴室……

9:45 a.m.

上廁所

把自己拖下床，經過廚房的時候，我們突然餓得要命。在這個當兒，咖啡因和早餐玉米片應該既美味又開胃，不過肚皮的需要永遠不如膀胱的需求要緊，此刻膀胱挾持著我們，活像裝滿尿液的恐怖分子。

所以……我們急忙跑到……嗯，你說我們該去哪裡？

「那個地方」

對於廁所這個不登大雅之堂的地方，英語當中有許多同義詞：john、loo、can、bog、lav、commode、potty、shitter、urinal、latrine、privy、porcelain、head等等，這些都是非正式，甚至粗俗的說法。在英國的公眾場所，我們看到的多半是廁所的象徵符號，如男用廁所（gents）、女用廁所（ladies），或者偶爾也會看到WC（water closet）。另一方面，美國人常去的是浴室（bathroom）和休息室（restroom），除非是得了發作性睡病，意外在洗手台睡著了，否則他們在裡面既不沐浴、也不休息。

和朋友在一起的時候，我們似乎很願意說粗話，不過我們這個社會被貼上委婉多禮的標籤。英國一棟大房子也許有好幾間廁所，代表大概至少有一間廁所是在開放式壁櫥裡，旁邊就是洗手台。這種小房間經常被稱為loo、toilet或lavatory。雖然有人不這麼認為，不過這三個字應該都是源自法文。loo是其中最難確定的，可能衍生自lieu這個很文雅的字，意思是「地方」——法國十八世紀的貴族把他們的廁所稱為「英國人的地方」（le lieu anglais）——不過英語直到一九二〇年代才出現使用loo的紀錄，所以這個字更可能是「滑鐵盧蓄水槽」（Waterloo Cisterns）的縮寫，二十世紀初期的戶外廁所經常可以看到這個品牌的戳印。

toilet這個字源自toilette，最初的意思是中世紀的布料，然後變成了擦身體的布，再變成有洗手盆的房間，最後（只不過是十九世紀末），成了有便桶的房間。同樣地，lavatory源自

laver，是法文的動詞「洗」。因此，說也奇怪，安置馬桶的房間竟然沒有據此命名。事實上，家裡如果只有一個馬桶，大概會裝在淋浴間或浴缸旁邊，所以才沒有用toilet、lavatory或loo命名，反而叫做bathroom，因為在命名的等級中，bath似乎壓過了bog。當然，lavatory應該適合得多，因為它既是「洗滌間」，而且裡面還有一個馬桶！奇怪吧？

我提起這些事情，是因為語言是我們窺探過去的門戶，即使不一定看得清楚。在西方說英語的國家裡，人們經常把可以互換的字混用，來指涉日常生活的事物，卻不知道這些用語都曾經有明確的意義，而且和階級與習俗息息相關。如今，不管你能賺多少錢，西方的衛生設施已經標準化，但沒多久之前，擁有一座嵌入式馬桶是財富的象徵，對馬桶的稱呼更能透露你受的是什麼樣的教養。

事實上，雖然我們的衛生設施愈來愈同質化，而且我們對這些設施的稱呼可以互相混用，過去的歷史卻見證了我們祖先處理生理排泄行為的方法有多麼千變萬化。雖然噁心是出自本能的生物反應，拉屎的需求也是歷史上重複出現的主題，但關鍵的問題卻永遠只有一個：排泄物要丟到多遠的地方才能安全無虞？最後發現不同的時代會有自己獨特的答案，如果我們打算來一趟時光旅行，而且急著上廁所，或許最好把時光機送到四千年前，而非三百年前。十八世紀那些喬治王時代的人或許穿著非常好看的連身裙，但卻不反對把小便從窗戶扔出去。

所以，當我們跌跌撞撞地走進廁所，一屁股坐上冰冷的馬桶座椅，這時不妨開始想想這個很明顯的問題：馬桶的歷史有多久了？

石器時代的衛生設施

加泰土丘（Çatalhöyük）是全球最重要的考古地點之一，想到就讓人氣得牙癢癢的，因為我怎麼也唸不好這個字。這是現代土耳其的一個小鎮，大約有九千五百年的歷史，當時我們的祖先剛開始以可觀的人數永久定居，小鎮就像是這個時代的時空膠囊。雖然人類最早的社群大概不超過一百五十人，但加泰土丘的居民可能高達上萬人。對我們這種曾經在擠滿人的球場看過國際足球賽的人來說，一萬人或許不算多，不過試著想像一下，他們當中的每個人每天都要上大號……那就有一大堆糞便要處理了，對吧？好，現在乘以三百六十五天。好了，文明的第一個大問題來了——這麼多的糞便要放在哪裡？

事實上，加泰土丘那種新石器時代的應對方式並不特別先進。目前的考古挖掘顯示，當時的衛生政策似乎是指定住宅附近的庭院，把包括動物糞便在內的任何廢物都堆在庭院的掩埋場。似乎有人三不五時會把這些糞便剷平，大概是避免堆出太多的糞便山，不管是哪個傻瓜被哄去扒糞，這不可能是一份太愉快的差事。當然，對我們來說，一群群密集的住宅就位在被太陽曬乾的惡臭糞堆旁邊，聽起來可能不怎麼衛生，而且……嗯，對，是很不衛生。

新石器革命（Neolithic Revolution）雖然經常被譽為人類歷史上最重大的變遷之一，但由於種種原因使然（如飲食改變、家畜感染寄生蟲、衛生條件差、人群密度太高），新石器革命卻很矛盾地導致人類的健康大幅減弱。後來十九世紀維多利亞（Victorian）時期的人證明，比起過去四處流浪的原始游牧生活，都市生活往往造成更嚴重的危險。對，現在沒那麼多隨時可能把你開腸破肚的洞熊，但細菌和病毒的殺傷力其實厲害得多。

儘管如此，新石器時代的實驗在艱困中前進（活像是老農犁田），接著踏上漫長的歐洲之旅。在蹣跚西行數千年之後，農耕革命終於在西元前三一〇〇年傳入蘇格蘭西岸群島，我們在這裡可以看到熟悉的如廁行為，只是規模比較小。奧克尼島（Island of Orkney）的斯卡拉布雷（Skara Brae）是一個保存非常完整的新石器時代村落，全村只有八間房屋，很類似托爾金（J.R.R. Tolkein）筆下腳趾長毛的哈比人那種綠油油的住所，不過蘇格蘭風勢強勁，為房舍擋風的那些長滿青草的土墩，未必都像明信片上的那麼漂亮。

島上最初的居民恐怕不到一百人，因此村民對排泄物的處理相當隨興，於是累積了一堆又一堆的糞便。不過村民非但沒有盡可能遠離這些發臭的廢棄物，反而把垃圾回收利用，用糞便當做有機保護殼，為新建的住宅絕緣。只不過現在到當地去，會看到某種史前的天線寶寶國度，房子似乎都沉到地平面以下，但其實房子興建在平坦的草地上，只不過在刻意選址之下，廢棄物堆成的巨大土墩，在房屋兩側高高聳立。

不過我們先別急著譴責新石器時代的衛生條件有多麼原始，因為斯卡拉布雷的確有證據顯示，當時的人用的是把穢物排入汙水系統的室內廁所。住宅角落宛如更衣室的小房間位於排水道上方，顯示這裡是專門用來辦事的地方，或許這也讓我們窺見了石器時代隱私的觀念，這確實很有意思。也許石器時代的人和我們一樣，不喜歡在眾目睽睽之下辦事，不然也可能純粹是因為只要把廁所和起居室隔開，就比較容易阻止臭氣入侵。更明確的是，既然當時沒有自來水，居民要清潔骯髒的屁股時，可能是用擦拭而非沖洗的方法，根據大多數考古學家的推測，石器時代的衛生紙是青苔、海草或樹葉。

因此，新石器時代是都市生活的先導規畫，是一幅有瑕疵的初期藍圖，等待未來的世代加以改造。而的確銅器時代以大幅升級的二・〇版本完成使命。

城市屎家

想像這個場景：有個人忙著工作的時候，突然腸胃收縮，想拉肚子。想必是吃壞了東西！他們放下手上的工作，忙不迭地衝進洗手間，脫下褲子，屁股砰地一聲落在馬桶座上。肌肉放鬆，把一肚子大便排到下面的馬桶裡，這下發生屎禍的危機消失，他總算鬆了一口氣。事情辦完之後，伸手拿擦拭用品把屁股擦乾淨之後丟進馬桶的洞裡，最後用一陣短暫的急流沖走，然後洗手，知道糞便會經由下水道送到離家很遠的地方，所以很放心。

其中有多少讓你覺得熟悉？有座位的馬桶、擦拭用品、沖走糞便的水、下水道？你可能很有自信地以為這裡講的是二十世紀的做法，但為了慎重起見，你恐怕最好選十九世紀。嗯，你的答案差了四千五百年左右，我剛才描述的是銅器時代巴基斯坦的衛生設施。

巴基斯坦位於印度河河谷，在印度大陸的西北部不規則蔓延，進步的哈拉帕（Harappan）文明在西元前二六〇〇年左右開始興建各個城市，哈拉帕便是第一個被考古學家挖掘出來的城市。哈拉帕人有潔癖，因此透過一個管道網把廢棄的汙水排出，管線從住家通往專門興建的汙水坑。比較富裕的家庭甚至有廁所，和沐浴區分開，廁所的設計簡單卻有效：在斜槽上方設置一個座位，斜槽直接通往下水道，每次如廁之後，就以人工的方式，拿用過的洗澡水沖洗廁所。雖然不是每個人都裝得起這種精心打造的廁所，但地位比較低的人可以蹲在罈子上辦事，罈子陷在地底下，必須定期清空，他可以把罐子裡的東西隨便往汙水坑一扔，而非堆在隔壁的花園裡，活像某種糞便裝置藝術。

希望各位已經發現我提到了馬桶座。對，人類可以不用像相撲手一樣蹲著上廁所，都是拜哈拉帕人所賜，雖然有人認為大約在同一時間，古埃及的上流社會也把屁股放在U形的石雕座位上。不過新石器時代糞便的愛好者應該很高興地發現，銅器時代並沒有完全淘汰糞便堆，至少埃及比較貧窮的地方，還是把家裡的糞便直接丟到屋外，在熾烈的撒哈拉熱氣下烘烤。雖然聽起來極不衛生，卻相當實用。糞便是很有用的肥料，偶爾可以加到蓋房子的泥磚原料裡，而且經常和稻草混合，變成冬天取暖和做菜的燃料。照理說，這樣燒出來的菜應該有某種濃烈的臭味，不過我們就別想那麼多了吧……

當然，在這個現代的星期六早上，我們走進自家的浴室，必須決定究竟要站著還是坐著小便。通常這要看我們是小號或大號，但可能也受性別所影響（至少在英國，男人通常站著尿尿）。不過，令人玩味的是，在西元前五世紀可能去過埃及的古希臘史學家希羅多德認為：埃及婦女是站著小便，而埃及男人是坐著尿尿。事實上，這個例子的出處是在詳述埃及人和希臘人有哪些古怪的差異，因此他可能為了說明自己的論點而予以誇大，不過他對隱私的觀察很有意思：「他們排便的地方在家裡，吃飯反而是在外面的大街。原則上，凡是難堪但又不可避免的事情都應該關起門來做，而不會丟臉的事應該當眾進行。」

如果真是如此，聽起來，這種羞怯的心態和我們的感受似乎很像，古猶太人非常強調要透過身體的衛生來達到心靈的潔淨，同樣也羞於當眾脫褲子。例如，正統猶太教徒在坐馬桶或甚至面向馬桶的時候，不得思索摩西五書（Torah）的教導，或誦讀示瑪（Shema）的祈禱文。《塔木德百科全書》（*The Encyclopaedia Talmudica*）提供了有用的建議，要信徒想自己的財務狀況，但安息日不在此列，這一天連財務狀況也不能想，應該要想美麗的藝術。

更重要的是，《申命記》（*Book of Deuteronomy*）第二十三章的十二到十四節說：「你在營外也該定出一個地方做為便所。在你器械之中當預備一把鍬，你出營外便溺以後，用以鏟土，轉身掩蓋。」仔細把糞便和尿液的處理方式制訂成法律，難道這是在遭遇疾病威脅時採取的衛生措施？事實上，這應該是宗教禮節的問題：「因為耶和華你的神常在你營中行走，要救護你，將仇敵交給你，所以你的營理當聖潔，免得祂見你那裡有汙穢，就離開你。」神或許什麼都看得到，但不表示他什麼都想看到。

這種吹毛求疵的糞便管理在理論上很了不起，但實務上未必有用。在中世紀，耶路撒冷舊城有一座城門俗稱為「糞便門」（Dung Gate），又稱為Sha'ar Ha'ashpot，排泄物就從這裡運到城外焚燒，或是累積成糞堆。但不只猶太人很難達到他們自己的高標準，當我們想到古代的雅典人，有大理石神殿和穿著長袍的哲學家，我們很容易相信古典精緻文化的迷思，但這樣恐怕透過有薰衣草味的除臭劑來看待過去的歷史。

便壺、劇作家和哲學家

布萊皮勒斯（Blepyrus）夜裡醒來要大便，但在房間裡到處張望，赫然發現他太太不見了，他的衣服也不知所終。這個無恥蕩婦偷了他的衣服，把自己打扮成男人。老布萊皮勒斯只得把她的衣服拖鞋套在身上，趺趺撞撞地出門辦事。他很快瞄了一眼，看海岸乾不乾淨，然後在自家屋外蹲下來，準備大便，不幸這時候被一個嗒嗒呼呼的鄰居看到，問他為什麼喬裝打扮。布萊皮勒斯很難為情地解釋他為什麼會穿女裝和當眾排便：「我急著拉屎，急忙穿上這雙拖鞋，免得弄髒我嶄新的毯子。」可憐的傢伙，這真不是開啟新的一天的好方法，對吧？

不過看倌不用太緊張，因為布萊皮勒斯只是《集會女子》（*Women in the Assembly*）的一個角色，這齣喜劇出自大師亞里斯多芬（Aristophanes）筆下，他認為廁所的笑話是個百看不厭的好題材。不過布萊皮勒斯雖然是虛構的人物，不表示他沒有反映雅典社會的現實。儘管古希臘人經常被奉為文明的翹楚，但說起公共衛生的基礎設施，他們和哈拉帕人差遠了。希臘典籍中最像是特定排泄地點的文字，或許是哲學家泰奧弗拉斯托斯（Theophrastus）對他筆下一個典型傻瓜角色的描述，這個人半夜到花園的廁所辦事，被鄰居的惡犬絆了一跤。

不過雅典人似乎大多是用室內便盆來解決問題：男人在amis裡撒尿，女人則有自己的碗狀便盆，叫做skaphion。說也奇怪，skaphion這個希臘字也代表披頭四那種碗狀的髮型，看樣子碰上過度熱心，又缺乏裝備的理髮師，可能會把便盆倒扣在頭上。但願這些便盆已經先刷洗乾淨了。當然，在哭哭啼啼、蹣跚學步的時候，我們大多只用便盆，希臘人和我們一樣，有一件聰明的小工具來應付這些嬌小的人類：他們讓嬰兒坐在高腳椅，上面特地開了兩個洞，讓他們的小胖腿伸進去，另外在座椅上開一個洞，讓糞便落到底下的skaphion。從小孩到大人的居家穢物通常都倒進糞坑，又叫kopron，由專門處理糞便的koprologoi賣給農夫當肥料。

這聽起來是個非常明智的安排，但如果哪個希臘人在外頭突然內急呢？你我大概可以急忙躲進公共廁所，可能是商店或公園附設的，但希臘可沒這種東西。西元前十七世紀的詩人海希奧德（Hesiod）曾經為文表示，人不應該在戶外撒尿，因為希臘眾神的脾氣暴躁是出了名的，這樣對他們是大不敬。海希奧德認為，在大白天或夜裡在馬路上、馬路附近撒尿，等於是硬要大搖大擺地走到全能的神祇面前，在祂們的鞋子上撒尿。於是希臘人似乎會盡量忍住，事實上，這種禁慾行為非常普遍，還變成醫學研究的題材。倫敦無名氏（Anonymous Londonensis）事後想起，潦草地寫在一張醫用莎草紙背後，忖度著：「那些來不及回家如廁的人，如果他們忍了一段時間的話，要不是（就算到了適合的地點）再也拉不出來，就是只拉出一小坨乾屎。為什麼呢？」

但如果有人真的忍不住要在戶外拉屎，那最好是在黎明或黃昏時分（眾神特別喜歡夜晚），而且小心不要走光得太厲害。海希奧德之所以必須寫下這種建議，顯示當時的人一天到晚看到裸露的屁股和撒尿的陰莖，而向來以炫富聞名的美男子兼天字第一號大混蛋阿爾西比亞德斯（Alcibiades），據說甚至帶動了在上流社會人士面前當眾撒尿的風潮。安布拉基亞（Ambracia）的詩人歐波利斯（Eupolis）和伊庇克拉底（Epicrates）都提到小男奴端著室內便盆衝進醉醺醺的貴族派對。

但撒尿和拉屎是兩回事嗎？當然，現代酒吧的英國男人對於並肩撒尿絲毫不以為意，但「大號」就要躲進祕密的廁所隔間。希臘人也是這樣嗎？我們不確定。不過羅馬人好像比較不以他們的身體機能為恥。事實上，對羅馬人而言，如廁可以是社交活動……

在羅馬……

羅馬的公共廁所（forica）是公開場合，所有人（可能是男女混合）一面並肩坐在長凳上很有禮貌地說閒話，一面把屎拉到下面的排水道。身為就連在地鐵上與人四目交會都覺得受到莫大侵犯的英國佬，這種公共廁所可把我嚇死了，但羅馬人顯然完全不以為忤。光是他們的首都就有一百四十四座這樣的公共設施，到處都看得到成群結隊的屁股，這樣的地方在整個帝國更是多到不可勝數。

在敘利亞阿帕米亞（Apamea）的大型公廁可以容納大約八十個人，雖然其他地方的標準容量比較接近十二個人。公廁角落可能裝了洗手盆和帶有些許叮噹聲的水池，隱藏式水道則順著地板的邊緣延伸，以確保基本的衛生。此外我們無法確定這些廁所的光線如何，尤其是有的公廁根本沒有窗戶，或許在朦朧的幽暗中，比較容易隱瞞身分。

不過，另一方面，公廁的牆壁也用裝飾性的藝術加以妝點，或許藉此讓那些怕難為情的如廁人士分散注意力，免得聽到不可避免的下墜聲，抑或純粹只是用來美化這間高貴的公共建築物？無論如何，沒有人會在暗得看不見的牆壁上作畫，所以能見度不是零。奧斯提亞（Ostia）安提卡（Antica）七賢室（Room of the Seven Sages）裡的公共廁所有美麗的壁畫，描繪希臘哲學家坐在一塊兒討論他們的排泄物。旁邊加上各種逗趣的圖說，包括：「狡猾的契羅（Chilon）教大家怎麼神不知鬼不覺地放屁。」

這是愉快地向十二個噗噗作響的屁股組成的回聲交響樂團致謝？抑或是種密語，委婉地要求大家含蓄一點，並且為他人著想？的確，一般的習俗是擠出來，而非全部悶在肚子裡，如果不能順利擠出來，就要咬緊牙關，加倍努力。奧斯提亞的另一則圖說是這樣寫的：「泰利斯（Thales）建議那些排便有困難的人應該拚盡全力。」大概有許多人接受他的建議，閒聊和潑水的聲音應該是使人分心的必要手段，免得聽見長期便祕的人咽喉用力的聲音，不過從下面開放的汙水道傳上來的臭味，應該任何人都束手無策。

或許公廁傳統最令人不安的一面是擦屁股，大家共用的不只是便盆，還有擦屁股的用具。進行古代下水道的考古挖掘時，發現不少骯髒的破布，當時留下的史料提過如廁的人在棍子的末端綁上了海綿，互相傳遞使用。大概是用地板四周的水道裡流動的水清洗，然後放在一瓶醋酒裡除臭，但終究不可能有多麼衛生。科學家西尼卡（Seneca）講過一個嚇死人的故事，說一名日耳曼格鬥士不願意被迫到競技場參加格鬥，反而逃到廁所，刻意用擦屎的海綿讓自己窒息而死。

他不是羅馬衛生設施唯一的悲慘受害者。西元前五〇〇年，在羅馬建國初期的國王塔奎尼烏斯・蘇培布斯（King Tarquinius Superbus）統治期間，大批工人被迫建造龐大的下水道系統：馬克西姆下水道（Cloaca Maxima），他們的自殺率也很高。這份工作辛苦得不得了，勞工紛紛逃跑，甚至自殺，國王只得祭出釘十字架的威脅，以迫使他們回去幹活兒，因為唯一比暴斃更慘的，就是慢慢受盡折磨而死。可想而知，暴虐的奎尼烏斯很快被推翻，由著名的羅馬共和國取而代之，後來在奧古斯都執政期間改制為羅馬帝國。

凱撒・奧古斯都（Caesar Augustus）統治期間大致和平，他的左右手阿格里帕把馬克西姆下水道從中央水道延伸為七條支路，整個下水道網的規模非常宏偉，阿格里帕可以划一艘小船到下水道視察，活像地下鳳尾船的船夫在一條糞河裡漂浮。雖然下水道可能是羅馬工程學的一大傑作，卻不是人人都能免費使用。管路只通往付費的人家裡，因此絕大多數的窮人只能從公廁的便盆對這股地下汙潮貢獻一己之力，而不能舒舒服服坐在自己家裡辦事。

事實上，如同希臘人，家用廁所主要是室內便盆。有錢人可能有個人專用的廁所，但他們仍然會打造符合身分地位的酷炫便盆。那些詆毀馬克・安東尼（Mark Antony）的人就說他的便盆是足金的，也有人在便盆上鑲嵌珠寶，顯示即使是處理身體最基本的功能，也可以做為炫富的藉口。底層的老百姓通常會把室內便盆拿到街上傾倒，有時甚至從窗戶倒出去，砸到底下倒楣的路人。此外，就像希臘的koprologoi，羅馬也有專職處理糞便和尿液的人，他們把民眾便盆的內容物收集起來，私下賣給農夫和漂布工，用來給農作物施肥和染製布料，收入相當可觀。事實上，就因為這一行很有賺頭，以吝嗇出了名的維斯帕先皇帝

（Emperor Vespasian），興高采烈地誇耀他如何對人民的糞便課稅，賺到花花綠綠的鈔票。他賺的真是名副其實的骯髒錢……

如廁完總要擦屁股

我們來說一個原汁原味的中世紀笑話：

問：森林裡最乾淨的樹葉是什麼？

答：冬青樹（編按：holly，與神聖〔holy〕的拼法相近），因為沒有人敢用來擦屁股！

就廁所史而言，人類實在太早達到顛峰。自印度的哈拉帕人以降，大多都在走下坡，雖然在古代地中海超級強國的勢力範圍裡，仍然維持像樣的衛生標準。然而當過度擴張的西羅馬帝國在五世紀末驟然崩潰，下水道管線的品質也一落千丈。中世紀初的這段時期經常被描述為野蠻、落後、充滿燒殺擄掠、民智未開的世界。這種評估雖然未盡公平，但要幫當時的衛生標準說話，也不是那麼容易。當時沒有自來水池、公共廁所或綁著棍子的海綿，維京人大多在自家後院排泄，應該是拿一把羊毛、樹葉、青苔和海草來擦屁股。

相當有意思的是，伊斯蘭教其實對衛生非常講究，「上完廁所要洗手，可以確保沒有髒汙留在手上」，據說出自先知穆罕默德（Prophet Muhammad）的談話，他認為如果要用鵝卵石把屁股擦乾淨，就必須用奇數的石頭，這表示早期的阿拉伯人是用石頭來擦屁股。儘管可能很不舒服，我一定會選一顆而非三顆鵝卵石，不過，當我們坐在馬桶上，辦早上的例行公事時，附近會有一捲衛生紙等著我們使用。既然埃及人用莎草紙書寫，而羅馬人把字寫在捲軸上，你也許會順理成章地懷疑中世紀的人或許能弄到低品質的擦拭紙。這個嘛，在歐洲拿不到，但中國呢？應該可以。

紙張的使用可能始於西元前二世紀，但根據古典的傳說，在一〇五年（羅馬圓形競技場開幕才二十五年），中國宮廷一個叫蔡倫的宦官開始研究如何製造優質的書寫材料。他做的實驗相當古怪，路上經過什麼就隨機拿來製成漿。基本上，蔡倫這種無盡的好奇心，就像我們買了一台新的攪拌機，會睜大眼睛，花幾分鐘把桌子上擺的各種東西全部拿來切一切：「不知道能不能把蘿蔔丟進去……？可以耶！那鳳梨呢？哦，故障了。」頑固地做了幾次實驗之後，蔡倫終於發現了古怪但又可靠的組合：把桑樹的樹皮、魚網和破布搗碎，就能製成紙張。

既然如此，衛生紙是兩千年前發明的嗎？也不能這麼說。蔡倫的目標是製造寫字用的紙，而不是擦屁股用的紙，最早記載以紙張做為衛生用途的文獻，是九世紀的一篇遊記。紙張顯然是在七世紀初從中國傳到附近的日本，但日本人似乎無意用紙張來擦屁股，他們比較喜歡用海草，或是一種擦拭用的木棍，叫做「籌木」，考古學家在中世紀城堡的遺址發現許多籌木。除此之外，雖然大多數的日本人是蹲在糞坑上辦事，考古學家在日本東北地方的秋田城找到一個九世紀的廁所，似乎是以兩片木板構成，而不是銅器時代那種U字形的座椅，底下是通往護城河的排水道。雖然不能百分之百證明是廁所，但廁所的日文古字是「厠」，意思是「河邊的小屋」，確實顯示廁所有時可能位在流水附近。

無論如何，別掉進糞坑

不只日本人會把糞便倒進水裡，在中世紀末的英國，倫敦橋兩側的公廁是出了名的。每次只要有人如廁，惡臭的糞便就會優雅地墜入下面的泰晤士河，或是掉在某個在河上划船，完全不疑有他的船夫頭上（這種情況也相當普遍）。這聽起來可能不是很愉快，但卻能讓橋梁的味道相對清新，也不需要任何下水道或糞坑，而由泰晤士河把糞便送出市區。

把糞便丟進快速流動的河裡，是一個很明智的辦法，這樣就不會汙染供水系統或造成發臭的死水，但這種做法仍然有缺點。舉例來說，修道院興建的廁所，通常會讓糞便流入附近的河川和溪流，但季節性的洪水總會迫使汙水回流，帶來令人難受的惡臭。另一方面，市區居民似乎很喜歡趁週末做一點ＤＩＹ，因為很多中世紀的文獻都提到人們笨手笨腳地解決自家管道的問題，例如把廁所銜接到雨水排水溝，或是厚著臉皮把家裡的排泄物傾倒在別人的土地上。市政當局通常很快會做出懲處（中世紀的都市衛生設施缺乏管理，而且一團混亂）。即使這些沒公德心的人能躲掉罰款，但萬一管路堵塞，惡臭的糞便就會倒灌回他們家裡，讓他們得到應有的懲罰。

還有，糞便淹到腳踝固然不是很迷人的畫面，不妨想想有少數人會全身泡在人類的穢物裡，雖然這種時刻是很少見的，其中可能包括圍城的士兵。例如一二〇三年沿著染成咖啡色的廁所斜槽往上爬，悄悄潛入蓋拉德堡（Chateau Gaillard）的人，或是十一世紀的貴族，威爾斯的傑拉德（Gerald of Wales）《刺激一九九五》（*Shawshank Redemption*）式的越獄，被迫從斯爾格城堡（Cilgerran Castle）的廁所斜槽滑下去，再從糞坑爬出來。儘管如此，至少有三個人活著爬出糞坑。

清糞坑的人被稱為gongfermer，這份工作非常噁心，因此這些人只能在其他人入睡後幹活兒。他們的辛苦賺到豐厚的酬勞，也是理所當然的，但這不表示他們擁有相對的社會地位（gongfermer是中世紀世界的避險基金經理人）。高風險也是他們薪資優渥的另一個原因，因為廢氣毒得不得了，可能使人昏厥在汙水中溺死，但有一個叫理查的清道夫（Richard the Raker）死得更慘：他家裡糞坑的地板腐爛塌陷，害他溺死在自己製造的冒著泡的泥淖裡。一個gongfermer放假在家時被自己的屎淹死，所謂的反諷差不多就是這個意思了。

便盆、戶外廁所和公開如廁

說到這裡，在非常稀少的案例中，幫別人倒便盆是一個很尊榮的職務。亨利八世（King Henry VIII）賜給他御用臀部擦拭者的頭銜叫廁所男僕（The Groom of the Stool），此人的工作是檢查國王的御屎和吸入國王的龍屁，看有沒有龍體欠佳的些許線索。對，這份工作實際上就是伺候一個屁眼，不過薪資優渥，又擁有無比尊榮的地位，畢竟英國有幾個人能得到這種榮寵，貼身服侍全國最有權力的人呢？

當然，現在多半只有嬰幼兒和病人會用便壺和便盆。我們現在如廁用的是沖水馬桶，這是相當晚近的科技，但馬桶的原型已經出現了四百多年，而且還附帶一個相當精采的故事。話說亨利八世的女兒伊莉莎白一世（Queen Elizabeth I）有一個才華洋溢，但行為多少有些爭議性的教子（godson），叫約翰・哈靈頓爵士（Sir John Harington），他因為翻譯一首低俗的詩歌而得罪了教母，於是被驅逐出宮。但他沒有生氣，反而利用被逐出宮廷的那段時間發明一個相當巧妙的裝置：沖水馬桶。伊莉莎白再次被這個英俊活潑的教子打動，命人把這個御用便盆安裝在里奇蒙宮（Richmond Palace）。

不過，看樣子伊莉莎白很快就後悔自己不該這麼寬厚，因為這個臉皮比城牆還厚的哈靈頓在一五九六年出版了《艾傑克斯變形記》（*The Metamorphosis of Ajax*），這部以馬桶為主題的政治諷刺作品，就是專門針對她最親信的顧問而來（艾傑克斯一語雙關語，因為 a jakes 是廁所的另一個說法）。除了透過描寫糞便以批評伊莉莎白統治的盛世，哈靈頓在書中也確實有志於研究都市疾病的肇因為何，並鼓吹政府應提高公共衛生設施的標準。他這部誹謗當局的諷刺作品或許會害他再度遭到驅逐，但他在科學上的遠見恐怕值得鼓掌。不僅如此……他除了發明沖水馬桶，每當我們坐在馬桶上，翻閱一本有趣的廁所讀物，或封面光滑的過期雜誌，其實都是在追隨哈靈頓的腳步，因為在他的想像中，宮裡每間廁所都應該吊一本他的精采大作——《艾傑克斯變形記》。

在廁所看書是極為文明的做法，可是提筆描述糞便就一定比較野蠻嗎？聽完新教興起的理念發想者馬丁．路德（Martin Luther）的故事之後，你可能會嚇一跳。馬丁．路德因為不明原因而便祕，每次上廁所都要用力地把糞便從肚子裡擠出來，他因此在辦公室的一角安裝了一個永久性的馬桶，馬丁．路德許多的宗教思想都是坐在馬桶上想出來的。不過這位著名的隱修士和腸胃有關的產出不只如此。他在寫給朋友的信上坦白得驚人，詳細描述他一場場腸胃大戰的細節，並且在神學著作中用糞便侮辱撒旦，連精采的著作也不例外：「但如果這樣還不夠，魔鬼，我也有屎尿；把你的嘴巴貼上去吃一大口吧。」凡是剛出道的喜劇演員，下次遇到有人故意讓你下不了台時，不妨記住這句話。

路德固然對信任的知己好友坦然以對，不過和十七世紀法國宮廷無恥的程度相比，根本是小兒科，那裡連基本的廁所禮儀都付之闕如。

路易十四上廁所

想像一下，你是新上任的朝臣，來到路易十四（King Louis XIV）金碧輝煌的凡爾賽宮。坐馬車抵達時，看到令人嘆為觀止的建築物，然後伸長脖子，眺望把植物修剪成完美幾何形狀的遼闊草地，以及不斷湧出的噴泉。你下了馬車，因為興奮而有些緊張，然後一進入宮殿，馬上被奢華的裝飾震撼得不知如何是好。雙眼從眼窩突出來，你拖著蹣跚的腳步，不敢置信地踏入金光燦爛的鏡廳（Hall of Mirrors），你在鏡廳焦急地等候國王召見。過了很久很久，終於有人把你帶進國王的寢宮，一共有七個華麗的房間。你繞過轉角，看到最後一道門，你沒有敲門，而是按照慣例，用你左小指的指甲在木頭上輕刮幾下，有個聲音叫你進去。你穿過房門口，眼前出現個男人，就是他，全歐洲最有權力的男人……正在拉屎。

法王路易十四經常把馬褲褪到腳踝，屁股牢牢地壓在他的封閉式便盆（一個木製的箱子，裡面有一個可取出的便盆）上和其他人聊天，直到一六八四年才決定用深紅色的布簾把自己圍起來。儘管建築師都這麼建議，但國王認為興建一個專屬的廁所浪費金錢和力氣，所以他是隨地進行日常排便活動。不過，他的臣子可不像他這樣對隱私滿不在乎，和他一起乘坐馬車的時候，即使再怎麼想撒尿，也得從頭忍到尾。

除了路易興高采烈地在手下的貴族面前排便，勃根地公爵夫人（Duchesse de Bourgogne）則宣稱她「只有坐在封閉式便盆上，才最能暢所欲言」。凡登公爵（Duc de Vendôme）不但坐在馬桶上接見帕瑪主教（Bishop of Parma），還變本加厲，話說到一半就起身擦屁股，讓身分顯赫的主教大驚失色。儘管如此，認識他的人也不會大驚小怪，凡登有時還坐在便盆上吃飯。

更令人吃驚的是，凡爾賽宮這種華麗法國宮殿的公共區域，到處都被發臭的排泄物所玷汙。大約在路易十四駕崩的時候，有一份詔書宣稱凡爾賽宮走廊的糞便每週要清除一次，這讓我們想到兩個問題：皇宮真的隨地都是大便嗎？便盆就這樣任其發臭一整個星期嗎？令人難以置信的是，除了僕人和外地的訪客會留下不受人歡迎的紀念品之外，還有人看過路易十四自己的母親在掛毯後面小解。當時的人普遍把樓梯當公廁使用，更早的國王亨利四世（King Henry IV）不得不下令，任何人被發現在樓梯大小便就得罰錢。而最讓人作嘔的是吉什伯爵

（Count de Guiche），他在國宴舞會上小解到一半被發現，乾脆把尿撒在舞伴的暖手筒（hand muff）裡，這感覺應該就像我們在女人的皮包裡小便。

同時，任何和國王一起前往楓丹白露宮（Fontainebleau Palace）的人都會發現，唯一能排泄的地方是在戶外，表示經常有人看到貴族和貴婦蹲在花園和街上，像裹著絲絨的狐狸似的，偷偷躲在樹叢裡拉屎。而且這也不是法國人的專利。一六六五年，倫敦爆發「大瘟疫」（Great Plague），英王查理二世（King Charles II）把朝廷遷到牛津。當地一位被臭得受不了的居民表示，國王的隨從「把排泄物留在房子的每個角落，在煙囪、書房、煤庫和地窖」。打掃那棟房子想必就像是非常令人不悅的復活節尋蛋活動。

那些家裡沒有御用封閉式便盆的人，就延續羅馬時代的便盆或室內便盆的傳統，這是十六到十八世紀中產階級住宅的主要設施。這種便盆還在一六六〇年代著名的英國日記作者塞繆爾．皮普斯（Samuel Pepys）的日記中出場過幾次。室內便盆當然很好用，但確實有它的缺點。首先，你得先找到它才行。我們急著上廁所的時候，通常用不著和我們的馬桶玩討厭的捉迷藏，只會急忙到廁所脫褲子。相較之下，在一六六五年，皮普斯到一戶不甚熟悉的人家做客，半夜被肚子痛醒。他在黑暗中拚命找便盆，但女僕忘了把便盆放在他的床底下，所以他只得採取極端的手段：「我被迫在陌生的住宅裡兩度爬到煙囪上大便。」這不是他最慘的廁所軼事。一六六三年，他太太和女僕兩人抬便盆的時候一個不小心，把糞便和尿液灑得滿地都是。

既然室內便盆是可攜式的，表示即使在十八世紀精緻的餐廳，也經常有僕人把室內便盆送進去，好讓教養良好的客人離開餐桌，到餐廳的一角撒尿，其他人則繼續聊著房價，或當年其他任何可以在晚宴上談論的話題。不是你去上廁所，是廁所跑來找你……不過隨著時間演進，情況漸漸有所改變。

窗外有藍天，室內有糞便

在威廉．米契（William Michie）開的米契客棧（Michie Tavern），客人有吃有喝，而且想到距離傑佛遜（Thomas Jefferson）在維吉尼亞州的蒙提塞洛宅（Monticello House）只有幾哩，就喜不自勝。但如果他們有點高興過了頭，也可以到屋外的廁所紓解一下。問題是：客人灌了一肚子黃湯，免不了把一個東西看成兩個，手腳不聽指揮，經常把下半身卡在板凳上開出的排泄孔裡。我們可以假設是因為執行過太多令人反胃的救難任務，米契決定安裝DIY裝置，從天花板垂吊一條急救繩索，好讓酒醉的客人把自己拉上來脫困，免得當眾出醜。

路易十四可能不會喜歡這個點子，可是到了十八世紀，獨立廁所的觀念愈來愈普及，例如像米契那樣在後院蓋一間附設的廁所，和房舍相連，把排泄物直接擲入下方的糞坑。在十八世紀的倫敦，這些附屬設施有了各式各樣的名稱，包括necessary house、house of office和bog house，一般是從房舍向外突出，或是蓋在地窖裡。這樣的廁所當然很好用，不過有各種設計上的缺失。從最簡單的問題說起，馬桶座要大到能讓成年人坐在上面，但又不能大到讓小孩屁股朝下摔進糞坑。不過，這只是剛開始而已，如果糞坑裡面砌了磚塊，就得定時清空，不但花費昂貴，產生的惡臭連味道最重的臭鼬都自嘆不如。不過這樣的情景遠勝於在地上挖個糞坑算數，因為這樣會讓汙水滲進供水系統中，甚至倒流回廚房，那等於所有的食物和飲料都是用汙水製備的。

一八五〇年代，英國的衛生設施倡導者亨利・梅休（Henry Mayhew）親眼目睹倫敦倒夜香的人把糞坑清空，說那種臭味「真的令人作嘔」，但至少糞坑有妥善打造，避免內容物滲漏。短短一百五十年前，在我工作的這個城市，一間戶外廁所可能有十五戶人家、一百人共用，這確實令人吃驚。

那麼，廁所是如何演變成私人的家庭浴室呢？

英國人的地方

約翰・哈靈頓爵士在一五九〇年代率先發明了他著名的沖水馬桶，但只做了兩個工作樣本，使他出色的新發明無法流傳到全球各地。被譽為偉大發明家的人，通常要繼續行銷你的設計，以賺取大量金錢，但哈靈頓寧願花時間寫猥褻的雙關語來惹惱他的女王教母。於是就由法國人在十七世紀末把哈靈頓的沖水馬桶加以改良。

早在一六九一年，建築師奧古斯丁—查爾斯・達維勒（Augustin-Charles d'Aviler）所繪製的豪宅樓板平面圖，就包含成套的管道工程。法王路易十四可能堅持要用他隱藏在深紅色布簾後的便盆，但比較年輕的朝臣看到有尊嚴的廁所都感到很興奮。後來到了一七二八年，法國建築師夏爾─艾蒂安・布里瑟烏格（Charles-Etienne Briseux）宣稱，封閉式便盆「已成過去」，堅持現代人要改用接通管道的 easy seat。十年後，另一位法國建築師尚─方索瓦・布隆代爾（Jean-François Blondel）改良閥式沖水馬桶，這種馬桶很快就成為優雅人士的時尚住家裡必備的裝置。因此，有別於一般人的刻板印象，在十八世紀，法國貴族才是歐洲衛生排行榜上的冠軍。然而不知道為什麼，這種廁所的委婉暱稱是「英國人的地方」（lieu à l'anglaise）。

儘管法國貴族倡導這種管道連接式的廁所，但好像沒有人告訴法國平民該如何使用。蘇格蘭作家托比亞斯・斯莫萊特（Tobias Smollett）一七六三年造訪法國的尼姆斯（Nîmes）期間遇到一個女僕，女主人安裝沖水馬桶之後，反而讓她的生活變得無比噁心及艱辛。顯然只有英國的旅客會用這種衛生裝置，而留宿的法國賓客一律喜歡走進廁所，蹲下屁股，然後在地板上拉屎。天知道他們為什麼會決定這麼做，難道他們純粹是搞不懂這個磁盆的用途？抑或斯莫萊特只是在詆毀宿敵法國，好在愛國沙文主義人士面前加點分？

除了讓我們因為噁心而皺起鼻子之外，這個故事也告訴我們：到了十八世紀中葉，受過教育的英國人已經對沖水馬桶司空見慣。契斯特菲爾勛爵（Lord Chesterfield）——以機智著稱，很喜歡寫信教導兒子待人處事的道理——提到他認識的一個人很擅長一心多用，可以一邊上廁所一邊讀拉丁文詩作。這位德高望重人士一面辦事一面閱讀，然後會撕下幾頁荷馬的詩歌，用這幾頁紙來擦屁股，再丟進便盆，「做為對克羅阿西娜的獻祭」（Cloacina，掌管公共下水道的女神）。約翰・哈靈頓爵士要是看到他在馬桶上看書的點子蔚為風潮，應該會很欣慰，但如果把他的《艾傑克斯變形記》撕下來，抹上糞便之後沖掉，應該就不是這麼回事了。

沖水馬桶的起源

儘管在法國有長足的進步，我們現在常用的沖水馬桶其實源自英國。第一件偉大的發明出現在一七七五年，是亞歷山大・康明（Alexander Cumming）的機械「滑件」（slider）。這是一個由槓桿操作的閥門，安裝在馬桶底部，只要用力一拉就會滑開，讓糞便掉落，用強勁的水流沖走。此外，康明改良最多的地方，是重新設計管道，以S形彎曲，形成一個臭氣閘（trap），這個裝滿水的彎管，有效地封住管道系統，不讓惡臭的氣體升上來。多虧了康明，各位從身體的一端把午餐清空時，才不會被臭氣熏得反胃，讓食物從身體的另一端噴出來。

事實上，康明的滑件很容易骯髒，因為在沖水的時候，滑件已經滑開，所以根本沒辦法好好用水噴一噴。為了解決這個問題，一七七八年冒出另一個傢伙，約瑟夫・布拉馬（Joseph Bramah），他盜用別人的點子，申請專利，然後把滑件換成裝了彈簧的閥門，這樣每次沖水都能清洗一次。住宅的屋主再也不必面對每天累積在便盆和馬桶裡的糞便，或擔心像皮普斯家那樣把糞便灑滿地，因為新馬桶安靜、清潔，而且味道愈來愈香。事實上，過不了多久，陶瓷馬桶內側就會出現美麗的插圖，可看性大幅提升，這大概是我畢生所遇過，唯一可以理所當然地在藝術品上撒尿的地方。

在管道工程誕生的同時，維多利亞時期的道德規範開始緊縮，其中包含的意義不容小覷——十八世紀的英國社會非常淫亂，連國王和皇后都可以當眾在桶子裡排便，如今變成了極度注重隱私的保守世界，誰也不敢把每天的例行公事宣之於口。說到人類的排泄物，馬桶絲毫不差地概括了「眼不見，心不煩」這句話。但馬桶革命尚未成功，有錢人也許有能力在自己家裡安裝馬桶，但老百姓呢？

馬桶還有分階級？

一八五一年，倫敦主辦萬國博覽會（Great Exhibition），在技術上來說，這是一個國際性的櫥窗，展示來自世界各地的發明和工程傑作，不過這其實是英國宣揚帝國國威的一場大型宣傳活動，只是大家心照不宣罷了。展覽位於海德公園（Hyde Park）新落成的水晶宮（Crystal Palace），每天大約有五萬人參觀，付費的訪客總計有六百萬人。這麼多人晃來晃去，吃吃喝喝，主辦單位很清楚必須清理大小便。

管道工程人員賈西亞・喬治・詹寧斯（Josiah George Jennings）前來解圍，贏得在展覽場地安裝廁所的合約。這是中世紀以來的第一批公共廁所，而且選擇繁多。他為一般人興建了創新的小便池，圍繞著一根中央的圓柱以環狀分布，而且免費使用，但真正吸睛的是他的沖水馬桶，共有八十二萬七千人使用，每次的費用是一分錢，因此也有人把上廁所叫做「花一分錢」。這是維多利亞時期的英國，一個非常計較社會階級的地方，詹寧斯提供兩種廁所，要上哪一間，就看你願意吐出幾分錢。

頭等階級的客人可以享用裝了彈簧的閥門式馬桶，就是我們現在的傳統式馬桶。在次等的隔間裡，詹寧斯安裝了自己設計的簡化廁所，這種沖洗式馬桶全靠S形的臭氣閘壓抑臭味，馬桶底部也沒有關閉的閥門。他簡化的新發明大受歡迎，到了一八七〇年代，這種比較平價，也比較符合人體工學的裝置迅速征服了家用市場。但下一次馬桶設計發生改變，就不是因為成本，而是拜科學的進步所賜。

兩千年以前，古希臘醫師希波克拉底（Hippocrates）和蓋倫（Galen）的醫學哲學認為惡臭會為人類帶來疾病。然後到了一八五〇年代中期，在伊格納茲．塞麥爾維斯（Ignatz Semmelweiss）、約翰．史諾（John Snow）、約瑟夫．李斯特（Joseph Lister）、路易．巴斯特（Louis Pasteur）和勞勃．柯許（Robert Koch）這批經驗主義的天龍特攻隊倡導下，細菌理論（Germ Theory）的凱旋騎兵隊加入戰場。他們發覺霍亂這種惡疾的始作俑者是細菌，而非惡臭的沼氣，多虧他們的理念廣為傳播，陶瓷馬桶很快成為自撐式，可清潔的馬桶，也不再密封於容易滋生細菌的骯髒木箱裡。

一八八四年，詹寧斯的公司推出了柱腳盆（pedestal vase）馬桶，不但有自撐式馬桶座，更讓S形的臭氣閘嵌入陶瓷本身，上方還有個直接嵌入牆壁的水箱。最讓男性讀者興奮的是：這些款式也加入了用鉸鏈接合的馬桶坐墊，讓男性朋友可以當站立式的小便斗使用。

此外，我知道讀者們也一定會問：這樣尿得準嗎？以下的答案可能會讓人感到既安心又噁心：即使在斯文優雅的十九世紀，女人也埋怨他們的男人在浴室把尿撒得滿地都是。不管在哪一個時代，人類的陰莖似乎總像是罹患嚴重結膜炎的羅賓漢（Robin Hood），怎麼也沒辦法瞄準目標。

詹寧斯無疑是一八五〇年代響噹噹的人物，儘管如此，到了一八八〇年代，湯瑪斯・克拉柏（Thomas Crapper）用旁門左道獲得皇家委任，擔任不列顛王朝的官方廁所安裝者。美國有一則都市傳說，不是說沖水馬桶是他的發明，就是說他的姓氏是糞便同義詞 crap 的起源（兩者皆非事實），但如果說美國 go to the Crapper（上廁所）這個慣用語，是源於兩次世界大戰期間被派駐英國的美軍部隊在馬桶上看到他姓氏的戳印，這個說法倒有幾分根據。美國人不說 **I'm just heading to the Shanks**，只能證明 Crapper 這個字聽起來像是老天注定要成為馬桶的名稱。這可憐的傢伙似乎成為記名決定論的受害者，只不過我們不必太為他感到難過，因為他靠這個賺進了大筆財富。

克拉柏在科技上最大的貢獻是虹吸式閥門，防止沼氣滲回馬桶，改善了臭氣鬧的功能。這功能不只是把臭味阻擋在外，由於沼氣具有高度的可燃性，如果在馬桶上抽菸斗，亂飛的火花真的會讓馬桶屎尿齊飛。此外，馬桶不再只是機能性用品，克拉柏讓馬桶的外型變得異常優雅，他利用精美的陶瓷製作技術，將一大坨笨重的陶土轉化為美麗且肌肉結實的海怪、海豚或海螺貝殼。早在杜象（Marcel Duchamp）試圖說服藝術界相信小便斗也可以是藝術品之前，維多利亞時期的人已經早先一步達成這個目標。

但不是每個人都樂見管道連接式馬桶大受歡迎。說來諷刺，由細菌理論帶動的這場以大眾衛生為目標的賽跑，事實上危及了成千上萬人的生命……

沖水馬桶帶來的危機？

一八五八年，被太陽曬熱的泰晤士河散發出足以讓嗓音粗啞的臭氣，弄得倫敦臭不可聞。國會大廈首當其衝，不得不在窗簾上抹漂白粉，免得政治人物一個個窒息。整個城市聞起來活像一個汙水道系統。不過真正的災難不在這裡，真正的危險是霍亂和傷寒的死亡人數暴增。才不過四年前，內科醫師約翰．史諾大夫蒐集了統計學的證據，證明蘇荷區（Soho）爆發的霍亂，正透過人們汲取飲用水的一台唧筒向外傳播，但當局不把他的憂慮當一回事。現在正後悔當初沒有採取行動。

夏季的倫敦怎麼會變成悶熱的糞坑及致命細菌的溫床呢？答案是因為個人衛生的改進，這一點和我們的直覺完全相反。當時有太多中產階級家庭在家裡安裝沖水式馬桶，發臭的汙水被輸送到倫敦市的供水系統。史諾醫師早就提出警告，但政府置若罔聞，表示全面檢修衛生系統所耗費的成本是天價。可是當倫敦出現所謂的「大惡臭」（Great Stink），政治人物被迫用手帕摀著鼻子喘氣時，就不知道從哪裡奇蹟似地冒出一筆資金。有趣吧？他們急忙把這筆錢交給著名的工程師約瑟夫．巴澤爾傑特（Joseph Bazalgette），著手興建他著名的交錯式汙水系統（intersecting sewer system），該系統至今仍是倫敦地下衛生基礎建設的關鍵。

但衛生的理由只是沖水式馬桶反對者提出的憂慮之一。對某些人而言，人類的排泄物也是肥料的重要來源，把糞便沖掉，就是浪費資源。一位在多塞特（Dorset）傳教的亨利．穆爾牧師（Reverend Henry Moule），是早期倡導生態友好之資源回收行動（eco-friendly recycling）的發起人之一，他對一八五八年「大惡臭」的因應方法，是採用從前中世紀國王使用的封閉式馬桶，並且把木箱改成灑土馬桶（earth closet）。他發現將土壤鋪在一桶糞便上，可以消除臭味，他的簡單發明被英國各地普遍採用，尤其是海外的殖民地。

這種生態馬桶分成兩種。灰燼馬桶（ash closet）改良古老的廁所系統，把糞便倒入地下的糞坑，然後用灰燼遮掩，但這樣糞坑一年要清理四次。另一種叫桶式馬桶（pail closet），是灰燼馬桶的縮小版，基本上是把一個桶子放在木椅子下方，旁邊安裝一個過篩的過濾器，這樣每上完一次廁所就把煤灰或灰燼灑在糞便上。桶子裡的糞便不會連續堆放好幾個月，而是定期由倒夜香的人取走，他們推著經過特別改良的垃圾車往來大街小巷，上面載著好幾個這種密封的桶子。就像送牛奶的人會在送牛奶的同時拿走空瓶，屋主交出一整桶糞便的同時，也會從倒夜香的人手中拿回一個洗乾淨的桶子。

這個點子很好，但氣味比沖水式馬桶難聞多了，只有最投入的環保戰士或沒有錢改良管線的人，才會到二十世紀都持續使用這種廁所。就連一九二〇年代的創新化學馬桶：艾爾辛馬桶（Elsan closet），也會發出福馬林和糞便的刺鼻臭味，像經過防腐處理的脫肛屍體一樣臭不可聞。所以儘管有多方努力，沖水式馬桶的氣勢仍然銳不可當，雖然稍微修改之後可以增進沖水的效率和馬桶的清潔衛生，賈西亞．喬治．詹寧斯那種簡單、無閥的馬桶仍然是二十世紀西方的主流。

衛生紙的來歷

我們坐在馬桶上，很快會用我們從店裡買來的捲筒式穿孔衛生紙來擦屁股。但除了特易購（Tesco）之外，衛生紙還有哪些來歷呢？我們固然知道中國人在九世紀就使用衛生紙，契斯特菲爾勛爵的朋友在一七三〇年代使用拉丁文詩篇來擦屁股。不過一直到一八五七年，紐約客約瑟夫・蓋亞提（Joseph Gayetty）才大量生產現代衛生紙，上頭注滿蘆薈萃取物，做為衛生潤滑劑。大家愛用的那種預先裁切的開孔衛生紙隨後在一八七〇年代問世，一九四〇年代則出現雙層的強化技術，只不過這時候的衛生紙恐怕算不上極度柔軟。直到北方衛生紙公司（Northern Tissue Company）在一九三〇年代推出的一個廣告才會驕傲地宣稱他們的產品「毫無碎屑」，就像廣告詞說的，我認為對於光屁股時專用的產品而言，沒有碎屑是最低的要求……

不過衛生紙的前途似乎不是非常光明。用籌木棍擦屁股和蹲在糞坑上辦事幾千年之後，到了一九八〇年代，免治馬桶在日本問世，這種電子智能馬桶會噴水清洗肛門，然後吹出一陣暖空氣把濕氣烘乾。這樣的高科技裝置是名副其實的機器人馬桶，讓使用者再也不必用手擦屁股，衛生紙也變得多餘。既然有大片森林是為了製造擦屁股的衛生紙而被砍伐，在講求環保的未來，世人很可能會追隨日本人的腳步。

馬桶的話題就說到這裡，我們的廁所也上得差不多了，所以，擦了屁股，沖了水，洗了手之後，我們該祭祭五臟廟了。早餐時間到……

10:00 a.m.

吃兩口早餐

我們笨手笨腳地走進廚房，疲倦的四肢感覺沉重而僵硬，思索怎樣最能夠填飽不停打鼓的肚子。問題是我們今晚要舉辦一場晚宴，所以不想吃得太多。或許吃一點早餐穀片就好，然後兩點鐘再啃個三明治，或許這樣就夠了吧？不過話說回來，那些東西的份量很少，而今天應該是個愉快的假日才對。所以，計畫改變！我們要享受一頓豐盛的早餐，吃下大量的卡路里，然後午餐就免了。畢竟英國是到了十八世紀末期，當人工照明開始把上床睡覺的時間往後延的時候，才普遍養成一天吃三餐的習慣。

舉例來說，羅馬人每天大多只吃一頓正餐，肚子餓就吃吃零嘴。即使到了中世紀，英國人大多一天只吃兩餐，晨禱之後吃早餐（breakfast在十五世紀的意思是結束禁食），然後大約在正午時分吃dinner。當然，現在dinner的意思是指晚餐，而正午吃的是lunch，不過lunch是十九世紀初才開始使用的一個非常現代的概念，各方對這個字的語言學根源爭辯得非常激烈，如果我膽敢為文討論，很可能會有語源學家看不過去，一拳打在我臉上。

所以，我們乾脆打開冰箱，看看能弄什麼大餐來吃吧？

冰箱裡有什麼吃的？

電冰箱是一八七〇年代初的發明，當時的冰箱非常笨重，得找個倒楣的廚房小僕人徒手轉動曲柄，直到一九五〇年代，出現電氣化的現代廚房，冰箱才真正普及起來。當然，現在冰箱是我們大多數人生活上不可缺少的科技，不過在人類歷史百分之九十九的時間裡，人們正是在沒有冰箱的情況下生活。他們吃新鮮食物，或是設法用鹽巴、醋和牛油巧妙地保存食物。再不然就把食物儲存在漆黑的食品貯藏庫，埋在地底或塞進填滿了冰塊的小棚屋，以延緩腐敗的速度。

不過儘管有種種的辦法，食物的長期保存是人類永遠必須面對的問題。只要農作物歉收、天候惡劣，或者是甲蟲成災，都會讓我們的祖先飽受可怕的饑荒摧殘。中世紀的人最害怕所謂的「青黃不接」（hungry gap）：穀倉冬季的糧食吃光了，新作物又還沒收成的時候。在明媚的春日，豐饒的農田近在眼前，田中滿是成長到一半，讓人看得乾著急的糧食作物，再過幾個星期就能救命，這時卻可能有人死於營養不良。

難怪中世紀的記載會提到農夫無計可施，只得鬻兒賣女來換取糧食，任由自己被封建領主宰割，賣身為奴隸，或者像豬一樣在森林覓食。一位叫做比德尊者（Venerable Bede）的盎格魯撒克遜隱修士講過一個可怕的故事，描述索塞克斯（Sussex）一次饑荒造成的一幕絕望場景：「四十或五十個人，餓得癱軟，想一起去懸崖或海邊，想說既然生不如死，乾脆手牽手往下一跳，悲慘地摔死或淹死。」

不久之前，農作物歉收就要挨餓的夢魘還在糾纏我們的祖先。當玉蜀黍田長不出作物，有人看到十六世紀的墨西哥居民咀嚼蜘蛛、螞蟻卵、鹿糞和土壤，而造成一八四四年至一八四九年愛爾蘭馬鈴薯饑荒（Irish Potato Famine）的禍首：枯萎病（blight），奪走了一百萬條人命，同時迫使百萬人搭乘汙穢的「棺材船」（coffin ship）移民美國，形成惡名遠播的塞爾特人聚居區（至少這是他們在官方表格上填寫的自我認同），這表示美國的愛爾蘭裔美國人是愛爾蘭的愛爾蘭裔愛爾蘭人的七倍。

在中世紀的中國，包括樹皮和香藥草在內，至少有四百種所謂的「饑荒糧食」，不過中國在一九五〇年代遭遇堪稱人類史上最嚴重的饑荒，這是毛澤東山搖地動的「大躍進」造成的結果。這種根據極端共產主義意識形態所制定的集體化農業政策，把糧食從農夫手上奪走，交到各個城市，估計造成三千五百萬人死亡。悲慘的是，飢餓年代完全沒有終結的跡象。非洲許多地方至今仍為旱災所苦，而毫無領袖魅力的金正恩駕駛的北韓瘋狂列車，正慢慢翻過山頭，沿途吹著孤立主義的愚蠢號角，駛向糧食嚴重短缺的結局。

所以我們應該感激今天早上冰箱裡有東西吃，然後往裡面一看，就發現一盒低脂牛奶正在苦苦哀求我們打開來狂飲。突然間，我們睡得神智不清的腦子靈光一閃，想到一個狡猾的計畫：在我們決定早餐要吃什麼的同時，為了讓我們肚子不再打鼓，不如先解解饞，來享受一碗美味的早餐穀片？理論上，這或許是最美味的一餐，雖然我願意承認就是這種邏輯讓人們愈來愈肥。

一碗美味的早餐穀片

除非你有某種穀片戀物癖，否則吃早餐穀片和自慰可能通常被認為是互相排斥的行為，但說也奇怪，兩者的歷史卻息息相關。約翰・哈維・家樂醫師（Dr John Harvey Kellogg）是來自密西根州的內科醫師。這個可愛的綽號有押韻，很適合蘇斯博士（Dr Seuss）筆下的角色，或是職業摔角選手，但家樂醫師既不戴大大的卡通帽也不穿乳膠衣。他的個性嚴肅，滿腦子只想懸壺濟世，不只是因為擔心病人的健康，也因為受到道德主義世界觀的影響，其中有某種罪惡讓他特別火大。

家樂醫師認為自慰不只是向上帝比中指，當一個人把陰莖握在手中把玩，等於是把生命握在手中，因為在他心目中，自瀆可能導致三十九種病況，癌症是其中之一。因此，做為巴特溪療養院（Battle Creek Sanitarium）的主任醫師，家樂覺得有責任維護院內病人的健康，同時身為一名素食者，他相信精心管控飲食有助於壓抑情慾，亦即導致危險自瀆行為的罪魁禍首。他推薦無味無辣的清淡飲食，把大量的穀片和半品脫優酪乳塞進嘴裡，讓身心隨時可以接受上帝的福佑。

同時，家樂醫師的弟弟威爾・奇斯・家樂（Will Keith Kellogg）也在療養院任職，擔任簿記員，但在工作之餘，他很快就對約翰的飲食理論有興趣，開始在廚房幫忙。一八九四年，威爾有一天正在煮小麥，打算當做容易消化的麵包替代品，但卻臨時因為其他事情分神。等他回火爐查看小麥的時候，發現大事不妙：小麥軟到變成糊狀，根本沒辦法吃。威爾一向懂得精打細算，打算用一枝大擀麵棍把小麥糊壓扁，搶救浪費的食物，順便省下幾塊錢。這機會有點渺茫，威爾也沒想到能做出可以吃的麥片。兩兄弟希望能蒙混過關，就決定把這道古怪的新菜色端給病人吃，卻意外獲得好評。威爾想要改良食譜，開始拿其他的穀類來嘗試，看能不能靠這次的歪打正著闖出一番成就。經過多次的實驗，他發現玉米片是比較好的選擇。

很快地，他們生產的穀片不只供應給療養院的病人，同時也賣給那些注重飲食健康的中產階級，這些人出院回到家裡，還很想吃這種東西。對約翰而言，這樣就夠了，但威爾卻預見這種產品能帶來龐大的利潤。事實上，這對兄弟不是唯一的健康食品先鋒，已經有人在其他地方賺到錢。例如詹姆斯．凱洛．傑克遜醫師（Dr James Caleb Jackson）已經推出了粒狀早餐穀片，並透過法律威脅，迫使家樂兄弟把他們的產品改名叫格蘭諾拉（granola）穀片。不過這件事並沒有阻礙這對兄弟多久，尤其是威爾。

一九〇六年，威爾成立了巴特溪烘烤玉米片公司（Battle Creek Toasted Corn Flake Company），三年後，他做了一個重大決定，把糖加入食譜中，好吸引更多顧客。此舉背叛了約翰的理念，因為他相信糖會引起人的情慾，而這個歧見最後徹底破壞了他們兄弟的關係，約翰認為這根本是掛了品牌的色情片（pornflake）。不過，和家人決裂雖然悲慘，家樂氏早餐穀片帝國快速成長，稱霸美國市場，接著很快也打入歐洲人的餐桌，算是適當彌補了威爾的傷痛。

來一杯牛奶

打開裝早餐穀片的包裝盒，把整隻手臂伸進去，像黑猩猩抓白蟻似地，搜尋免費的塑膠玩具，勝利。我們把贈品放在桌上，將營養的穀片灑進碗裡，然後伸手拿牛奶，拆封之後把冰涼、香濃的牛奶淋在穀片上，好吃！只不過，如果你有乳糖不耐症，那就一點也不好吃了，全球有一大部分的人口都有這種遺傳病。

我從小到大都認定喝牛奶是正常的，而那些不能喝牛奶的人是異數（因為喝了以後腸胃會嚴重脹氣），但結果發現喝牛奶的人才是「街頭頑童」（New Kids of the Block，編按：一九八〇年代出道的美國流行與搖滾樂團）。我們史前的祖先在幾百萬年前就在獵殺動物，但人類飲用動物的乳汁，卻是新石器時代才發生的事。會不會是因為我們以前沒想到？因為我們太忙於躲避穴獅？嗯，也許吧。但事實上，這種轉換之所以成功，純粹是因為生物構造，而非缺乏努力。成年的人類祖先根本沒辦法處理乳汁當中帶有甜味的乳醣，和現在全球百分之七十的人口一樣。直到七千五百年前，MCM6基因產生隨機突變，製造出叫做乳糖酶的酵素，有效阻止胃氣累積引起的不適，情況才有所改變。

這次湊巧的基因升級意味著，歐洲有一名農夫在某個時候喝下了一罐溫熱的新鮮牛奶，而且沒有感到腸胃不適。農夫喜歡這種味道，加上蛋白質、脂肪和鈣質令他精神抖擻，就讓小孩也跟著一起喝動物乳汁，漸漸把突變的基因世世代代遺傳下去，成為歐洲、印度和非洲人口的正常基因（在這些地方，牛、山羊、綿羊和馬的乳汁成為日常飲食的一部分）。如果我們在世界地圖上著色，以再現前哥倫布時代牛奶消費的情況，這時南北美洲一點顏色也沒有，一直到歐洲人大量移入，加上引進非洲奴隸，才徹底改變了美洲的基因結構。

眾所周知，伊利諾州、明尼蘇達州和威斯康辛州是牛油和乳酪的主要產地，這兩樣東西輸送到全國各地。但牛奶的問題比較棘手，紐約在十九世紀中葉大幅擴張，牛奶的需求隨之暴增，但要大老遠從明尼蘇達州運牛奶到紐約，根本是不可能的事，因為到了紐約之後，牛奶早就變成難聞的優酪乳。因此有人在東部沿岸地區成立專業酪農場，用火車把牛奶運到大城市。不過即使在當時，人們已經採取各式各樣令人聞之色變的技術，以在運送途中保存牛奶的品質，並提升賣相，包括加入水、杏仁、動物腦，甚至是福馬林（這是味道非常難聞的消毒劑，多半出現在殯儀館）。除此之外，這些農場的衛生標準也很恐怖，在二十世紀初正式推行衛生改革之前，被細菌感染的牛奶一直是都市疾病的主要原因之一。而宣傳告示牌上的標語，不如乾脆請嘴唇沾著牛奶、咳得肝腸俱裂的名人，喃喃自語的說道：「喝了牛奶？那你恐怕得了肺結核！」

從漁獵到農耕

吃了解饞的早餐穀片之後，我們要做什麼來當早上的正餐呢？許多現代社會都有自己傳統的早餐：澳洲佬在吐司麵包上抹維吉麥（vegemite）、法國人啃可頌麵包、以色列人愛吃橄欖油和乳酪、阿拉斯加人選擇馴鹿和鬆餅。但我心目中的首選只有一種，就是吃多了會得心臟病的全英式早餐（Full English Breakfast），經過醫師保證，會讓你的壽命縮短十年。好吃啊！

想到要做早餐就興奮不已，我們伸手到冰箱拿出幾片培根和一條香藥草香腸，要不了多久，廚房就會充滿嘶嘶作響的豬肉散發的鹹香，這種做法是延續石器時代留下的傳統。人類吃肉已經有幾百萬年的歷史，在四十萬年前到一百九十萬年前之間的某一刻（目前還沒辯論出究竟是什麼時候），我們的祖先研究出如何控制火，因此可以做菜，食物經過烹調之後，可以釋放更多的熱能，促使人類發育出更大的頭腦。

如果你要腦子長大，就要吃腦。嗯，可以這麼說吧……動物身上的每一個部分，穴居人都吃得津津有味，活像凶猛的僵屍，不管三七二十一大吃特吃，包括內臟、肉、黏糊糊的灰白質，甚至是胃內容物，全都煮熟之後大口吃掉。不過，想吃的話，他們得先抓到野獸才行，因此必須過著游牧的生活，不停追逐四處漫遊的動物群的行蹤。然而，大約一萬一千年前，在現今的土耳其，這個流傳百萬年的傳統漸漸被淘汰，驚天動地的新石器時代農業革命盛大登場。

我們經常聽到焦慮的懷疑論者大力抨擊基因改造的農作物，因為「這不是自然的耕種方式」，彷彿這些新品種是某個哥德風格的科學家在狂風吹襲的城堡炮製出來的。然而「自然耕種」本身就存在著矛盾，因為耕種是人為的發明，就算是我們所謂的有機農作物本身，也是人類瞎攪和出來的結果。每次咬玉米棒，就是在享受三千五百年前過世的一位墨西哥農夫選擇性的耕種行為，而且這個糧食生產的新時代也不是純粹以農作物來界定。

牲畜也在所謂的新石器時代革命期間首次被人類馴化，這表示我們的祖先再也不必在荒野中四處追逐他們的晚餐，而是好整以暇地走出大門，到村子邊緣的圍欄裡挑一隻不停擤鼻子的牲畜。大約六千年前，中國人首度馴化豬隻，基本上豬什麼都吃，不需要茂盛的草地，生下的每一窩豬仔都不少，而且成年之前的豬仔每天都會多長兩磅，因此特別好養。養其他動物就得多花不少心力，但會生產乳類、毛皮／毛料當做補償。

不過，有別於我們的直覺，科學分析已經證明，和動物的距離拉近，使人類感染了許許多多新疾病，例如痲疹、腮腺炎、流行性感冒、天花、瘧疾，以及那個最糟糕該死的感冒（這是自然界最讓人討厭的疾病，讓我們有足夠的體力上班，做起事來卻生不如死）。那麼，既然農耕害我們身體變得虛弱，還增加罹病的風險，我們的祖先為什麼要堅持下去呢？畢竟，喀拉哈里（Kalahari）沙漠的游牧民族一週只花十九個小時狩獵和採集，其他時間都悠哉悠哉。要是叫他們動手栽種農作物，他們可能會一臉疑惑地瞪著我們，問說：「幹嘛這麼麻煩？」

既然農業的問題多多，究竟是什麼原因讓人類渴望農耕生活？我認為唯一合理的答案是糧食安全存量的問題。人們一輩子大老遠追逐獵物，尋覓堅果和莓果，一定經常落得兩手空空、毫無斬獲，然後胃開始萎縮。又或者人們就是喜歡可以隨心所欲地吃培根的生活？假如我是那時候的人，這種說法一定能說服我。培根，還有無限量的冰淇淋，或甚至是無限量的培根口味冰淇淋！其實，或許不要比較好……

飲食禁忌

我們好像莫名其妙地把話題轉移到培根去了，但姑且將錯就錯，因為豬肉是具有特殊文化傳承的肉類。埃及人偶爾吃豬肉，而且他們發現儘管氣候悶熱，將豬肉醃製成火腿之後就能保存一年慢慢吃。這一點大概不令人意外，畢竟他們花了幾百年的時間把木乃伊製作得盡善盡美，因此對食物保存技術駕輕就熟。事實上，在埃及語當中，醃製豬隻的屍體和處理人類死後的大體是同一個字，但願從來不曾因為有人把文件弄混而意外導致人吃人的結果。

同樣地，當我們把幾條香腸放進煎鍋的時候，應該知道羅馬人也喜歡把培根（他們稱為petaso）搭配無花果、紅酒和胡椒一起吃，並且大嚼來自義大利南部，用香藥草調味之後再用強烈、刺鼻的煙燻製成的辣味盧卡尼亞（Lucanian）豬肉香腸。這些香腸的品質可能很好，也可能和塞滿內臟和眼球的有機保險套差不多。或許多少是因為這樣，後來到了四世紀，香腸被認為是野蠻人的食物，不適合基督徒食用，因此在羅馬各大城市遭到禁止。香腸肉還有另一個問題，你永遠不知道自己吃的是什麼動物或器官，早在美國熱狗征服棒球場看台之前，偉大的雅典哲學家蘇格拉底（Socrates）已經非常懷疑香腸包的是狗肉而非豬肉。

豬肉一直是許多中世紀歐洲人標準的肉類主食，即使是鄉下的窮人也不例外，這是因為森林裡很容易畜養半野生的獠牙豬。雖然豬肉到處都能取得，但仍然因為宗教原因而遭到禁止。中世紀的基督教禁止在聖日、四旬節和星期五吃肉，這樣大概有半年的時間，必須以魚肉和蔬菜取代豬肉（雖然有些狡猾的隱修士辯稱水獺是魚類，因為水獺是半水棲動物！）如此一來，中世紀的英國基督徒在四十天的四旬節前夕會享用一餐高檔的謝肉宴，把培根和雞蛋全部煎了下肚，在節制飲食之前臨去秋波，享受膽固醇帶來的快感。這好像就是英國人對我們待會兒要吃的培根和雞蛋情有獨鍾的緣故。

當然，等到四旬節一過，他們可能又繼續吃豬肉，至於猶太人和穆斯林就絕對不能這麼做。伊斯蘭把火腿視為禁忌（haram），這一點反映出此前猶太教信仰所制訂的傳統，宣稱豬肉是不潔的食物。對於豬肉為什麼被認定為不潔的食物，許多人提出了不同的理論，其中最常聽到的說法是猶太人相信豬肉會造成某種疾病。但這種說法似乎站不住腳，因為猶太教的飲食法則（Kashrut）也禁止其他動物上飯桌，這種禁令背後的理論基礎很難符合我們對獸醫流行病學的理解。舉例來說，猶太人認定的重要標準是：任何長了偶蹄或反芻食物的動物都不能上桌，但說也奇怪，同時符合這兩個條件的動物卻可以上桌。對以色列的牛來說，這真是個壞消息！

這些法則的文化性似乎勝於醫學性，而且貝類、蜥蜴、駱駝、野兔和大多數的昆蟲都在禁止之列，但生活在同一區域的其他民族卻可以隨時拿起來大嚼，似乎沒有出現什麼危險的後果。這個健康飲食論唯一可信的一點是：猶太人絕不吃任何因為自然原因而死亡的動物，這樣可以避免吃到罹病動物的肉，是百分之百合理的預防措施。另外有一個朋友告訴我，猶太教禁止食用在路上被車撞死的動物，雖然這是比較現代的詮釋，而非直接引用經文。摩西五書或猶太法典絕對沒有說「你不能吃被卡車壓扁的獾」。

罐頭食物

當培根和香腸在鍋子裡滋滋作響，我們從櫥櫃裡拿出一罐烤豆子，這是許多英國窮學生的療癒系食物。罐頭是一個不透氣的管狀物，兩端密封，雖然我們很快就會完全不當一回事地把倒空的容器丟進垃圾回收桶，但這種簡單的科技曾經是烹飪史上的偉大發明，也是兩個敵國之間奇特合作關係的結果。

數千年來，引用科西嘉名人拿破崙（Napoleon Bonaparte）的說法，軍隊一直是「靠肚子行軍」，至於如何把士兵和水手餵飽，這個後勤學上的難題就連棋藝大師也苦思不得其解。既然食物本身會快速腐敗，每隔幾天就必須更新，一旦數以萬計的人遠離了關係友好的海岸或城鎮，要如何提供足夠的軍糧，來滿足他們大量的需求？如果軍隊不能在附近的鄉間掠奪資源，那有什麼辦法能解決問題？為了尋找答案，法國政府在一七九五年採納集思廣益的做法，任何科技研究者只要能解決這個難題，就可以獲得獎金。一八一〇年，在獎金虛設了十五年之後，有個叫尼古拉斯·阿佩爾（Nicholas Appert）的廚師領走一萬兩千法郎的獎金。

阿佩爾是旅館老闆的兒子，一開始學習廚藝，但後來改行當甜點師傅，研究如何用甜凝膠保存水果。他花了十年的時間，嘗試把食物密封在玻璃罐裡，然後用沸水烹煮，時間各有不同。一八〇四年，他的發明先後得到法國海軍和陸軍的賞識。到了一八〇九年，法國政府召開官方委員會品嚐他的罐頭食品，發現沒有蛆蟲，吃起來相當可口。阿佩爾得獎無疑是實至名歸，不過有一個條件，他必須公開出版他的理論，且不得申請專利。

於是，《把各種動物和蔬菜物質保存數年之技藝》（*The Art of Preserving All Kinds of Animal and Vegetable Substances for Several Years*）在一八一〇年付梓，阿佩爾也成為媒體寵兒，在巴黎一處優雅的展示間販賣他奢華的罐頭食品。雖然生意興隆，但他對於自己的技術為什麼會成功，顯然沒有任何科學上的理解。細菌理論及細菌的發現距今還有五十年，而路易．巴斯特（率先發現細菌的科學家之一）根本還沒出生。靠儲存食物起家的新貴阿佩爾完全是歪打正著。除此之外，雖然被封為「罐頭製造業之父」，罐頭其實不是他發明的。事實上，他的玻璃罐有時會因為內部壓力而爆裂，掉到地上很容易裂開，而且罐頭難開得要命，實在不是在前線的理想食品。

現在我們熟悉的錫罐頭反而是另一位法國人菲利普．德．吉拉德（Philipe de Girard）的發明。然而，吉拉德沒有在法國各地兜售他的發明，反而到比較健康的英國市場打天下，儘管這個做法並非沒有後遺症。當時兩國正在打拿破崙戰爭，而英國人不歡迎說話帶有濃厚高盧腔的人，於是吉拉德聘請一個叫彼得．杜朗德（Peter Durand）的英國商人代表他申請並取得專利。不過，他的發明非常有意思，足以壓抑科學界任何仇外的反法情緒，因為史料顯示吉拉德經常設法溜出法國，前往倫敦的皇家學會。

說也奇怪，當他取得專利權，並且由英國工程師拜倫．唐金（Byran Donkin）投入生產之後，吉拉德的角色就消失了。唐金放在錫罐裡永久保存的罐頭肉令威靈頓公爵（Duke of

Wellington）和英國海軍部（British Admiralty）大感驚奇。到了一八一四年，這些新奇的錫罐頭飄洋過海，運到歐洲各地的戰場，水兵和士兵在高興之餘，寫信回倫敦喜孜孜地宣告他們的伙食不再帶有古怪的霉味。一八一五年，阿佩爾從法國政府手上領取獎金的短短五年之後，拿破崙在慘烈的滑鐵盧戰役（Battle of Waterloo）和英軍對壘，萬一他發現對手的運貨列車不但載著罐頭食物，而且還是法國人弄過去的，想必是怒不可遏。愛國心值多少錢！

幸好我們的烤豆子罐頭上面有新式的拉環，不必笨手笨腳地用可怕的開罐器夾在罐頭的金屬邊緣。但儘管如此，至少人類發明了開罐器這玩意兒，在歷史不可思議的轉折下，人類直到一八七〇年才發明了開罐器，距離發明罐頭已屆四十八年。看來在將近半世紀的時間裡，人們是用鐵鎚和鑿子把罐頭撬開，活像是庫伯力克（Stanley Kubrick）的電影《二〇〇一：太空漫遊》（*2001: A Space Odyssey*）中用骨頭敲打東西的類人猿，看了就讓人洩氣。

踏上尋找香料的旅程

一四七七年，重新出土不久的希臘地理學家托勒密（Ptolemy）的古代典籍，終於在歐洲刊印，距離當初書寫的時間，已經過了一千三百多年。這個版本附上一幅相當時髦的世界地圖，據稱出自神祕的古代製圖師阿加多戴蒙（Agathodaimon）之手。當時包括這本書在內的好幾部古代著作，透過伊斯蘭世界的圖書館重新進入公眾意識中，並且在歐洲許多航海家心中燃起一團火焰，他們渴望探索已知疆界之外的世界究竟有多大。在這些熱情的探險家裡，有一位白手起家、崇尚利己主義的熱那亞人，叫克里斯多夫·哥倫波（Cristoforo Colombo），我們通常稱呼他哥倫布（Columbus），即便只是為了避免把他和星期六下午在電視上穿著雨衣的破案天才搞混。

早在羅馬時代之前，地中海商船的船長已經從埃及北部的亞歷山卓港（Alexandria）沿著東南航線駛向印度的異域國度，當地人販賣大量的香料，例如胡椒、肉桂、薑、丁香、肉豆蔻、番紅花、薑黃等等。事實上，最近針對印度河河谷哈拉帕遺跡的鍋子碎片所做的科學分析顯示，印度人早在四千多年前就吃起他們著名的咖哩飯。不過把香料捧得和天一樣高的是羅馬人，雖然不是每個人都愛吃，但羅馬每年仍派出大約一百二十艘船，把這個著名的「黑色黃金」運回來。自然哲學家老浦林尼（Pliny the Elder）惋惜這種危險的進口活動消耗的巨大成本，氣得低聲咒罵：「與其他果實和漿果相比，胡椒沒有任何值得推薦的優點，它唯一的優點便是那股辛辣味，而光是為了這一點，我們就大老遠從印度進口！」

看一位老先生埋怨流行文化固然有趣，即便老浦林尼已經死了兩千年（他不幸死於火山爆發），但像他這樣不愛香料的人依然少之又少。因為香料不只能添加食物的滋味，還被認為具有醫療效果，更是炫耀財富的好方法。對當時的超級富豪而言，用香料來裝飾菜餚，感覺就像購買一架鍍金的直升機——為浪費而浪費的錦上添花之舉。現代人有種迷思，認為後來中世紀的烹飪之所以大量使用香料，是為了掩飾腐肉的味道，但這就好像在說俄國魚子醬可能是用來遮掩廉價杯麵的酸味。如果有錢用船把香料從地球的另一端運回來，自然不會苛扣購買新鮮肉類和蔬菜的錢。

因此，既然對印度這種知名出口商品的需求如此之大，難怪托勒密的《地理學》（*Geographia*）剛出版不久，航海家就開始推測有沒有一條更快的航線，可以駛向神祕的印度群島。到了一四八〇年代末期，熱那亞（靠香料貿易興起的城市）人哥倫布提出一套計畫。哥倫布鑽研過馬可波羅（Marco Polo）、托勒密、斯特拉波（Strabo）、泰爾的馬里努斯（Marinus of Tyre）、法干尼（al-Farghani）的著作和義大利天文學家保羅・托斯卡內利（Paolo Toscanelli）新近的理論，他確定只要不斷向西航行，就會抵達印度群島。畢竟羅馬作家西尼卡曾經興高采烈地提筆表示，航行可能只消幾天就能抵達印度群島。

不過哥倫布對古代地理學家傳下來的測量結果不太滿意，於是自己算出一堆數字。以他的聰明才智，實在不該這麼做，而且全部都算錯了：歐亞大陸的面積；地球的圓周；他後來以為自己是由下往上航行，而且因此相信世界是珍珠形的。等他最後無意中發現了伊斯帕尼奧拉島（Hispaniola，編按：即今天的海地）和古巴時，因為熟讀馬可波羅遊記的緣故，他堅信自己離中國海岸不遠，這是一個完全可以體諒的錯誤。不過，可惜哥倫布多少也是個自我吹捧的傻瓜，這一點很難輕輕放過。

哥倫布搶了德里戈・德・特里阿納（Rodrigo de Triana）的功勞，將發現新大陸應得的獎金據為己有。回到西班牙之後，他極力誇大自己的發現，吹噓自己看到了無盡的香料和令人咋舌的財富，儘管他從船上卸下來的偉大戰利品其實只是一堆破爛玩意兒，包括菸草、鳳梨、一些黃金、幾個原住民俘虜、一隻火雞，還有一張不起眼的吊床。人們收到黃金固然會高興，但我很難想像西班牙國王和皇后對那張吊起來的椅子會有多少興趣。想像一下，如果我們派一組人去火星，而他們只帶回一張懸在半空中的沙發床？

這整件事固然有趣，但哥倫布出海是為了尋找香料，而他帶回來的東西怎麼聞、怎麼看都不像印度群島的香料。事實上，有種他以為是胡椒的植物，最後發現是辣椒，我們之所以稱之為「辣椒」，就是源自於他的錯誤。西班牙並非人人相信他誇大的說法，但死腦筋的哥倫布還是設法弄到了另外三次航行的資金，並且在這個過程中開啟了西班牙航海探險的黃金時代，最後弄得西班牙民窮財困，而且無意中把致命的天花傳染給數以千萬計的南美洲原住民。

哥倫布這個人當然不值得讓美國人奉為英雄。他從來沒有踏足北美洲，而且橫跨大西洋的黑奴貿易產生的無盡慘劇，也是拜他所賜，因此哥倫布日（Columbus Day）的存在簡直像個三流的笑話。不過，如果把他的任務從他這個人抽離出來，他意外發現新大陸，確實是文藝復興時代可以和登陸火星媲美的壯舉，此舉無疑改變了全球史的發展（當然也包括食物的歷史）。

當我們打開錫罐頭，看到泡在番茄醬汁裡，用黑胡椒調味，再用糖增加甜味的白色扁豆——這些食材背後的傳統可以追溯到西班牙征服南、北美洲，以及荷蘭、法國、英國和葡萄牙後來在新世界的帝國爭奪戰。有趣的是，後來南美洲的植物和食物向外傳播，造就了全球食材大融合，我們現在才會將番茄與義大利菜做連結，但其實番茄是阿茲特克人的傳統食材，而且認為印度咖哩就要搭配辣椒，儘管辣椒一直到十六世紀才被引進南亞。

馬鈴薯上桌了

衛兵手持著武器，大無畏地站在農田邊緣，這時當地的農夫從他們身上瞄過去，想琢磨土壤裡究竟長出什麼價值連城的寶貝。好奇心愈來愈強的本地人耐心等待天黑，興致勃勃地看著衛兵離開崗位，踏著蹣跚的步伐回營區過夜。既然沒有衛兵站哨，這群渾身髒兮兮的農夫急忙溜進田裡，就著月光挖出土裡的作物，然後悄悄地將作物種在自己的土地上。不管這是什麼貴氣的食物，他們會先品嚐。當農民盜採作物的消息傳到農田主人的耳朵裡，他樂得很，因為他狡猾的計畫成功了。

我們把馬鈴薯絲做成的薯餅放進煎鍋時，可能不會想到馬鈴薯充滿爭議的故事，以及不值錢的馬鈴薯曾經同時引發傲慢的鄙視和劇烈的恐慌。馬鈴薯和番茄一樣源自南美洲，是印加人在高緯度地區栽種的作物，利用夜晚的寒霜把塊莖凍乾，變成脫水的澱粉，和我們現在的冷凍薯條差不多，這樣可以使馬鈴薯成為耐久的食物來源，填補其他作物歉收的空窗期。然而在一五七〇年代傳入歐洲時，這種營養豐富又實用的糧食卻淪為一場慘烈的公關災難（PR disaster）。

一五九六年，瑞士植物學家加斯帕爾・博安（Caspar Bauhin）把馬鈴薯命名為Solanum tuberosum esculentum，卻在書裡提供了一幅誇張得嚇死人的插圖，並附上種種流言蜚語，暗示這種植物可能引起腸胃脹氣、色慾和痲瘋病，是害人當眾出醜的黃金鐵三角，保證破壞所有美好的邂逅。我們不清楚他為什麼決定這麼做，恐怕是因為他的馬鈴薯樣本看起來有些笨拙、多瘤，可能類似痲瘋病人變形的四肢，才讓他得出這個結論。這篇可怕的簡介使人人聞馬鈴薯色變，如同晚近的狂牛症蒙上的惡名，而且就如同民眾對英國牛肉的信心崩潰，人們很快就拒吃馬鈴薯，即便遭遇饑荒，命在旦夕。

前面提到的那些被盜採的農田屬於法國食品科學家安東—奧古斯丁．帕蒙提耶（Antoine-Augstin Parmentier）所有，他曾經淪為戰俘，而俘虜他的普魯士人提供的伙食是卑賤的馬飼料（例如馬鈴薯），然而被俘三年的他獲釋時身強體壯，顯然馬鈴薯並不是什麼邪惡的恐怖之源。帕蒙提耶決心證明他的推論，對科學家、農夫、法國政府和迷信的法國人展開長期的遊說，試圖讓他們相信馬鈴薯是麵包的有效替代品，而非害你不停放屁，還會失去雙腿的春藥。一七七一年，他設法說服了科學界，但仍舊有人固執地反對，於是他著手計劃一系列巧妙的宣傳招數，包括請富蘭克林之類的名人吃馬鈴薯；說服瑪莉．安東奈（Marie Antoinette）把馬鈴薯花當做頭飾別在髮際；並且誘騙巴黎西邊的訥伊（Neuilly）的農民，以為他派重兵把守，用五十畝多沙荒地栽種的馬鈴薯，是新的奢侈食品，不能進他們卑賤的肚子。我們現在已經知道，他這一招逆反心理學大獲全勝。

許多馬鈴薯食譜以帕蒙提耶的名字命名，做為對他的禮讚。全靠他的努力，富含澱粉的馬鈴薯在營養食品中的地位逐漸提升，從馬飼料變成饑荒時的緊急配給糧食，最後成為人類的主食。然而，悲慘的是，馬鈴薯原先只是用來填補糧食歉收空窗期的作物，最後卻成為愛爾蘭的主要糧食，當這種容易感染病害的塊莖植物大規模感染枯萎病，對馬鈴薯的過度倚賴就變成了一場災難。

蛋料理

早餐漸漸完成，只差一兩樣食材便可以起鍋，於是我們再度打開冰箱，這回拿出一顆新鮮雞蛋。我們手掌上握著的是百分之百純天然的食材，比農耕的發明早了幾百萬年。儘管我們石器時代的祖先可能會從鳥巢裡偷拿鳥蛋，然而到了新石器時代，泰國、中國和印度等地的農夫馴化了野雞（jungle fowl，也就是我們口中的chicken），人類才開始畜養自用的產蛋雞。事實上，人類從事蛋雞養殖的明確證據，最早出現在西元前一四〇〇年前的埃及，養成習慣之後，從此再也沒有回頭。

羅馬人特別喜歡孔雀蛋，中國人偏愛鴿子蛋（特別用灰燼和鹽巴保存），希臘人喜歡小巧的鵪鶉蛋，腓尼基人帶巨大的鴕鳥蛋進城（也裝飾成陪葬品），但基本上，千百年來，包括鱷魚和烏龜在內的任何動物所生的蛋都可以吃。只要約略算是橢圓形狀，存有潛在生命，我們的祖先都很樂意大口吞下，但他們可不是把生雞蛋往嘴裡一塞算數。事實上，料理雞蛋的方式因為時代和文化的不同而有極大的差異。

埃及人喜歡吃全熟蛋、半熟蛋、煎蛋、水煮蛋、做成卡士達或舒芙蕾，然後搭配麵包一起吃。蛋黃和蛋白幾乎可以用在每一個地方，甚至可以運用在藥理學上。埃及醫學非常進步，但偶爾會落入令人懷疑的迷信，他們認為既然鴕鳥蛋和人的頭骨差不多，應該開給頭骨裂開的人當藥方。根據這個邏輯，應該可以用烤栗子治療睪丸癌，用法國棍子麵包治療腿部骨折。

羅馬的美食作家阿皮基烏斯（Apicius）是我們研究古義大利所有烹飪史的資料來源，他在書中談過各種用雞蛋做為主要食材的宴席，下面這道菜的食譜聽起來很熟悉：

把四個蛋加到一品脫牛奶和一盎司的油裡，攪拌均勻，製成蓬鬆的蛋糊。倒一點油下鍋，小心把蛋糊加進去，千萬不要燒焦。（放進烤箱烤到蛋糊膨脹），烤好之後翻到淺盤上（對摺），澆上蜂蜜，灑上胡椒，即可食用。

有一道類似的菜餚在中世紀歐洲的人氣歷久不衰，只不過是用剁碎的香藥草來調味，而不是蜂蜜，在英國稱為herbolace，後來在十六世紀被法國人改名叫omelette（蛋捲），加入薑來刺激味蕾，同時放進大量的乳酪和牛油，用重口味的脂肪來阻塞動脈。

說到這裡，中世紀英國最普遍的雞蛋料理法，是把蛋放進火熱的灰燼裡烤、放進沸騰的水裡煮，或是打進長柄鍋和培根一起煎，此刻我們在廚房做的正是這道菜。可是到了十七世紀，著名的半熟蛋（現在成了英國早餐的同義詞）也開始成為餐桌上的固定菜餚，一八一五年，甚至在珍・奧斯汀（Jane Austen）著名的小說《愛瑪》（*Emma*）客串一角，扮演有疑病症的老頭子，亨利・伍德豪斯先生（Mr Henry Woodhouse）。對不起，搞錯了，是吧？不，它扮演的是半熟蛋的角色。是我不好。

子的美味湯汁吃。

我們日常吃的麵包

各種不同的食材都下鍋了，正好趁這個時候把兩片吐司放進烤麵包機，稍後可以沾烤豆子的美味湯汁吃。

麵包是人類歷史上最重要的發明之一，至少在歐洲和中東是如此。這是民眾維生的基本糧食，沒有麵包，社會就像沒烤熟的燕麥餅乾，會在瞬間粉碎。約莫二十萬的羅馬公民每個月領取國家的糧食配給，只能維持溫飽，但要發放這麼大批的糧食（估計每個月要八百萬公斤），從義大利周遭的農田根本蒐集不到這麼多糧食，因此羅馬隨時留意有哪些肥沃的農地可以征服。

儘管好萊塢希望我們這樣相信，但凱撒和馬克．安東尼越過地中海，不光是看中克麗奧女王的超低胸裝。埃及和北非孕育了大範圍的農地，而羅馬對麵包的需求就跟毒蟲需要海洛因差不多。百姓不只要靠國家提供麵粉，任何掌握穀物供給的人就能影響民眾，諷刺詩人尤維納利斯（Juvenal）對羅馬人提出嚴厲譴責，他認為民眾只要能得到「麵包和馬戲團」，就算是最低級的政客，他們也照樣支持。

自羅馬時代以降，麵包政治化的程度有增無減。在十八世紀的法國，麵包的生產等於是公眾服務，麵包師傅由政府管理。一七八七年，一般勞工每天的工資有一半拿來買麵包，但連續兩年收成不佳，到了一七八九年，麵包價格上漲百分之八十八，導致法國大革命爆發。

美國在一七一〇年、一八三七年和一八六三年分別發生過麵包暴動。而列寧（Vladimir Lenin）在帝俄時代提出的革命號召：「一九一七年四月提綱」（April Theses of 1917），喊出了「和平、麵包、土地！」這個很容易上口的口號。

不過這種對麵包量產的依賴是如何產生的？這個嘛，照例又是從人類最古老的城市開始說起。銅器時代發明了比較密集的農耕技術，以及更大的灌溉農田系統，也就是說，用不著那麼多人手，就能在更短的時間生產更多糧食，如此一來，自然能發明其他的行業。新石器時代原本可能採取平等主義，每個人都必須下田耕種，如今在烏魯克（Uruk）這種最早靠麵包起家的城市，階級的區分出現了，勞力也被劃分成各自不同的專業領域。既然麵包的生產不虞匱乏，許多人就能放棄農耕，轉而成為詩人、學者、馬車製造者、磚塊製造者、陶工、醫師、牙醫和資訊科技顧問……好，也許不會有資訊顧問。

麵包是生存最重要的關鍵，因此成為幸福的根本隱喻。吉爾伽美什（Gilgamesh）的《史詩》（*The Epic*），堪稱是人類歷史上最古老的故事。《史詩》中引述智慧之神（Ea/Enki）的一段話：「將賜給你一次大豐收，早上讓麵包從空中傾盆而下，晚上降下小麥雨！」在真實世界裡，這應該是極端天氣，電視記者會躲在採訪車下面，看著全麥麵包劈哩啪啦地掉到地上，不過做為隱喻，則象徵對大豐收的歡慶。麵包從天而降是人類想像中最幸福的事。

但如果這些麵包，不是從養育之神位在天上的烤爐裡滾出來，那又是誰做的呢？答案是美索不達米亞人有大型的公民麵包店，製作軍人、公僕和其他行業的人需要的大量麵包，但我們不該因此認定麵包百分之百就是銅器時代發明的產物。又不是說在新石器時代結束的午夜時分響起一陣鐘聲，每個人突然脫口而出：「我剛剛想到一樣東西，而且是從切片麵包……呃……。」史上最早的城市或許是因為麵包而發展起來，但人類可能早就已經把麵粉放在公用火爐熾熱的灰燼裡烘烤了幾千年。

儘管現代的舊石器時代飲食法（Paleo diet）提出一堆趕時髦的說法，但事實上我們的祖先食用穀物和穀類作物已至少有三萬年的歷史，而且這些糧食是來自自然生長的植物，而非精心栽種的作物。然而，新石器時代的烘焙法非常原始，必須利用一把鞍狀的手磨器，壓在小麥和大麥上前後轉動，將其磨成麵粉，而通常手磨器都是利用堅硬的玄武岩製成，活像一把從火山邊鑿出的擀麵棍。

麵粉磨好之後，可以用三種方式製作：可製成麵餅，全靠內部的蒸汽膨脹讓麵包脹大；可製成有機的酸麵糰，讓它自己膨脹；或是從釀啤酒的地方借來製造氣體的酵母，在麵包心產生柔軟、蓬鬆的空洞，使麵包脹大。

籠統地說，後者是有錢人的吃法，而麵餅往往是窮人的食物，這和現代中產階級的口味相反，當時的奢侈食品是白麵包，市井小民才不得不嚼黑麵包。原因很簡單，要製作白麵包，必須把咖啡色的麥麩和粗粉去掉一半，如此一來，烤出來的麵包就會非常香滑，所以把穀類資源用來做白麵包，是極度沒有效率的做法。當然，貴族最喜歡的莫過於自大地揮霍，難怪亨利八世要吃上等白麵包（manchet），也就是羅馬人口中的panis siligineus，而其餘在他的漢普頓宮（Hampton Court Palace）吃飯的人，大多吃的是質地較硬、顏色較深的次等白麵包。

法國宮廷的白麵包叫做「流行麵包」（le pain à la mode），裡面加了牛油，有時還加糖，這樣烤出來的質感和味道比較像布里歐（brioche）。這種麵包不可避免地在英國中產階級間盛行起來。他們幾乎把所有的時間和精力都用來模仿上流社會，即使吃不起這種好東西，也同樣嚮往白麵包的誘人魅力。如此一來，高風險的人造白麵包黑市便應運而生，為了將麵包漂白到正確的色調，製造者會加入白堊、巴黎的石膏、明礬或甚至砒霜。不幸的是，讓麵包更加白皙的加工品必定也會讓食用的人皮膚變得更蒼白，有時候甚至變成死白色，因為明礬會導致兒童出現致命的腹瀉。不過，我們不應該認為白麵包永遠代表奢華，黑麵包或麵餅就等於貧窮。

雖然十七世紀的歐洲畫家用麵包的顏色當做視覺的簡寫，用來表示一個人的經濟地位，但到了十八世紀，裸麥麵包其實被認為比較好消化，所以追求潮流的健康愛好者破壞規矩，拚命吃這種地位比較低的麵包。他們希望這樣可以保持身材苗條，排泄順暢，雖然不像那些不幸買了添加明礬的漂白麵包的人那麼通暢。猶有甚者，窮人吃的廉價麵餅，包括可麗餅和俄國薄餅（blini），在十九世紀初變成了貴族的趣味小點心，現在我們吃俄國薄餅時多半搭配昂貴的燻鮭魚和白酒，而不是淡如水的蘿蔔泥粥。

但我們今天早上吃的是一片放進烤麵包機烤了幾分鐘的簡單全麥麵包。我們都知道「好得要命」（the best thing since sliced bread，譯按：從切片麵包出現以來最好的東西）這句話，但這句廣告標語出現的時間不久，而且大概是美國行銷的最佳傑作。畢竟，麵包切片機是愛荷華州珠寶商奧圖・斐德烈・羅威德爾（Otto Frederick Rohwedder）的發明，他在一九一二年想出這個點子。在將畢生積蓄投入研究，又遭受各種挫折之後，他終於在一九二八年把麵包切片機的原型品賣給麵包店。不到五年，美國百分之八十的麵包店都把麵包預先切好，這或許是因為烤麵包機變得愈來愈流行。說來有趣，在切片麵包出現之前，最好的東西顯然是預先包裝好的麵包，但我們之所以知道這一點，是因為羅威德爾那台新奇機器上市的廣告標語：「烘焙業從包裝麵包以來最大的進展」。別問我更早之前最好的東西是什麼……我不知道。

總之，我們的吐司成功地從烤麵包機跳出來，活像是從巨大的生日蛋糕裡蹦出來的脫衣舞孃。我們拿起麵包，放在盤子上，然後把其他食材鑲在上面：先是香腸，然後是培根，再來是雞蛋、一團烤豆子，然後是薯餅。我們坐在餐桌前，打開電視，看一些不花腦筋、可有可無的娛樂節目，然後叉起美味的大餐。誠然，有些烤豆子的湯汁會流到我們的下巴，我們的頭髮也有淡淡的一陣豬肉烤焦的味道，但這正是我們發明淋浴間的原因……

10:45 a.m.

衝進淋浴間

一大早狼吞虎嚥地吃完早餐，該回浴室洗個戰鬥澡了。誠然，不過二十四小時前，我們才在淋浴間扯開嗓門高唱惠妮・休斯頓（Whitney Houston）的歌，但我們人類是天生的汙物噴灑器，就像反烏托邦科幻小說講的那種邪惡能源企業，我們不停地排出穢物。我們經常需要好好清洗一番。儘管我們的社會目前處於高度衛生的狀態，但人類衛生史的進步不是線性的。本章讀起來不會像《人類的攀升》（*Ascent of Man*）那種圖畫，最左邊是一個全身髒兮兮的傢伙，中間的幾個人愈來愈乾淨，然後我們架式十足地站在最右邊，手腳沾著肥皂泡沫，頭上套一頂薄薄的塑膠浴帽。不，從古至今，不同年代的人對衛生的定義天差地遠。

衛生史的變化之所以像個蹺蹺板，是因為所謂的衛生，骨子裡就是一場對抗汙垢的戰爭。一想到汙垢，我們腦子裡浮現的畫面是小孩子快樂地在泥巴裡翻滾，用烏黑的指甲耀武揚威。不過對人類學家而言，汙垢只是「錯置的物質」（matter out of place）。古希臘哲學家用「滌淨」（katharsis）來描述把靈魂和身體的壞物質清除的概念，但何謂好物質，何謂壞物質，往往取決於變換不定的文化品味。本章對於「乾淨」的某些定義，真的會讓你想把書一摔，用漂白水把全身消毒一遍。

所以，我們應該從何說起呢？不如先從一個很明確的壞東西說起……

一切從蝨子開始談起

想像泰山和毛克利（Mowgli）整天在樹群間跳來跳去的生活固然很有趣，但我們人類過不了孤獨的叢林生活。就像我們的遠親黑猩猩一樣，牠們在水裡洗澡，把身體埋在甜香的森林水果裡，人類是社會性動物，保持乾淨是替別人著想，我們知道一旦身上開始散發未經處理的汙水味，就會被團體中的其他人趕出去。畢竟只要有一個骯髒鬼，就能把疾病傳染給整個社群。眾所周知，人猿會互相梳理毛皮，很勤勞地抓出身上的虱子和寄生蟲，就連人類語言的發展，也可能是肇因密集的社會化過程，互相梳毛和抓蝨子只是其中的一部分，而且我們現在仍然繼續把這種社會性梳理（social grooming）的行為永久化。例如我們每次去美髮沙龍，就不停地八卦我們失戀的故事、假日的計畫，以及電視上那個在計程車後座搞了某個明星的男人有多少驚人的戰績，難道只是巧合？旁人的觸摸具有某種魔力，會讓我們打開話匣子。

當然，除非我們的小孩從學校放學回來，不經意地用彈弓把虱子朝我們射過來，否則我們身上應該沒有蝨子，可是，我們祖先的抵抗力就沒這麼強。古埃及人深受頭蝨之苦，他們甚至把頭髮剃光，戴假髮，但即使到了第一次世界大戰期間，士兵縮在骯髒的壕溝裡，會發現身上有幾百隻，有時甚至是幾千隻的體蝨，必須用手一隻隻抓出來，丟進火裡燒死。這樣我們可以頗有自信地認定，石器時代的人類身上也有不受歡迎的微型乘客。

人蝨和黑猩猩身上的蝨子差不多，但人蝨比較能適應我們這種沒有毛皮的身體，而且人蝨分成兩大類：頭蝨和陰蝨，後者是大猩猩在三百三十萬年前傳染給我們的。這兩種蝨子緊緊依附在我們身上好幾百萬年，而且令每一個人種都不堪其擾。不過，說來神奇，大約七萬年前，頭蝨演化成第三種蝨子，而且特別適應一個新領域：織品。體蝨因此成了很好用的時間郵戳（timestamp），標示出衣服發明的年代，這對考古學家來說是一大福音。不過，體蝨也帶有危險的疾病，對大多數的人類就不是什麼好消息了。

石器時代的人類應該和一次大戰的士兵一樣，不只會抓出身上的蝨子，還會定期沐浴。畢竟，西班牙和法國許多具有美麗史前藝術的知名洞窟，和天然溫泉的距離都在步行的範圍內。我們普遍認為穴居人陰沉憂鬱，一堆人擠在黑暗中，悶悶不樂地咀嚼一塊塊歐洲野牛肉。但他們同樣也可能像戲水池中格格傻笑的幼兒，利用週末在溫泉裡玩得水花四濺。畢竟，我就會這樣……你不會嗎？

古印度人和古埃及人怎麼洗澡？

人類歷史中的離奇之處，是我們如何快速地把自己從一票票過著游牧生活的漁獵採集者，轉變為龐大社會中老於世故的城市定居者。就好像智人花了十九萬年的時間軋軋前進，慢慢爬上令人暈眩的雲霄飛車陡坡，每次只進步一點點，這裡有了新斧頭，那裡多了新標槍。然後，出乎意料地，冰河世紀結束，我們突然用把人嚇得屁滾尿流的加速度衝向新石器時代，一邊驚聲尖叫，一邊以極快的步調，在短短一萬年裡經歷了房屋的發明、農業和都市規劃。

不過，儘管新石器時代出現了許多發明，公共衛生設施其實是起始於銅器時代。在現今的巴基斯坦和印度地區，古代的哈拉帕人一心追求大眾衛生，他們最擅長維護清潔，就像英國人最懂得以退為進和瘋狂排隊。我們已經發現，哈拉帕城市底下有不規則蔓延的下水道系統，以石膏塗層的磚塊建造，由地下管路和路邊的排水溝組合而成，從住家安裝的溢流管收集汙水。即使是多層建築物也安裝了汙水管，他們很聰明地在牆壁裡安裝內部管道，或是在地板開栓塞孔，這樣每一層樓都能排水。在水管工程的名人堂裡，哈拉帕人絕對可以和馬利歐與路易吉（Mario and Luigi）不相伯仲。

這樣精密的排水系統可能使我們認定印度河河谷經常被暴雨沖刷，這些一定是防洪設施，但這種想法完全背離事實。印度河河谷每年的降雨量只有區區一百三十公釐，連淹死一隻獅子狗都不太夠。那麼水是來自何方呢？答案是地底。在印度河河谷的一千多個聚落當中，摩亨佐—達羅（Mohenjo-daro）估計有七百座磚塊襯砌的水井，每隔三十五公尺就有一座，為民眾提供源源不絕的潔淨用水。

水是哈拉帕聚落的命脈，這種自然流動的資源被推崇到神聖的地位。摩亨佐—達羅的大澡堂（Great Bath）是一座用磚塊襯砌的室內水池，長十二公尺、寬七公尺，位於城市最高處的一座占地驚人的建築物裡，象徵性地宣示水的崇高力量。這不是讓高聲尖叫的小孩玩「深水炸彈」的那種公共泳池，反而可能是讓更重要的社會成員進行滌淨儀式的水源。當然，這不是當地唯一的沐浴設施，其他人可以在城市另一頭的長方形磚造浸水池沐浴。

和這種令人瞠目的基礎設施比起來，古埃及人這次難得令人失望，但由於他們的史料記載詳細，所以仍然值得一提。在清潔方面，他們的祭司階級特別小心避免染上蝨子，因此經常把全身上下每一吋的毛髮刮乾淨，而且一天用冷水清洗身體五次。祭司住在尊貴神祇的神聖殿堂裡，身體的潔淨比什麼都要重要。對天上神祇最大的不敬，莫過於任由四肢變得毛茸茸，活像萬聖節的狼人道具服。

現在的人經常洗手，而且每天也都會好好洗澡，不過這和古埃及老百姓的沐浴習慣比起來又是如何呢？他們飯前飯後好像也會洗手，但是當時沒有自來水，婦女必須到尼羅河取水。她們把笨重又不斷濺水的水瓶頂在頭上，每天來回七次，才能滿足富人的需要。那些富人為避免壓壞他們精緻的髮型，根本不可能自己去取水。雖然不是按個鈕就有水流出來，有錢人仍然可以沾沾自喜地炫耀他們的浴室。浴室裡的防水石材地板和淺淺的溢流水道，讓他們在早上可以快速擦澡，晚上再好好沐浴。此外，即使窮人的設備比較寒酸，但他們還是照樣能保持清潔。連身分低下的農場工人，也能弄到用動物和植物油製成的簡單肥皂，拿桶子盛水洗澡，或是到尼羅河邊，一邊洗澡，一邊注意有沒有飢腸轆轆的鱷魚。

印度河和尼羅河河谷經常被譽為偉大文明的搖籃，這種說法其來有自，但如果談到如何排掉日常髒兮兮的汗水，另一個銅器時代的文化也同樣熱中於洗澡……

像克里特島人一樣乾淨

在地中海克里特（Crete）島北海岸的克諾索斯（Knossos）發現的大批古蹟，曾經是一批讓人看得眼花撩亂的建築，這個巨大的建築群包含一千三百個互相連結的房間和建築物，就連俄羅斯最浮誇的寡頭執政者都會打從心裡嫉妒。由於規模驚人，最早挖掘這個遺址的亞瑟·伊凡斯爵士（Sir Arthur Evans）推測，克諾索斯是傳說中的邁諾斯國王（King Minos）正式的住所——神話中的牛頭人身的食人怪獸彌諾陶洛（Minotaur）潛伏在著名的迷宮裡（可能是這座建築驚人的規模引發了迷宮的傳說），邁諾斯就是負責守衛他的倒楣鬼。伊凡斯可能誇大其詞，但遺址確實像是邁諾斯人（後來依據邁諾斯的名字命名）正式的宮殿，從建築物的遺跡看來，邁諾斯人是技術精良的工程師。

走進我們現代的浴室時，要面對一個選擇：要在淋浴間快速沖澡，還是放滿一缸水，奢侈地浸泡到皮膚起皺為止。你可能懷疑後面這種科技的歷史恐怕比較悠久，你說對了，因為克諾索斯的遺跡有座五呎長的精美赤陶浴缸，可能出自西元前一五〇〇年。很可惜我們知道的只有這麼多：浴缸大概和一個直立式洗臉盆共同坐落在一間特殊的沐浴室，這裡多餘的水會從地上的一個洞口排出。我們或許很願意想像有位優雅的皇后泡在浴缸裡，手上拿著一杯紅酒，浴缸邊點了一枝蠟燭，聆聽著屬於銅器時代的萊諾·李奇（Lionel Richie）的「暢銷金曲」，但沒有任何證據支持這個迷人的幻想。

不同於埃及，邁諾斯人不需要徒手取水，而是透過人造的輸水道把水從附近的山丘輸送下來，而且流出的水極可能有各種不同的溫度。阿克羅提里古城（Akrotiri）的考古挖掘顯示，該古城位於邁諾斯島附近的一個聚落，被聖托里尼山（Santorini）發生火山爆發時落下的大量浮岩掩埋，當地人安裝了兩條水管，一條管線輸送冷水，另一條管線輸送經過地熱加溫的泉水。火山雖然造成了一場毀城的飛來橫禍，但似乎至少也曾經努力表示善意。更重要的是，聖托里尼火山爆發恐怕為克里特島帶來駭人的海嘯，但這座島嶼卻沒有像傳說中的亞特蘭提斯（Atlantis）一樣消失在海底。邁諾斯文明在西元前第二個千禧年中期瓦解，比聖托里尼山更有可能摧毀邁諾斯文明的罪魁禍首，是一群好勇鬥狠的希臘掠奪者：邁錫尼人（Mycenaeans），不久之後，他們大舉出兵，把著名的特洛伊城團團包圍。

希臘人臭不臭？

因為得罪了喜歡記仇的海神而成為人肉災難磁吸器的奧德修斯（Odysseus）又遇上船難了。他筋疲力盡、一絲不掛、全身瘀青，在僻靜的樹蔭下安安穩穩地熟睡著，但到了第二天，一位妙齡公主和她的侍女到海邊洗衣服時發現了他。公主問他叫什麼名字？英勇的奧德修斯——一位落難的偉大國王——決定隱瞞自己的身分。這位看起來一副剛和麥克．泰森（Mike Tyson）打過架，一臉疲憊的流浪漢受到奧辛諾國王（King Alcinous）的熱情款待，包括用銅製的澡盆燒水，準備讓他泡個熱水澡。奧德修斯爬進澡盆，由公主的侍女為他擦洗，塗上油膏並沐浴更衣後，轉眼就變成容光煥發、俊俏迷人的男子漢。公主看了他一眼，心想「要死了！」——或這句話在古代的同義詞——晚宴結束時，奧德修斯透露自己的真實身分，也沒有人覺得驚奇。他來的時候也許像個遊民，但只要花點時間洗澡，效果就等同於克拉克・肯特（Clark Kent）摘下眼睛，扯開襯衫，馬上從瘪三化身為超級英雄。

假如你不知道故事背景，我先解釋一下：奧德修斯是荷馬史詩《奧德賽》（*The Odyssey*）的傳奇男主角，而《奧德賽》則是荷馬叫好又叫座的《伊里亞德》（*The Iliad*）的續集。順帶一提，有學者質疑荷馬的存在，認為荷馬可能只是一個虛構人物，是古代詩歌版的桑德斯上校（Colonel Sanders，肯德基炸雞的創辦人）。奧德修斯熬過了十年的特洛伊戰爭，準備啟程返鄉，但因為受到暗算而又多流浪了十年，接連經歷神奇的島嶼、恐怖的怪物和莫名的情愛糾葛。相較之下，連電視影集《LOST檔案》（*Lost*）荒誕不經的情節都顯得像是寫在餐巾背後的俳句。然而，多虧荷馬充滿詩意的詳細描寫，我們才能深入窺見希臘早期的沐浴習慣。雖然很可能出現驚世駭俗的淫穢舉動，卻一點也看不出女子幫奧德修斯洗澡之後，有任何傷風敗俗的舉動。相反地，簡單的洗澡行為卻被認為具有讓人改頭換面的力量。走進澡盆的時候既骯髒又疲憊，出了澡盆卻成為神采飛揚的半神。但這是有道理的，實現潔淨是一種宗教意涵上的勝利，代表純潔戰勝了身體汙穢的本質，我懷疑希臘人應該很喜歡這句話：「潔淨僅次於神性」（Cleanliness is next to godliness）。

往後快轉幾個世紀，我們來到西元前五世紀中葉的古典時代，希臘文明勝利的頂峰。此時正處於權力頂點的雅典城邦，沒幾個人能指望有性感侍女用油膏為自己按摩身體，不過當時仍有請人伺候自己沐浴的習慣。但這個澡是怎麼個洗法呢？奧德修斯那次洗的熱水澡是少見的奢華享受，抑或即使身分沒這麼尊貴的人，也能洗熱水澡嗎？如果在希臘北方出土的奧林索斯（Olynthos）古城遺跡可以做為依據的話，那麼後者應該才是事實。考古學家在奧林索斯發現，大部分的住家都設有赤陶澡盆，澡盆的水大概是用廚房的火加熱，且澡盆的設計沒辦法讓人全身浸泡在裡面，當時的人張開雙腿坐在裡面，水深最多只能到達腰部。

家裡有澡盆的人應該也有一個固定在牆上的洗臉盆，叫做labrum，再不然就是獨立的立柱洗臉盆，叫louter。如同埃及人用來擦澡的洗臉盆，奧林索斯人大概也是在大清早用洗臉盆擦澡，晚餐前再用洗臉盆洗滌雙手、臉部，以及不洗會難受的地方。但如果要把全身上下洗乾淨，大多數的人比較喜歡前往在古典時代的雅典城邦聲名大噪的公共澡堂（balaneion）。這棟長方形的大型建築物，室內通常設有低矮的個人座浴池，像奧林索斯挖掘出的澡堂一樣，圍成一個具有社交作用的圓圈，這樣洗澡的人就能一面和朋友聊天，一面享受僕人用rhymma（一種用漂白土或灰燼製作的肥皂）為他們擦洗。設有座位的浴池是澡堂主要的賣點，卻不是唯一的設施，光顧澡堂的人可以站在淋浴噴嘴下面，讓冷水從一個大水箱流到他們身上，或是待在熱到發昏的蒸汽浴室，讓身上的汙垢隨著汗水排出，然後跳進冰涼的水池裡降溫。

雅典禁止男女共浴，但社會各階層的人都共用同樣的水，這象徵一種公民身分。只要談到婦女、奴隸和沒有土地的窮人的權利，民主制度的發明者就變得一點也不民主，不過他們並不介意坐在身分低微者曾坐過的澡盆上——因為貧窮是不會感染的。

不是每個人都熱愛雅典衛生設施輕鬆的性質。喜劇作家亞里斯多芬的諷刺劇《雲》（*The Clouds*）感嘆年輕人去澡堂時總是精心打扮，委實惹人討厭，這些年輕人當眾一絲不掛地運動，然後清洗他們體格健碩的肉體，並塗上油膏，其中確實包含著某種程度的誇張滑稽。我們以為這可能是在對經過的女子炫耀陽具，不過在性別壓抑的雅典，女人大門不出，二門不邁，更別說有機會端詳裸男。說到這兒，相較於雅典嚴格而刻苦的鄰居斯巴達人，亞里斯多芬的批評其實很客氣。斯巴達的軍國主義社會要求男性、女性，甚至孩童，都必須做到近乎非人類的堅忍刻苦。既然用簡單的洗臉盆就能打發，如果哪個人膽敢裝滿一澡盆的水，這些以和狼摔角為樂子的戰士會報以嫌惡的眼神。然而，說來未免有些虛偽，斯巴達人習慣在作戰之前把頭髮梳得一絲不苟，也同樣名聞遐邇。對這麼刻苦的人來說，這實在是個過分講究的儀式，令人百思不得其解。

當然，假如我要你說一個有關希臘人洗澡的經典故事，你大概會敘述阿基米德拖著他老邁的身體，泡進他的故鄉敘拉古（Syracuse）的公共浴池，突然明白要如何測量黃金皇冠裡有多少成分是假的。他興奮地大叫：「我發現了！」已經成為歷史上最終極的發現宣言，但據說他也很喜歡一絲不掛地在大街上行走，可惜現代科學家都忽略了這個值得驕傲的傳統。唉，阿基米德就是被他對科學的熱情害死的。他在海灣設計一夫當關、萬夫莫敵的防禦工事，打造各種不同的精巧裝置來防止羅馬艦隊入侵。但這位希臘怪傑（geek）終究無法阻止城市被征服，且最終死於奉命前來逮捕他的羅馬士兵之手。我之所以提到這件事，是因為根據作家浦魯塔克（Plutarch）的說法，羅馬人其實本來是想活捉阿基米德，善用他絕頂聰明的頭腦。他們巴不得利用希臘人的創意來達到自己的目的，而公共澡堂正是其中之一……

泡一下羅馬浴場

如同希臘人的澡堂，羅馬浴場（thermae）也是採用炕式供暖系統（hypocaust）。這是種地下加熱系統，在層疊式的立柱之間，由奴隸看顧的火爐冒出滾滾翻騰的超熱蒸汽，給上方的房間和水池供暖。既然有這樣精密的水管工程，表示大多數的浴池都能提供各種不同的水溫，不過浴池最重要的一點，是絕對歡迎每一個人光臨，只不過未必在同一時間上門。傳統上，男女必須分浴，不過不同於雅典人，羅馬的男男女女可以待在同一棟建築物裡。女子、奴隸和僕人通常在早上光顧，男性公民則在下午晃進去，輕鬆地泡上大半天。

對於如何使用浴場，倒是沒有任何嚴格的規定，不過客人上門時，多半先進入運動庭院（palaestra），在這裡拚命運動，直到汗流浹背、氣喘吁吁為止，如果是我，只要八秒就夠了。然後他們會進入更衣室（apodyterium），僱一名奴隸看著他們的長袍，以免遭竊（不然他們那天晚上只得很丟臉地光著屁股走路回家）。然後步入浴場的中庭，熱呼呼的溫水浴室（tepidarium）。他們可能從這裡一步步穿過幾個氣溫逐漸下降的區域，所以接下來他們會直接去蒸汽室（sudatoria），讓蒸汽室熾烈的乾熱把毛細孔打開，然後到熱水浴室（caldarium）泡一泡，這裡也可能有奴隸幫他們塗油膏，並且用鐵製的刮身板（strigil）把他們身上的汙垢刮乾淨。然後再回溫水浴室降溫，接著到冷水浴室（frigidarium），跳進冰涼的冷水裡，然後再塗一次油膏，刮一次汙垢。我大概用不著特別指出，我們五分鐘的淋浴時間確實比整套的羅馬沐浴程序要稍微快了點。

我們現代的沐浴習慣通常很注重隱私，把浴室門關起來，就連最親近的家人也必須止步，但羅馬人是群居動物，喜歡以真面目示人。到浴場的人置身在幾百個赤裸的人中間，浴場不但是衛生清潔站，也具有社交中樞的功能，人們可以在這裡和朋友聊是非，和生意伙伴聯絡關係，或甚至窩在角落享受安靜的自省時光。古代的浴場等於結合了健身、游泳、水療、喝咖啡聊天的功能，但除此之外還有一個額外的好處，就是炫耀自己的男子雄風。

既然浴場是服務大眾的公共建築物，想必要有顯赫的財力才能贊助這種免費的公共福利設施，少數幾座浴場規模大得嚇死人，讓慷慨的贊助者更有面子。卡拉卡拉浴場（Baths of Caracalla）建於三世紀初，可以輕鬆容納一千六百人，光是位在龐大建築群中央的大澡堂，長度和寬度都是現代足球場的兩倍之多。其中還包括兩間裝飾奢華的圖書館，分別收藏希臘文和拉丁文典籍，讓所謂的泡澡兼看書有了全新的意義。

從這樣龐大的建築結構，看得出沐浴在羅馬社會有多麼重要。從許多方面來說，沐浴是羅馬認同的核心，帝國每到一個地方，浴場立刻尾隨而至，就像忠心的小狗總是跟在主人後面跑。雖然卡拉卡拉浴場是一項宏偉的工程學傑作，在其他地方的浴場，浴場的規模就不如設立目的那麼重要——衛生是文明發展進程中不可或缺的一部分，也是靠浴場的宣傳工具能成功地引誘那些駭人、粗野的蠻族放下斧頭，選擇融入羅馬的生活方式。不過光憑每一個公民和奴隸都擁有取水洗澡的基本權利，也不表示水的分配是平等的。在一世紀，經輸水道流進羅馬的水按照階級高低分配：百分之十給皇帝，百分之四十給有錢支付水稅的人，剩下的百分之五十輸送到浴場、馬槽和噴泉等公共設施。這表示窮人家裡沒有自來水，必須拖著腳步到街上取水，只是用不著走多遠。在全盛時期，羅馬大約有九百間澡堂可供選擇。

僅次於神性

小時候的本德施瓦．巴札克（Bindeshwar Pathak）總是控制不了自己天生的好奇心。他身邊站著一個「賤民」（untouchable，來自印度種姓制度最低階層的人，被認為天生就是骯髒的），這個日後將成為頂尖社會學家和衛生倡導者的少年，忍不住碰了這個有趣的外人。儘管他身上的肉沒有像電影《法櫃奇兵》（*Raiders of the Lost Ark*）那個納粹反派角色一樣融化，他仍然算是被汙染了。巴札克的祖母知道後嚇了個半死，強迫他舉行淨化儀式，清除他身上受到的汙染。但這種淨化和我們的不太一樣，方法是用牛的尿液和糞便漱口……

印度教認為牛是神聖的動物，因此儘管科學證據證明完全不是這麼回事，牛的排泄物也被認為是神聖的。只是稍微觸碰另外一個人，就要用似乎汙穢很多的東西來解毒，看起來或許奇怪，但這就是所謂的「乾淨」奇怪的地方（「乾淨」是文化建構的產物）。假如我們回到古代的聖地，以色列人噴灑「贖衍祭牲」（hatat）的血來淨化聖堂，並把神聖祭壇的不潔之物清除乾淨，然而這不代表所有的血都是「潔淨的」。猶太女子必須在經期結束七天時，在稱為Mikveh的浴池淨化自己後，才能發生性行為。Mikveh也可以用來裝浸禮水，為新皈依的教徒施洗，或是淨化向非猶太人購買的器皿或陶器，類似某種神聖的洗碗機。

Mikveh只是其中一個文化範例，說明洗浴不只能潔淨身體，對靈魂也有強力的清洗作用。事實上，水的淨化力幾乎是全球各大宗教的核心理念，只有一個例外。信奉異教的古希臘人在禱告前會洗手，結婚前會洗澡，印度人在神聖的恆河沐浴，除去任何的不潔。佛教和神道教也宣稱沒有水就無法帶來潔淨，伊斯蘭亦復如是。但基督教？就不是這麼回事了……

據我們所知，在基督教從一個小教派迅速竄升為正式國教的這段時間，公共沐浴是羅馬帝國不可或缺的一部分，但早期的基督教思想家認為這是一種墮落。一開始，他們反對的方式相當溫和。二世紀的溫和派基督教神學家亞歷山卓的克萊門（Clement of Alexandria）認為，洗澡的原因有四個：歡愉、溫暖、健康和潔淨。他宣稱只有後面兩個理由可以用在基督徒身上。他認為洗澡是可以的，只要不覺得是享受就好，而且不能死盯著那些火辣的裸體瞧。但是對於擁有法力的聖葉理諾（St Jerome）而言，這四個理由全都不行。他的一生主要在四世紀度過，親眼看到羅馬帝國在崩潰的邊緣搖搖欲墜，自然很願意想像著名的浴場淪為斷垣殘壁。

在聖葉理諾的眼中，溫水會激發恥骨區的肉慾，鼓勵處女做出讓自己蒙羞的事，除此之外，他也看不出基督徒有什麼理由非得公開沐浴不可。他有一句很容易上口的座右銘：「沐浴在耶穌內的人不需要第二個浴池。」他的朋友伯利恆的聖保拉（St Paula of Bethlehem）對處女的建言：「潔淨的身體和潔淨的衣衫代表不潔淨的靈魂」，和他如出一轍。儘管我們覺得很古怪，不過潔淨是犯了驕傲和虛榮之罪。聖葉理諾的著作，尤其是他翻譯的拉丁文聖經，對早期的基督教影響重大，不過他從不參與公共事務，也成為重要的典範。禁慾主義者試圖仿效沙漠裡的耶穌，把存在變成精神戰爭，連最基本的物質享受都要抗拒。有些人完全與社會隔絕，幾乎不和別人見面。

這種孤絕生活的佼佼者，當然非「石柱人」聖老西默盎（St Simeon Stylites the Elder）莫屬，受不了菜鳥基督徒不停向他請教信仰的問題，他氣得決定站在一個離地約莫十五公尺的狹小平台頂上生活三十七年，宛如魔術師大衛．布雷恩（David Blaine）的古代先驅。但是，禁慾主義者多半住在修道院，所有的行為受到準則的規範，連洗澡也不例外。本篤會會規（Benedictine order）的創立者聖本篤（St Benedict）允許隱修士偶爾洗澡，「並且隨時給病人沐浴的方便。但是，對於健康的人，尤其年輕人，不該輕易給與沐浴的許可」。然而，他門下的隱修士多半只有在復活節、聖誕節和五旬節等聖日才可能好好泡個澡。至於其他時候，打一盆冷水沖涼就了結了。

這種取得神聖汙垢的行為被稱為「禁浴」（alousia），儘管被基督徒視為最終極的神聖舉動，穆斯林卻對這種習慣很嫌惡。先知穆罕默德曾經宣稱潔淨「是一半的信仰」，因此沐浴儀式成了穆斯林日常生活最重要的成分，在每天五次的禱告之前要先「小淨」（wudhu），逐一清洗雙手、嘴巴、鼻子、臉、右臂、左臂、頭髮、耳朵、右腳，然後是左腳。無論從前還是現在，只要去過廁所，或是以不衛生的方式排出任何體液（例如受傷流血），也必須進行這一套繁複的禮節。伊斯蘭人對衛生學最偉大的貢獻，是用他們輝煌的土耳其蒸汽浴（hammams）延續了羅馬公開沐浴的傳統。

在這裡可以進行「大淨」（ghusl），把全身上下洗乾淨，好在房事、月經或其他任何導致不潔的主要因素發生後，讓身體恢復純潔。甚至在九世紀，巴格達就擠滿了一千五百間澡堂，比羅馬帝國的顛峰時期還多六百間，這顯示良好的衛生對伊斯蘭社會的日常生活有多麼重要。基於宗教習俗，希臘人和羅馬人必須男女分浴，猶太人和穆斯林也一樣，此外，伊斯蘭信仰也嚴禁公開裸露，因此聖葉理諾極度鄙視的放蕩行為並沒有死灰復燃。然而，如果先撇開禁止裸露的限制，所有人都可以光顧澡堂，兒童和僕人不必繳納入場費，以確保全體民眾都保持清潔。

蒸汽氤氳

今天早上我們決定要痛快地淋浴，而不花時間泡澡，當我們走到熱呼呼的水花下面，肥皂在我們四肢起泡，熱氣漸漸喚醒了我們睡到有些遲鈍的腦袋，讓我們做好準備，迎接新的一天。但如果我們想要更強大的熱氣——熱到讓你的頭髮貼在臉上，活像被頑皮的小鬼塗了黏膠——那我們可以出門上健身房去，坐在蒸汽浴室裡，這樣其實是在遵循古老的習俗。

我們已經知道土耳其蒸汽浴擅長利用蒸汽，而且至今仍然在全球各地如法炮製。古代冷冽北方的維京人也是蒸汽浴的愛好者，我們至今仍習慣將他們刻劃成骯髒的蠻族，只會毫無來由地姦淫擄掠、燒殺搜刮。但維京人其實有非常嚴重的潔癖。據說男性把每個星期六的時間空下來（他們稱之為laudag，也就是「盥洗日」）好好打扮一番。撒克遜男性覺得這種風俗非常古怪，撒克遜女性則相當欣賞，後者的理由當然明顯得多。穿過俄羅斯，抵達君士坦丁堡的瑞典裔俄羅斯商人和傭兵對沐浴更是情有獨鍾，伊斯蘭使節伊本．法德蘭（Ibn Fadlan）說他們每天都叫女傭幫他們洗臉和洗頭。

維京人是最早發現北美洲的歐洲人，比因為誤打誤撞而千古留名的哥倫布早了五個世紀，不過他們沒有在紐芬蘭（Newfoundland）待多久，而且大多數的時間都用來和鄰居作戰，因此沒有留下關於他們生活方式的記載。如果他們願意在紐芬蘭花時間交朋友而非與人為敵，說不定會發現紐芬蘭的原住民也很喜歡出出汗療癒一番。事實上，根據十七世紀荷蘭旅行家大衛．德．弗里斯（David De Vries）的記載，位於大西洋沿岸的歐岡昆族（Algonquian）部落用蒸汽浴（pesapunck）清除身體的病痛、汙垢和不潔。德．弗里斯把這種蒸汽屋形容成一個木造的小烤箱，敷上黏土，而且蓋在湖泊和河川附近，好讓裡面的人可以從熱氣中衝出，一個箭步跳進涼爽的水裡，聽起來和羅馬人跳進冷水浴池的做法差不多。

維京人和美洲原住民在中世紀初次打照面，接下來的故事很迷人，也沒那麼暴力。一六三八年，兩艘載滿芬蘭和瑞典水手的船隻出現在德拉瓦河（Delaware River）河谷。雖然他們的船隻和房屋不是預先組裝過的扁平式包裝產品（害我沒機會很老套地講個IKEA的笑話），但至少符合斯堪地那維亞人在別人心目中的刻板印象。和他們毗鄰而居的原住民目睹他們興建蒸汽浴室時欣喜若狂，很高興地宣告這些新移民和他們一樣，也是「蒸汽屋人」（sweat lodge men）。同時，在世界的另一端，另外一批歐洲商人（荷蘭人）經常前往日本，當地的文化也非常重視潔淨，而且這些旅人發現島上的居民充分利用火山留給他們的遺產，經常到溫泉，或是被稱為「銭湯」的公共浴室洗澡。

所以，下一次進蒸汽浴室時，別忘了你正在參與一項既古老又國際化的傳統。

洗香香的十字軍

你認為中世紀騎士最重要的信條是什麼？禁慾、勇氣、出色的騎術？三者皆是。此外還有什麼？嗯，騎士必須有虔誠的信仰，但又能若無其事地一刀刺進另外一個人的胸口，這一點雖然不容易，但顯然並非做不到。他們也必須無條件地為國王作戰，而且必須守護誠實、文明，以及關懷弱者的美德，這一點對他們而言，恐怕比行使暴力更棘手。哦，最後還有一點……他們大概必須有乾淨的睪丸。

在修道院崇尚神聖汙垢，並且忍受農民和勛爵身上散發出的惡臭上千年之後，西方在十二世紀發生了驚天動地的大事。十字軍重新奪回伊斯蘭統治下的聖地，雖然這是基督教史上一段充滿爭議的歷史，卻在無意間讓數千名沒洗澡的士兵發現，身上沒有那一股在臭水溝腐爛的死狗味，感覺是多麼美妙。突然之間，土耳其蒸汽浴看起來畢竟不是一件壞事，尤其對騎士而言，更是把這一點銘記在心。他們受到騎士信條的束縛，把溫柔地對待女性視為重要信念，所以過不了多久，宮廷文學開始排斥令人討厭、骯髒的「禁浴」，改推崇「高貴的潔淨」（noble cleanliness）。沒有洗乾淨的手、指甲的汙垢、汗臭的腋下和難聞的睪丸，突然成了男女第一次約會的禁忌。

當然，不只男人得到了和衛生有關的私密暗示。中世紀的婦科醫學手冊《特達歐菈》（*The Trotula*），據說是由一位義大利女醫師編纂，對教養良好的女性指點各種梳毛行為，包括如何處理有異味的陰道及陰蝨。書中建議女性用帶有香味的收斂水沖洗下體，並將灰燼混合油膏來處理上述問題。騎士和仕女清潔下體，當然是往正確的方向邁進了一步，但在農地和城鎮做苦工，全身惡臭的老百姓呢？嗯，他們那種有礙健康的異味也逐漸變成爭議性的話題。十三世紀的大神學家湯馬斯．阿奎那（Thomas Aquinas）極力倡導要模仿中東的習俗，用焚香淨化身體。這是帶有甜香的隱喻，象徵上帝神聖的恩典，提醒世人只要循規蹈矩，將來就能到天國的樂園去。不過，教堂的信眾必然散發出疣豬屁股的味道，焚香多少有些除臭的作用。

那身上沾了糞便的窮人又該怎麼處理？當然是要洗澡啦！信仰基督教的歐洲很快出現了中世紀版的伊斯蘭蒸汽浴，揚棄了聖葉理諾激進的禁令。無論如何，這些浴場並非每天使用，數量也遠低於巴格達（一二九〇年代的巴黎只有二十六家浴場），顯示許多階級比較低下的人恐怕好幾個月才洗一次澡。但浴場的容量固然有限，對裸露的倡導卻不遺餘力，英國的澡堂保留了古代浴場的悠閒之名，因此得到了一個不正經的綽號，叫 stew（蒸汽浴室，也有妓院的意思），一聽就覺得有傷風化。既然英國澡堂允許男女混浴，恐怕免不了會招來這種汙名。事實上，澡堂未必都是淫穢變態之地，因為有錢的夫妻可以一邊泡熱水浴，一面共享浪漫的一餐，同時有中世紀版本的墨西哥街頭樂隊（mariachi）為他們演奏露天音樂，但如果這樣聽起來還算單純，那是因為好戲還沒上場。

雖然這些已婚婦女應該戴上面紗，免得拋頭露面，單身男子在接受未婚的侍浴女郎的服侍時，很可能不只有洗個澡這麼簡單，聽說許多侍浴女郎願意提供清洗肛門以外的服務。義大利人文主義學者吉安・法蘭契斯科・波焦・布拉喬利尼（Gian Francesco Poggio Bracciolini）在遊記中提到，德國巴登的浴場在道德上非常開放：「如果娛樂可以令男人快樂，這種地方當然具備了提升這種喜悅的每一個必要條件。」道德主義者發現德國和瑞士的沐浴者對正面全裸習以為常，不禁大為光火，沐浴者不分男女，而且幾乎混在一起。因此，雖然我們無從得知蒸汽浴室放蕩到什麼程度，但可以假定足以讓HBO拍一部影集，劇中的女子毫無來由地裸露上半身走來走去。基本上HBO每一部戲都是這樣，不是嗎？

浴場曾經失勢，然後就像禁不起誘惑而復出的老搖滾樂團，重出江湖，翻雲覆雨。不過，這段時間很短。一三四〇年代，黑死病（Black Death）無情地席捲全歐洲，歐陸的人口整整少了百分之三十。因為擔心傳染，因此嚴禁集體沐浴。不久之後，連私人沐浴也和洗澡水一起被丟棄，因為新風潮出現了。

亞麻的時代

十六世紀，英格蘭女王伊莉莎白一世在自己的宮殿安裝奢華的蒸汽浴室，並史無前例地宣稱，無論「需要與否」（以現代人的標準，這幾個字有些多餘），她每個月都要沐浴，時間大概落在月事期間。她的表姊，蘇格蘭的瑪麗女王（Mary Queen of Scots）為了不被比下去，也在荷里路德宮（Holyrood Palace）興建一間澡堂，但她的衛生標準並沒有傳給她的兒子，詹姆斯六世（King James VI）。瑪麗女王因為對男人的品味極差而被趕出蘇格蘭，她的第一任丈夫因為感染耳疾而過世，第二任丈夫殘殺了她的私人祕書，她的第三任丈夫可能謀殺了她的第二任丈夫……

雖然瑪麗直到二十年後才在伊莉莎白一聲令下身首異處，但在成長過程中缺乏母親參與的詹姆斯，已經在年幼時養成一些惡習。到了一六〇三年兼任英格蘭國王的時候，他已經完全不洗澡，而是小心翼翼地用一碗水洗手。這不是什麼個人的怪癖，而是遵循新奇的醫學建言，外加歐洲社會正在流行某種神奇的布料——亞麻。十七世紀初期，正當詹姆斯想盡辦法不要被信仰天主教的叛變者蓋伊．福克斯（Guy Fawkes）炸死的時候，法國思想家宣稱人根本用不著洗澡，因為亞麻可以取代沐浴，而且更乾淨、更有效。實際的做法很簡單，定期更換外層的衣服，底下就不必清洗了。

但這場服裝革命能夠風行一時，也要歸功於一種古怪的新看法，把洗澡說得比穿著溜冰鞋衝向迎面而來的車流更危險。開始有科學思想家公開表示，皮膚的功能是產生重要的分泌物來封閉毛細孔，以阻止有害物質進入體內，藉此保護身體。洗澡的時候，顯然會把帶有光澤的保護層抹去，因此可能造成暈眩、噁心，肌肉也會變得鬆軟無力。科學家甚至擔心懷孕的婦女會因為泡澡而早產，彷彿子宮可能會因此變得癱軟無力，讓胚胎滑出來，靠一條臍帶吊在產婦的膝蓋之間盪來盪去，活像迷你版的高空彈跳。

為了預防這種悲劇發生，英格蘭一位大學問家研發一種很複雜的安全沐浴法。法蘭西斯・培根（Francis Bacon，他的死因是歷史上的奇案之一，他想把冰雪塞進一隻雞裡，卻因此受寒，得了高熱症而死）想出一個奇特的沐浴程序，長達二十六小時，把人當成需要塗抹木餾油（creosote）的花園籬笆處理。如果讀者想試試，下面是安全沐浴法的流程：

一、給沐浴者抹油。
二、用浸泡過樹脂、沒藥、香丸和番紅花的蠟布包裹沐浴者。
三、讓沐浴者穿著這件防護衣泡澡兩小時。
四、把洗澡水放掉，不過防護衣務必要繼續穿二十四小時。
五、有沒有感覺皮膚變粗、毛細孔關閉？很好！繼續做下一個步驟。
六、現在把防護衣脫掉，把油膏、番紅花和鹽巴塗在身上。
七、恭喜，你成了第一個防水人！

以上聽起來不像預防疾病的藥物，反而更像醃烤雞的食譜，但英國並沒有全面禁止民眾浸熱水浴。如果其他療法都行不通，醫師在擔憂之餘又無計可施，有時候可以開這個藥方給病人，不過這被視為高風險的療程。在病人泡熱水玩命之前，必須先催吐和灌腸，而且必須在仔細的醫療監控下才可以洗澡。既然他們頭尾兩端都有汙水流出，當然得洗個澡才行。

一六一〇年，法王亨利四世派人把他的財務大臣蘇利公爵（Duc de Sully）請來，但信差到了之後，卻發現大臣在浴缸裡打滾。聽到這個令人擔心的消息，國王心慌意亂，命令蘇利無論如何都不能離開家——蘇利弱不禁風到國王都願意等。我實在無法想像現代有哪個政治領袖一遇到大臣洗澡就取消內閣會議，不過此事突顯出十七世紀的人真的害怕水可能殘害身心。既然不洗澡，法國人對亞麻革命尤其認真，驕傲地忽視先人在衛生方面的進步。亨利四世的兒子，路易十三（King Louis XIII）追隨父親不洗澡的腳步，得意洋洋地宣稱「我以父親為榜樣，身上有胳肢窩的味道」。偉大的路易十四答應在凡爾賽宮安裝浴室，但自己不喜歡洗澡，而他的弟媳帕拉婷公主（Princess Palatine）覺得，她坐馬車時沙塵滾滾，事後不得不用水洗臉，是一件值得寫在日記裡的大事。

但不只法國的貴族任由自己身上累積一層厚厚的汙垢。英國名人瑪麗・沃特利・蒙塔古夫人（Lady Mary Wortley Montagu）骯髒的程度幾乎世間罕有，頂著一頭油膩的長髮。如果有人膽敢評論她骯髒的雙手，她會來一記回馬槍：「你要是看到我的腳會怎麼說？」她顯然是個機智而健談的人，而且因為把初期的天花疫苗接種引進英國而成為名人，所以我們應該為她比城牆還堅固的自信心而鼓掌。不過，說到這裡，你恐怕不會想在炎熱的夏天和她一起搭馬車吧？

打開熱水

所以，如果國王和皇后身上有體臭和香水混合的味道，而且一想到要洗臉就嚇得畏縮不前，為什麼我們現在這麼喜歡洗澡和洗手呢？在十八世紀，前後出現了兩個新觀念，破除了對汙垢這種莫名的崇拜，於是鐘擺又擺了回來。首先，有關封閉毛細孔的古老理論被推翻。醫學專家開始解釋，毛細孔不是人體系統中脆弱的缺陷——身體的死星（Death Star）弱點——反而是過濾好空氣和髒空氣的小活門，所以絕對不能阻塞。

和這種科學化的新思維同時出現的，是對冷水的新態度。洛克（John Locke）之類的哲學家，以及像約翰．弗羅爾爵士（Sir John Floyer）這樣的醫師，都大力宣揚在河裡游泳對身體有什麼好處，宣稱「冷水養生法」會讓身體活力充沛，還能鍛鍊體魄，迎接人生的諸多挫折。這個說法和新興的自然主義十分契合，盧梭（Jean Jacques Rousseau）和英國衛理公會（English Methodism）的人積極倡導自然主義，公會領袖查爾斯．衛斯理（Charles Wesley）推廣「潔淨僅次於神性」這句話。水是自然世界的重要成分，怎麼可能是不好的東西？

起初是洗澡的有效工具，然後變成對人類健康的可怕威脅，現在水被當做具有療癒作用的療法。如今富人很流行到海邊去，在海浪裡潑水，或是到我的老家皇家唐橋井（Royal Tunbridge Wells）等地方飲用天然泉水。醫療旅遊成為繁榮經濟的活動，而水是奇蹟產品。但最重要的是，不只冷水受歡迎，拿破崙經常一邊疲憊地浸泡在私人的熱水浴缸裡，一邊計劃怎麼征服歐洲。可能是歐洲在非洲、亞洲和中東的殖民擴張使然，人們再度憶起土耳其蒸汽浴的快樂。事實上，髒得出了名的蒙塔古夫人旅居異國時迷上了土耳其浴，印度企業家薩克．迪恩．穆罕穆德（Sake Dean Mahomet）把印度傳統的頭部按摩（champu）和蒸汽浴引進攝政時期的英國，成為英王喬治四世（King George IV）的「頭部按摩醫師」（Shampooing Surgeon）。

因此，熱水又熱門起來，而且在缺席了兩千多年之後，希臘和邁諾斯的家用浴缸終於能重回家戶當中，很快就需要一個專門的房間來擺放。

維多利亞時期的浴室

一八五一年，早已名滿天下的查爾斯・狄更斯（Charles Dickens）因為租約到期的時間比他預期來得早，因此不得不搬家。他因為這次的不便而惱火，於是決定搬進位於倫敦泰維斯托克廣場（Tavistock Square）的新家，並改裝成他理想的居所。不過進度緩慢的整修過程令他極度沮喪，從他寫給負責監工的妹婿亨利・奧斯汀（Henry Austin）的信中，看得出他的心情愈來愈急切：「附註：那裡沒有半個工人！哈！哈！哈！哈！我發狂地笑著。」每個房間都要翻新，在寫給奧斯汀的其中一封最有看頭的信裡，狄更斯附上一張他理想淋浴間的「優雅設計圖」，寫著：「我不管有沒有可能蓋出溫水淋浴間。但我想要的是，高品質的冷水淋浴間，永遠有用不完的水，這樣我只要一拉繩索，高興洗多少冷水都可以。」

潔淨對這位神經質的作家固然重要，但他同時篤信冷水養生法具有療癒的力量。你看，狄更斯最近剛光顧過詹姆斯・格利醫師（Dr James Gully）的瑪律文診所（Malvern clinic），這裡有一種水療技術：用濕毛毯將名人包裹起來，浸泡在冷水裡，直到他們的痼疾改善為止。狄更斯一心想保持乾淨，而且決定每天藉由北極寒流的衝擊，讓他的身體達到最佳狀態，於是打算在家裡蓋間一模一樣的診間。

這位著名的小說家很有錢，但他不是唯一打算花大錢安裝衛生管線的人。到了十九世紀中葉，新富中產階級開始在品味出色的住家安裝活動式錫製或木製浴缸，模仿帝王級的浴缸愛好者——拿破崙與約瑟芬（Josephine）。起初這些浴缸放在臥室的角落，相當礙眼，但就像狄更斯發現的一樣，人們很快就有辦法為顧客量身訂做衛浴設施專用的新房間。這些「浴室」包含了一體成型的淋浴／浸浴設備、冷熱水龍頭的洗手台、馬桶——用同一個水箱集中供水。有沒有覺得很熟悉？

事實上，光鮮亮麗的現代設施一開始並非百分之百實用，狄更斯的淋浴間（綽號叫「魔鬼」）固然是永久的固定設施，但第一座現代淋浴間出現在一七六七年，由威廉・費瑟姆（William Feetham）設計，有一個懸掛在沐浴者頭頂上的唧筒，只要簡單地拉一拉鏈子，唧筒就會把水抽到浴缸。令人吃驚的是，早期的款式有時做成活動式，可以用輪子推來推去，這樣一來，使用者必須先固定浴缸，否則浴缸基本上是一個潮濕的滑板，一不小心就會讓你赤身露體地衝進走廊。其他奇特的裝置包括個人蒸汽浴，這種室內蒸汽浴箱類似某種蒸汽龐克風格的棺材箱，除了頭以外，可以把全身包起來。

不過最令人費解的發明無疑是維多利亞時期的velodouche，這是靠踏板發動的淋浴裝置，和腳踏車連在一起，必須踩踏板，淋浴間才會有水，使用者必須先騎得汗流浹背才能洗香香，未免顯得矛盾。不過對維多利亞時期的屋主而言，這一點顯然不是問題。《良好社會的習慣：紳士淑女手冊》（*The Habits of Good Society: A Handbook for Ladies and Gentlemen*）建議洗完澡之後馬上做十分鐘的運動，目的當然是要拚命出汗。我出於好奇，自己嘗試過一次，但我太太看到我運動完之後滿身大汗，馬上皺起鼻子叫我：「再去洗一遍！」

狄更斯喜歡提神醒腦的冷水，不過對中產階級的沐浴者而言，最偉大的新發明是讓水自動加熱，主人再也不必吩咐傭人把一桶桶的水從壁爐拖到澡盆去，但這項發明也有它的危險。點燃浴缸底下的瓦斯爐，固然可以把水燒熱，但如果瓦斯爐太小，洗澡水要燒很久才會熱；如果瓦斯爐太大，可能會有熱水過燙的危險。事實上，許多令人痛苦難耐，甚至致命的燙傷案例，都是因為有人爬進熱到足以把雞蛋煮熟的浴缸裡。如果這樣還不夠危險，瓦斯也可能鬧出人命。職業畫家班傑明．瓦迪．毛恩（Benjamin Waddy Maughan）在一八六八年發明了熱水器，這個裝置會噴出一條穿過瓦斯爐火的水柱，隨即產生滾燙的水流。這個想法固然不錯，但瓦斯外洩可能導致熱水器爆炸。

要把熱水輸送到好幾個房間，比較常見的解決方案是在樓下安裝一個大型鍋爐，用廚房的火加熱。這個方法也是相當危險——這是十九世紀家用設施一再出現的案例——因為這個「儲水系統」把水槽安裝在屋頂，而非鍋爐旁邊，這樣可能導致高壓蒸汽在輸送管中不斷累積，然後把鍋爐炸得粉碎，房子也跟著遭殃。萬一發生這種事，要找的不是水管工人，而是殯儀館老闆。不過，死亡的人數顯然不夠多，間隔的時間也不夠短，因此選擇在家裡洗澡的人有增無減，很快就創造出新的產業，專門向我們兜售源源不絕的各種浴室用品……

輪到肥皂登場了

把頭髮洗乾淨，扯開嗓子唱完「我會活下去」（I Will Survive）充滿真情的歌詞之後，我們伸手拿水果味的沐浴乳，然後抹在皮膚上，用萃取後的番石榴香精取代身上的汙垢味。表面上看來，這是非常現代的沐浴方式。從銅器時代以來，人們用來清洗身體的，大多不外是水和香藥草，或是用灰燼和動物油脂製成的肥皂。事實上，在古代的地中海沿岸，「肥皂」（soap）這個字指的是塞爾特人的一種染髮劑，而羅馬人和希臘人反而比較喜歡在自己身上抹油，然後把多餘的油擦掉，而不是在皮膚上塗抹燒過的灰燼和獸脂。用橄欖油製成的堅硬肥皂，是伊斯蘭在中世紀的發明，然後透過摩爾人統治的西班牙傳入歐洲，因此被稱為「卡斯提爾肥皂」（Castile soap）。

然而從十二世紀開始，肥皂一直被當成奢侈品，直到十九世紀的大規模工業化，才能以低價製造商業產品。在一八五一年的倫敦萬國博覽會現場，肥皂多得不得了，有的甚至帶有溫和的香味，這在當時是非常迷人的新鮮玩意兒。但令人擔心的是，有些肥皂包含砷和鉛等化學漂白成分，可以把皮膚洗成雪花石膏那種陰森的白色。不過，得獎的皮爾斯香皂（Pears Soap）乃是美髮師安德魯．皮爾斯（Andrew Pears）在一七八九年創立，以甘油和天然油製成，腐蝕性大為降低，而且直到今天（除非在我寫完這句話之後就消失了）仍然是市場上最古老的品牌。

萬國博覽會展示的肥皂品項眾多，廠商彼此競爭激烈，而且在一八五一年已經一觸即發，不過在一八九八年，結合棕櫚和橄欖油製成的高級香皂（這種香皂的出現乃是肇因於生產過程中一次偶然的意外）問世，讓廠商之間競爭白熱化。這個品牌的名稱叫「棕欖」（Palmolive），而且馬上像熱蛋糕（抑或是香皂蛋糕？）一樣熱賣，在各大企業之間掀起一場慘烈的肥皂戰爭。維多利亞時期的人那麼愛乾淨，每個人都知道可以從中大發利市。

這些公司期望擴大產品銷售範圍，在一八八〇年代推出早期的除臭劑，鎖定長期多汗，必須去除腋下臭味的人。除臭劑的原理非常簡單，直接用蠟阻塞毛細孔，有點像法蘭西斯・培根那種古怪的安全沐浴法。除臭劑直到一九〇七年才有了真正的突破，一位外科醫師用氯化鋁為主要材料，發明了自己的化學除臭劑。他把產品取名為Odorono（odour是oh no!的縮寫，意思是「臭味，噢，不會吧！」），讓自己的女兒（一個很精明的年輕女子）專責女性顧客的推銷工作，她以社會對公開出醜的恐懼做為行銷重點。

這個廣告非常殘酷，是最早利用社會壓力來行銷的一個例子，刊登這個廣告的雜誌報告說有女性訂戶因為受不了這種壓力而取消訂閱。然而，Odorono的銷售量一飛沖天，很快就有其他廣告開始向焦慮的女性推銷各式產品，但沒有任何一個廣告的標語像Odorono在一九二六年的廣告那麼血淋淋：「她腋下醜陋的半月形汗漬，表示這是一個不得體的女人，不該出現在這裡。」一九三四年的廣告是一個女人擦拭腋下的畫面，配上標題「誰也不想當這種女人！」這種廣告完全稱不上細膩，但效果極佳。

當二十世紀的腳步繼續往前邁進，這種「強迫推銷」的效果愈來愈大，各大品牌展開一場慘烈的顧客忠誠度大戰。最明顯的影響是把電視劇集稱為「肥皂劇」（soap opera），紀念在當紅劇集播出期間無所不在的肥皂廣告。但是，比較微妙的結果是人類的行為有了戲劇性的變化，不但追求潔淨，更追求人工的氣味認同。雖然我們身上曾經有汗水和汙垢的味道——都市人或法國國王身上的惡臭——現在我們的手卻散發出薰衣草的幽香，頭髮也是荷荷巴和椰子香精的氣味。我們的身體成了各種美容產品的廣告看板，以致於很容易忘記自己掩蓋在乳霜、磨砂膏、保濕霜、除臭劑和洗髮精底下的天然味道是什麼。

每次我太太洗完澡出來，聞起來總像是因為誤打誤撞而在熱帶雨林蓋了一間巧克力工廠的威利．旺卡（Willy Wonka），混合了可可油香味的皮膚和柑橘味的洗髮精，弄得我有點頭暈，還會莫名地飢餓。我覺得諷刺的是，用水洗滌身體，然後在皮膚上塗一層甜香的水果和植物萃取物，恰恰是野生的黑猩猩遮掩體臭的方法。數百萬年也許過去了，但我們骨子裡似乎仍然只是動物。

哦，說到動物……

11:15 a.m.

遛狗

我們舒舒服服洗了個澡，匆忙套上幾件衣服，正要去休息室的時候，一團流著口水的毛球跳到我們身上，尾巴搖個不停，眼睛閃閃發光。我們凝視這副乞求的表情，登時明白（雖然我們的狗不會說話），牠基本上在說：「我想提醒你一下，我還有顆潮濕的網球在外頭該撿回來，可是有個白癡（我就不說是誰了）把大門鎖上了？」惱人的是牠說得有道理。不只我們要迎接新的一天，我們的寵物也有自己的例行公事。

人類幹嘛自找麻煩養寵物？

老實說，養寵物是一件很不合邏輯的事。牠們老是肚子餓，醫療照護通常比我們自己還花錢，必須隨時監督，免得破壞你的家具，總是想把東西弄得亂七八糟，每次開口都是不知所云的單音節，還不能把牠們煮來吃——寵物基本上是人類的青少年時期。事實上，英語的pet這個字在十七世紀指的是被寵壞的小孩，可能是由法文中的petit（小）省略而成。

有許多科學和心理學證據顯示，我們和動物之間可能形成深刻的親子關係。有人真的把寵物當成自己的小孩，早期的人類學家甚至提出了更多的例證，他們發現在圭亞那和澳洲，當哺乳動物幼獸的母親不在身邊的時候，當地的原住民婦女會給猴子和鹿等幼獸哺乳。同樣地，十八世紀的天主教神祕主義者聖薇洛妮卡・朱利安尼（St Veronica Giuliana）曾經為「神的羔羊」哺乳，如實示範她的信仰。歐洲的做法剛好相反，而且一直沿用到二十世紀，貧民的兒童會仿效「羅慕路斯與雷慕斯」（Romulus and Remus），吸吮山羊或驢子的母乳，以攝取必要的鈣質和脂肪。

我想人類哺育動物的例子確實很反常，但應該不至於完全出乎意料。獲得諾貝爾獎的動物學家康拉德・羅倫茲（Konrad Lorenz）主張，所有脊椎動物的嬰兒都有同樣「可愛」的外在特徵：柔軟的身體、大眼睛、比例過大的頭、令人疼愛的笨拙動作，我們對這種類似迪士尼動物的生理特徵毫無招架之力。我們把生兒育女的遺傳本能投射到比例相似的動物身上，恐怕是因為這個原因，網路基本上是一座供奉小貓的數位聖堂。

但從什麼時候開始，動物不再淪為人類的食物，開始變成人類的朋友？答案照例要從石器時代說起……

如何將狼馴化成狗？

一般認為，智人在石器時代出現，導致大約百分之八十五的大型陸上動物絕種，包括大樹懶、大袋熊、大海狸、大袋鼠和……呃，巨大的長毛象。那麼，當人類忙著在瞬間殲滅所有動物的時候，為什麼我們穴居的祖先會決定饒過幾隻動物，當做寵物飼養呢？原因可能在於犬科動物既會狩獵，又能夠發現危險，的確是人類最早的伙伴。考古學家利用比利時戈耶洞穴（Goyet Cave）出土的一具頭骨進行科學檢驗，證實出自於三萬一千七百年前，DNA分析顯示這隻動物是刻意飼養下的產物——不是狼，那一定是一．〇版本的狗。

我們穿上運動鞋，從後陽台拿出皮帶，然後把前門打開，我們忠心的獵犬跳出去追逐往來的汽車。擔心牠會被車子碾過去，我們大叫一聲「停」，那幾隻健壯的腿就戛然停止。我們的狗或許對我們挑剔的規矩感到失望，但照樣會乖乖聽話。這一點其實很令人吃驚奇，我們的祖先不知怎麼發明出願意聽我們命令的動物。他們是怎麼做到的？你不能對著一隻成年的狼大喊「躺下，裝死」，這樣只會讓自己的喉嚨被咬斷，其中的訣竅恐怕是把年紀非常小的幼狼抱回來，讓牠們適應人類部落的社會生活，然後和另外一隻同樣被「馴化」的狼一起飼養。不斷地挑選攻擊性最低的一對狼來交配，這樣產生的後裔，本能上比較不會見什麼殺什麼。經過許許多多的世代，咆哮的狼逐漸演化成汪汪叫的狗，有能力也有意願和人類溝通、拿拖鞋和騷擾郵差。

令人驚奇的是，這種轉變可能不需要花太多時間，因為只要用力推一把，演化進行的速度可能相當快。一九五九年，俄國科學家狄米屈・貝耶夫（Dimitri Belyaev）證實只要用野生的狐狸實驗十代，被他馴化的品種不只攻擊性降低，外觀和繁殖循環的生物構造也有了變化。個性特徵的篩選過程似乎也在無意間篩選了外在特徵。

寵物墓園

想起來固然令人傷感，但我們心愛的狗狗遲早有一天會離世，我們可能覺得必須把牠葬在自家後花園。表面看來，這好像是一個極為現代的習俗，但事實上完全不是這麼回事。在約旦的歐永阿爾哈曼（Uyun al-Hammam），考古學家在西元前一萬六千五百年的墳墓裡，發現了特地和狐狸的遺體合葬的一副男性骨骸，男子和狐狸的骨骸都是在死後從另一個墳墓遷過來的。人和動物之間有沒有什麼特殊的連結？這隻狐狸是不是寵物？看樣子應該是，不然何必這麼費心遷葬兩具遺體？如果狐狸真的是寵物，貝耶夫自然不是第一個馴化狐狸的人。

更有力的證據是，石器時代的狗也有尊榮的葬禮，不但和人類主人合葬，也會單獨下葬——大概是因為狗的壽命比主人短。讓狗入土為安，顯示人類和動物之間有密切的共生關係。如果狗在生活中只有功能性的用途，但死後無人為之哀悼，那不就表示牠可能已經被人類吞下肚，或是丟在水溝裡任由禿鷹啄食？

人類最好的朋友

慌張的狗兒拉扯鎖鍊，拚命要拉起綁住牠的柱子，但一點用也沒有。天空布滿黑色的濃煙，熾熱的火山浮岩如大雨降下。狗兒不斷嗚咽，主人不知所終，可能是被從山坡下沉的有毒氣體毒死，所以狗兒不停地吠叫，希望有其他人幫牠解開腳鐐。但一個人影也沒有，高達攝氏五百度的熱衝擊波席捲全城，沿途摧枯拉朽，不過幾個小時，屍體和建築物全部消失在二十二公尺的火山灰底下。

如今，這隻龐貝狗（Pompeian dog）悲慘的石膏鑄像仍絕望地蜷縮在柱旁，提醒著我們，西元前七九年維蘇威火山（Vesuvius）爆發釀成的災難。不過在赫庫蘭尼姆（Herculaneum）和龐貝挖出的廢墟中，不只發現這一隻狗而已，保存良好的馬賽克地磚刻畫一隻用皮帶牽著的大型黑色獵犬，齜牙咧嘴，一副充滿威脅的神情，腿上長了黑色的長毛。對羅馬及其他許多社會而言，狗是很熟悉的動物。舉個例子，我們知道狗在羅馬農場扮演重要角色，如作家尤尼烏斯・墨得拉特斯・科路美拉（Junius Moderatus Columella）建議，牧羊犬應該「兇猛好鬥成性」，而且最好是白色的，才不會在黎明的暮光中被誤認為狼，因此枉送性命。

我們在公園玩你丟我撿時，有個邪惡的搶匪從樹叢跳出來，搶走附近一位女士的皮包。

如果我們是在丟飛盤讓寵物貓撿，那牠對這起攻擊事件的反應很可能是興味索然地斜睨一眼。但我們的狗馬上展開行動，齜牙咧嘴地發出刺耳的狂吠，搶匪看到迎面衝來的牙齒導彈，嚇得把皮包一丟，夾起尾巴溜了。

無論在科學上是否屬實，我們覺得狗不但忠心耿耿，還會保護弱小。這不是什麼新鮮事，中世紀的故事就說過狗兒如何守護主人死後的遺體。在極少數的案例裡，法庭甚至在後續的殺人案審判中納入牠們的「證詞」。近代以來，據說希特勒（Adolf Hitler）在第二次世界大戰期間贊助一所訓練動物的學校，希望能訓練獵犬說話、數數兒，並偵察敵軍。這個指望固然有點過度樂觀——最耀眼的成就是讓小狗聽到有人問「元首是誰？」的時候，可以吠一聲「希特勒先生」，只不過，聽起來恐怕十之八九比較像是……嗯，基本上，就是狗吠聲。

過去的狗並非全都是必須撲咬闖入者的腳踝、放牧牲畜，或偵察敵軍的役用動物（working animal）。拜尼哈桑（Beni Hasan）的埃及古墓壁畫描繪出好幾種獵犬：適合比賽的灰狗、兇狠的藏獒、短腿的臘腸狗，以及身材修長、尾巴多毛的狐狸，這些狗的肢體特徵大概完全符合牠們各自不同的用途。但這不是說我們的祖先不會飼養毫無用處的雜種狗——牠們發洩精力的方式就是悠閒從容地從一個椅墊跑到另一個椅墊。羅馬貴族婦女特別喜歡毛茸茸的鼻塞小娃兒，像睡著的嬰兒似地窩在她們懷裡，相當於好萊塢電影裡那些養尊處優，從皮包探出頭來的寵物狗。

我們和自己養的狗關係這麼密切，可能是因為我們必須花很多時間照顧牠們。不過，我們幫牠們洗澡，或是帶牠們看獸醫的時候，其實是循著從前許多狗主人的腳步（和爪印）前進。歐洲貴族總是把自己的獵犬保持在最佳狀態，《狩獵之書》（*The Book of Hunt*）有一幅法國中世紀的插圖，呈現出人類如何清洗狗兒的爪子、用刷子幫牠們梳毛、幫牠們鋪稻草床，以及檢查牠們的牙齒。這些當然不是好養的雜種狗，可以餵牠們吃剩菜，趕到多風的工具間去睡覺。話雖如此，反正不是貴族親自動手，你不會看到滿身泥濘的伯爵手忙腳亂地把一隻容易興奮的小狗按在浴缸裡。

約翰・凱斯（John Caius）一五七〇年出版的小冊子《英國犬》（*De Canibus Britannicus*），證實中世紀英國的狗扮演哪些不同的角色。除了凶猛的獒犬（mastive），可能還會遇到守門的看門犬（keeper）、送信犬（messenger）、對著月亮狂吠的月亮犬（mooner）、轉動井輪的打水犬（water drawer）、背上馱著水桶的運鍋犬（tynckers curre）、一發現有人靠近就汪汪叫的警告犬（warner）、踩在腳踏輪上轉動烤肉軸的轉叉犬（turnspete），以及最好玩的一種，隨著音樂表演的跳舞犬（daunser）。這些林林總總的狗需要各種不同的名字，在十五世紀初期，約克公爵（Duke of York）在他的著作《狩獵大師》（*The Master of Game*）當中提出了一千一百個名字。這裡無法一一贅述，但我相當喜歡「嗅覺靈敏」（Nosewise）、「賭金全贏」（Swepestake）和「微笑盛宴」（Smylefeste）這幾個名字，雖然我很同情最後被稱為「無名氏」（Nameless）的可憐小狗。說來可愛，一個世紀以後，亨利八世薄命的第二任皇后安堡林（Anne Boleyn），最喜歡的寵物狗叫做「布瓜」（Purkoy），顯然是因為牠臉上總是一副困惑的表情，而「為什麼？」翻譯成中世紀的法文就叫 purkoy。

膝下無子的喬治・華盛頓（George Washington）顯然是一位著名的愛狗人。他養了很多狗，取的名字也同樣多樣化，包括甜嘴唇（Sweet Lips）、真愛（Truelove）、微醺（Tipsy）和醉鬼（Drunkard），聽起來更像是有點飢不擇食的單身男女在交友網站上取的網路名稱。華盛頓是典型的十八世紀紳士，沉迷於打獵，喜愛飼養動物。他在佛農山的莊園裡有許多不同品種的狗兒跑來跑去，包括獵犬、牧羊犬、梗犬、紐芬蘭犬和大麥町犬，其中一隻叫麋鹿夫人（Madame Moose），令我百思不得其解。他還創造出屬於自己的獵狐犬品種，把自家的英格蘭獵狐犬和拉法葉侯爵（Marquis de Lafayette）送給他的幾隻法蘭西獵狐犬配對，生出「有速度、有智慧、有頭腦的優秀狗種」。我也是英格蘭—法蘭西繁殖計畫的產物，年輕的時候跑得很快，但應該稱不上「有智慧」，畢竟我曾經把除草車開進池塘裡。我是說真的。

貓科朋友

如果狗是人類最好的朋友，那貓就是人類正值青春期的小孩，成天在家裡到處瞎混，心血來潮就往外跑，只對自己想要的東西有興趣。還有人爭論究竟是我們馴化了貓，還是貓馴化了我們。人類究竟在什麼時候開始把貓迎進我們的社會？最早的證據出現在塞浦路斯（Cyprus）的希魯洛卡姆波斯（Shillourokambos），是大約九千五百年前留下的一處新石器時代遺址。考古學家挖到一隻貓，就埋在距離一名男子不到幾吋的地方，如同前面提到的狗墓一樣，表示人類在處理貓的遺體時花了某些心思。貓的年紀很小，可能只有八個月大，骨骼比現代貓長得多，恐怕是一隻野生的貓，因為被馴化的貓通常比較嬌小。

這隻貓（或是牠兩、三代以前的祖先）想必在某一天晃蕩到這個聚落，宰了幾隻老鼠，被心懷感激的農夫深情地撫摸了幾下，赫然發現自己遇到了好運。貓潛伏在人類的聚落，大嚼被穀倉引來的齧齒動物，就這樣不經意地變成了寵物。雖然全球有五種野貓，但所有的家貓都是非洲野貓（Felis silvestris lybica，就是在希魯洛卡姆波斯發現的那種貓）的後裔，所以家貓是九千五百年前那隻狡猾貓咪的直系親屬，也難怪只要我們一不注意，牠們就晃到隔壁人家再吃一頓。

雖然網路使我們對貓咪有種病態的迷戀，但真正祭祀貓的是埃及人，他們把貓製成木乃伊，葬在聖城布巴斯提斯（Bubastis），而且每次有貓離世，他們就剃眉表示哀悼，因為貓是女神巴斯特（Bastet）的象徵。殺貓的人一律處死：希臘作家西西里的狄奧多羅斯（Diodorus Siculus）曾經描述一名羅馬士兵的馬車意外碾過一隻貓，隨即被憤怒的暴民以私刑處死。埃及對貓十分崇敬，據稱波斯統治者岡比西斯二世（King Cambyses II）曾經指示他的部隊帶著貓去打培琉喜阿姆戰役（Battle of Pelusium），他知道敵軍埃及基於道德上的原因，不會把箭射向那些無辜的貓咪。

因為貓有潔癖，所以印度教和伊斯蘭教對貓的喜愛遠勝於狗，另外因為貓是捕鼠專家，因此中世紀的基督教世界偶爾會加以包容。在傑佛瑞．喬叟（Geoffrey Chaucer）所寫的《磨坊主人的故事》（*The Miller's Tale*）當中，有個角色跪在地上，透過一扇門往裡面偷窺：「一會兒他找到個洞，這是在牆角下面貓兒常常鑽進鑽出的地方。」這是英國文獻第一次提到貓門。過了沒多久，一四二一年在英格蘭曼徹斯特興建的查塔姆圖書館（Chetham Library）就出現了真正的貓門。在英格蘭的埃克塞特大教堂（Exeter Cathedral），通往鐘塔的門在十七世紀開了一扇貓門，好讓貓進來捕獵咬斷敲鐘索的該死齧齒動物，據說以「滴答滴答滴，老鼠爬上鐘」這句歌詞開頭的童謠，就是來自這個典故。

但中世紀有許多人非常討厭貓。日耳曼女修道院長賓根的希爾德加德（Hildegard of Bingen）認為貓是長了毛皮的傭兵（毛傭？），只忠於餵養牠們的人，其他作家普遍把貓和女性的情慾及賣淫聯想在一起。而且每次只要爆發瘟疫或是獵巫熱，貓就成了代罪羔羊，因為有人把牠們連結到拜祭魔鬼的邪教和異端邪說。卡里特派信徒（Cathars，又稱純潔派，中世紀南歐一個被迫害的教派，信仰善惡二元論），被指控以親吻貓嘛起的屁股做為宗教儀式。這是邪惡之吻（osculum infame）的延伸，所謂的邪惡之吻，是女巫熱吻魔鬼裸露的屁股來表示歡迎，而撒旦被認為經常以黑貓的形式出現。

雖然聖路加日（St Luke's Day）有鞭打或溺死野狗的習俗，但野貓受到的待遇比野狗悲慘得多。一年三百六十五天，每天都可能有倒楣的貓被叉在鐵籤上烤來吃（伊莱大教堂在一六四三年發生過這種事）、吊在柱子上、剝皮、折磨或活活溺死。一六七七年，英國新教徒把活貓塞進正在燃燒的教宗雕像的肚子裡，好讓人以為羅馬教皇（他們顯然不是很喜歡羅馬教皇）在被活活燒死的過程中痛苦尖叫。

在科學、理智與聖經語言並行不悖的迷信時代，貓也是女巫的親密伙伴（不能被信任的邪惡動物），而且這種印象是來自牠們和撒旦一樣，喜歡玩弄自己的獵物。或許是因為這個原因，法國人才會幾乎像虐待狂一樣，喜歡用網子捕貓，在夏至這天丟進熊熊燃燒的篝火中。一六四八年的巴黎，法王路易十四甚至被恭請在柴堆點火，然後在當晚一面跳舞享樂，一面看著動物被活生生地燒死，以取悅民眾。

不過，儘管貓在中世紀定期遭到肅清，牠們仍然存活下來，且成為愈來愈受歡迎的寵物。據說牛頓（Isaac Newton）一直很喜歡貓，此外，大作家馬克．吐溫（Mark Twain）也是百分之百的愛貓人（雖然美國人經常把貓形容成娘娘腔的寵物），而且開開心心地幫他的貓取很可愛的名字，像是酸醪（Sour Mash）、阿波利娜（Apollonaris）、懶鬼（Lazy）、押尼珥（Abner）、饑荒（Famine）、單身女子（Fraulein）、水牛比爾（Buffalo Bill）和克里夫蘭（Cleveland）。看來他和喬治．華盛頓有許多共同點。

狗兒會不會上天堂？

為什麼動物會受到這種不經大腦的凌虐？雖然人們一直很愛自己的寵物，但基督教神學主張動物沒有靈魂，自然也沒有感覺可言。亞里斯多德（Aristotle）的「存在巨鏈」（Great Chain of Being）把神和男人擺在自然階級組織的最頂端，認為動物（和女人，亞里斯多德在生物學上有點厭惡女人）唯一的功能就是服務男人。希波的聖奧古斯丁（St Augustine of Hippo）同意這個論調，表示「汝不可殺人」這句話不適用於「無理性的生物」，認為「根據造物者的命令，牠們的生死取決於我們的用途」。

英格蘭的巴塞洛繆斯（Bartholomeus Anglicus）在他的著作《事物本性》（*De Proprietibus*

Rerum）中指出，所有動物的存在都有其目的：鹿和牛是給人吃的；馬、驢子、公牛和駱駝幫人類做事；孔雀、猴子和鳴禽用來製造娛樂；熊、獅子和蛇提醒我們不要忘記上帝的力量；蝨子和跳蚤用來提醒人類注定死亡的命運有多麼脆弱。因此，如果有用途但沒有思考能力，這種動物有沒有靈魂？這是個很難回答的問題。

當然，包括聖方濟（St Francis of Assisi）在內的許多中世紀聖徒都以保護動物而為人所稱道，把動物當做上帝創世的一部分。不過十三世紀的神學家阿奎那樂意仿效亞里斯多德，宣稱動物擁有促進生長和感應的靈魂，因此具備生物生長、記憶、情緒和知覺的能力，但牠們沒有人類那種理性的靈魂。然而，儘管這些重量級的知識分子承認動物不只是一團團遲鈍的肉，「動物是為了服務人類而存在」的概念，一直到一五七〇年代，才受到法國作家兼哲學家蒙田（Michel de Montaigne）的挑戰。

蒙田是個耐人尋味的傢伙、學富五車的朝臣，也是地方政府裡的重要官僚。在三十七歲那一年，他決定拋開一切，住在一座塔樓裡，被書本圍繞，彷彿是童話故事裡很有學問的巫師。他在這裡隨手寫下他著名的《隨筆集》（*Essays*），內含對重大課題的思索，夾雜許多軼事趣聞，可讀性極高。在討論動物的部分，蒙田的見解主要來自他鍾愛的寵物。他有一句名言，是懷疑他和貓玩耍的時候，究竟是他在玩貓，還是貓在玩他？這個前所未有的創新思維，是預先假設貓有敏捷的智力。同時，他也思考他的寵物會不會做夢，或是彼此溝通。儘管蒙田不知道，但他已經提出了迪士尼《貓兒歷險記》（*The Aristocats*）的哲學基礎，儘管他無從預見將來可能出現一個吹喇叭、即興演唱的貓仔爵士樂團。

蒙田的沉思和我們現代人把寵物人格化的觀點相似得多，不過他的想法很快就被推翻。不同於阿奎那與亞里斯多德的觀點，認為靈魂和肉體相互混合，無法分割，十七世紀的哲學家笛卡爾（René Descartes，就是寫「我思故我在」的那個人）是個二元論者，主張心靈和身體是分開的，因此動物根本沒有意識可言，因為牠們甚至沒有能力像聾啞人士那樣，用手語來彌補語言能力的缺乏。在他眼中，狗被你踢了以後可能會狂吠，但牠們只是擁有肉體的自動裝置，在實用主義的神祇設定下所做的反應而已。

養尊處優的寵物

這是全印度最熱門的一張門票，這場名人婚禮的場面要比女神卡卡（Lady Gaga）在大峽谷和獨角獸摔角更精采。新郎搭乘火車抵達，身上繫著燦爛的腰帶，脖子上戴著金項鍊，由一名榮譽衛兵、一整支軍樂隊和兩百五十名身穿黃金織錦的賓客上前迎接。甚至有一頭大象在現場走來走去。當這位幸運的新郎走進禮堂等待新娘時，全印度最重要的幾位政治人物和皇室成員都過來向他寒暄。然後朱納格特的土邦主（Maharajah of Junagadh）馬哈巴特·汗·拉蘇爾·汗大君（Nawab Sir Mahabet Khan Rasul Khan）和新娘一同抵達，她走在結婚禮堂的紅毯上，身上的珠寶閃閃發光。這場一九二二年盛大婚禮的預算是兩萬兩千英鎊，相當於現在的一百萬英鎊。值得嗎？要看你喜不喜歡狗了……

對，這位土邦主是一位愛狗人，一共養了八百隻狗，每隻狗都有自己的房間、僕人和私人電話。而且為了好玩，他經常讓牠們穿上狗兒大小的晚宴服，坐人力車在市區兜風。但即便以他的標準，當著印度上流社會名人及他飼養的其他大批寵物面前，把他的狗兒拉夏娜拉（Rashanara）嫁給一隻名叫鮑比（Bobby）的黃金獵犬，畢竟是相當大膽的舉動。我們現在經常用各種可笑的穿戴來溺愛寵物，當我們回到家裡，踢開鞋子，把飛盤收好，我們那隻剛從外面野回來，淌著口水的狗，坐在牠的籃子裡咬著某樣色彩鮮豔的玩具（我們送牠的聖誕禮物）。但如果你以為這是種現代趨勢，源自好萊塢百無聊賴的無聊名人，那你就錯了。把狗兒寵得有點過頭的，可不只有這位土邦主。

寵物在中國宮廷備受榮寵，大約始於西元前一〇〇〇年，由專職照顧御狗的犬人餵食。只不過宮中的狗貴族並非代代相傳、綿延不絕，因為狗在明朝被逐出宮廷，以貓取而代之，不過等滿洲人再度入主中原，北京狗再度晉升到王宮貴族的地位，有的小狗甚至由人類的乳母餵奶。這種皇家御犬有專人為其沐浴及噴灑香水，甚至還為牠們的糞便舉行儀式，在現代人眼中，這應該是王子和公主誕生時的規格。

歐洲的有錢人也常常嬌慣寵物。蘇格蘭的瑪麗女王給她的狗穿上藍絲絨西裝，離經叛道的英格蘭政治人物約翰．密頓（John Mytton）騎著寵物熊在客廳晃來晃去，給他的貓穿上可愛的小制服。巴伐利亞的伊薩博（Isabeau of Bavaria，法王查理六世的妻子）經常帶在身邊的松鼠戴的是用珍珠和金絲縫製的訂製項圈，她也把異國鳥類養在銀製鳥籠裡，套上綠色的絲絨，她的貓睡的軟墊床是用絲絨做的襯裡。

我們不難理解他們為什麼花這麼多心思飼養漂亮的寵物，因為身為皇室的一員，那種壓力令人倍感孤獨。從幼年開始，因為延續香火在政治上的重要性非同小可，有時不得不把王位的繼承人送到遠處，交給遠親扶養，或是形同與世隔絕，以防感染什麼惡疾，可能弄得他們臉發腫，腿折斷（我可能稍微誇大了這些症狀）。要軟化童年時代冰冷的奢華生活，最簡單的方法就是信任寵物忠誠的友誼。小王子年僅三歲就可以學習騎術，由別人抱到獵狗的背上牢牢坐好，然後背著他在庭院疾走。未來的法王路易十三（King Louis XIII）小時候玩得更過癮，把他的兩隻寵物狗繫上一輛迷你馬車，讓狗兒拉著他在宮裡到處跑，聽起來活像哈士奇雪橇和卡丁車的混合體，十分驚險刺激。

在現實政治的喧囂中，皇后可能和她們的子女同樣受到冷落，如果雙方出於無奈，不得不締結一場毫無感情的政治婚姻，這種情況更是嚴重。英格蘭國王詹姆斯一世（King James I，也是蘇格蘭的詹姆斯四世）的女兒，波西米亞的伊莉莎白（Elizabeth of Bohemia）養了十六、七隻狗和猴子，據說她寧願和寵物做伴，也沒興趣理會自己的孩子和丈夫。當然，有些皇室成員只是單純地喜愛動物。英格蘭和蘇格蘭的查理二世熱愛長毛獵犬，甚至用自己的名字為其中一隻狗命名，儘管他的朝臣未必喜歡這些汪汪叫的小毛球，還有一名大臣說：「求上帝保佑陛下，但要讓陛下的狗下地獄。」這位國王曾氣急敗壞地登過一次報紙，警告把他某隻被惡意綁架的寵物狗送回來。不知道那位同樣氣急敗壞的朝臣有沒有被列為可疑人士。

維多利亞女王同樣愛狗，而且特別喜歡她養的臘腸狗，叫達西爾（Dachel），是科堡（Coburg）的德國親戚送的禮物。達西爾有著棕色的大眼睛和下垂的大耳朵，十分逗趣可愛，且同時是技術高超的老鼠殺手。除了咬齧齒動物和可愛兮兮地在宮裡四處晃蕩，這種體型嬌小的玩賞型小狗簡直一無是處，不過牠們可能有自己的特殊專長。中世紀的歷任勃根第公爵（Dukes of Burgundy）率先飼養專門試吃、試毒的試吃犬（chiens-goûteurs），只要國王不是太失民心，對皇家御犬而言，這是個附有美食津貼的差事。恐怖的法王亨利三世（King Henry III），天天隨身攜帶著三隻比熊犬（Bichon Frises），用籃子吊在脖子上，而且經過特殊訓練，只要遇到不信任的人就大聲吠叫。可惜，國王仍然被謀殺了——狗兒被刺客一身隱修士的打扮給騙了。

在英國內戰期間，萊茵的魯伯特親王（Prince Rupert of the Rhine）也有一隻天賦異秉的心愛寵物狗，只不過這種秉賦很難被歸類為一種求生技巧。他的狗波伊（Boye）顯然受過訓練，每次只要聽見敵軍指揮官的名字：皮姆（Pym），就會翹腳撒尿。同時坊間謠傳波伊擁有邪惡的魔力，不過對我來說，流口水的洛威拿犬（Rottweiler）或鬼魅般的巴斯克維爾的獵犬（Hound of the Baskervilles）才算惡犬，撒尿的獅子狗差遠了。老實說，這樣根本不是在嚇人嘛。儘管如此，如果想讓朋友和敵人開開眼界，與其用一隻據稱有魔力的獅子狗，還不如找美洲豹、獵豹和獅子，殺氣騰騰地在你的宮殿閒晃。二十世紀的阿比西尼亞（Abyssinian）皇帝海爾．塞拉西（Emperor Halile Selassie）就有膽子這麼做，當然登門的訪客只得拚命低聲祈禱這些在宮殿潛行的掠食動物那天早上沒餓著。

寵物的事就說到這兒。我們忠心的狗兒已經占據早上這麼多時間，現在我們要來看電子郵件了。誰知道會不會有哪個奈及利亞親王寫信來，說只要我們願意把銀行資料寄給他，就送我們幾百萬英鎊？但願如此！

12:00 p.m.

保持聯繫

早上該做的事都做完了，現在要從事一點星期六的休閒活動。畢竟這個星期工作很忙，我們可以花幾個小時愉快地發發呆，就像人家說的，重新充電。晚上有朋友到家裡來吃飯喝酒，晚餐之前完全沒有事情要做，不如放鬆心情，看看這個世界發生了什麼事。於是我們打開各種裝置——打開電視，把智慧型手機解鎖，啟動筆記型電腦，打開數位平板——迎接排山倒海而來的資訊。

保持通話

正當我們愉快地滑動畫面，關閉別人吃午餐的照片時，忽然一記鈴聲劃破寧靜，把我們嚇了一跳。瞄了螢幕上的名字一眼，知道來電者是誰之後，我們笑了笑，把電話貼在臉上。一個熟悉的聲音嘰嘰喳喳地傳入耳中，微弱的回聲緊接在後（這是位於赤道上空兩萬兩千三百三十六哩的衛星發出的隱性ping指令），我們都沒有停下來思考太空時代神奇科技的實用性，這時候我們寧願聊聊某位共同朋友的閒話：人家換女朋友的速度比我們換褲子還快。

我們身處在行動電話的時代，SIM卡的數量比地球上的人口還多，我們很快就適應了手機不可或缺、便於攜帶的特質，以致於現代的小孩聽到我十幾歲時如何用市話打電話給朋友，還要事先約好碰面的時間與地點，全都驚呆了。這聽起來顯然比較像是黑暗中世紀的古老寓言，而非一九九九年的真實情形。在年輕人的眼中，連接著塑膠線的電話顯得古意盎然，而對我們其他人來說，這是我們住家和辦公室長久存在的科技。但曾經在十九世紀末的某一段時間，電話只是兩位相互較勁的傑出科學家腦子裡的概念而已。

亞歷山大．葛拉漢．貝爾（Alexander Graham Bell）是蘇格蘭出生的一位發明家，由於母親耳聾，因此他畢生鑽研通訊科技，希望能幫助和他母親一樣的人。其後，貝爾遷居到波士頓，並用他們的溝通技術輔助聽障人士，貝爾開始摸索一種全新的裝置：電子說話機。他和才華出眾的電機工程師湯瑪斯．華生（Thomas Watson）合作，他們透過電線傳送音頻的裝置固然前所未有，但並非獨一無二。一八七六年，貝爾提出專利申請時，無意間發現自己和另一個人不相伯仲，對手只比他晚了兩小時。

伊利沙．葛雷（Elisha Gray）早年生活困頓，他在俄亥俄州的一個農場長大，因為父親早逝，他小小年紀就得輟學，意外投入不符合自己志向的木工、造船和打鐵工作。基本上，他有一雙巧手。但是，葛雷在二十二歲那年決定好好鍛鍊自己的頭腦，進入歐柏林學院（Oberlin College）研讀物理，專攻電學。雖然可以把槌子耍得活靈活現，但葛雷很快就知道電機才是他真正的天職，並且很快製造出各種機件的原型。最重要的是，在一八七六年的情人節，他申請「保護發明特許權請求書」（caveat）——這是一種專利卡位證明（confidential placeholder），目的是保護內容尚未完備的設計專利——詳細描述他的電話設計方案。如果他早幾個小時提出申請，現在就成了全球知名人士，不過他是當天第三十九個提出專利申請的人，貝爾則是第四個。在這兩個天才不相上下的競逐中，裁判（或者應該說是必須在兩人之間做出仲裁的法庭）在審查之後，判定由蘇格蘭人貝爾取得專利，即使新近的實驗已經證明葛雷的設計比較優秀。

做為官方認定的勝利者，貝爾幾乎沒時間開香檳慶祝，反而很快打起一大堆侵權官司，每一件案子的被告都想剽竊他的創意。在這六百多件訴訟案當中，最大的一宗案件很快就搬上檯面。在貝爾達成技術突破之後不久，他向美國第一大企業西聯電報公司（Western Union Telegraph Company）兜售這項技術，但西聯不願支付貝爾要求的十萬美元。就像高中足球隊的四分衛對戴眼鏡的女文青總是不假辭色，他們鋒頭太健，不屑和這種小角色成對。不過，就像浪漫喜劇的結局，書呆子貝爾摘下眼鏡，放下頭髮，露出她辣妹的本色——簡而言之，電話在市場上一炮而紅。

西聯對自己的錯誤決定感到悔恨不已，發誓絕對不能被比下去，於是請了當紅發明家愛迪生（Thomas Edison），以及吃了悶虧的復仇者葛雷，試圖迴避著作權法，把貝爾的設計做出適當的更改，這樣一毛錢都不必付給這個蘇格蘭人。貝爾和他的合作伙伴質疑西聯公司侵權，準備提出訴訟，不過讀者恐怕會認為他們一定非常吃虧，因為西聯公司有的是錢，大可聘請美國任何一位律師，砸重金讓律師在華府各級法院表演。然而，就像高中運動健將和女文青的故事，美國聯邦最高法院在一八八八年著名的判決，顯示大法官是貝爾隊的支持者。

這個逆轉勝的故事或許可以稱為「大衛決鬥歌利亞」，只不過後來等於是歌利亞不斷用自己的武器打自己的臉，而不是被大衛的小石頭打倒。既然被聯邦最高法院判決敗訴，西聯公司決定和這位新貴妥協：他們交出八十四項個別的專利權，以及在全美五十五個城市安裝的五千六百支電話的所有權，並同意在一八九六年之前不再涉足電話業。如此一來，貝爾有十七年的時間可以自由發展，或者應該說是「自由支配」。基本上，貝爾就像留著一臉大鬍子的諸侯王，得以主宰電話市場。西聯公司的管理階層只專注發展他們的搖錢樹：電報，卻不小心打開籠子的門，把裡面的天生掠食者放出來。這段歷史相當於一家市值數十億英鎊的公司開口說：「新興的行動電話業務都是你的，條件是只要我們可以繼續製造呼叫器就好。」

改變世界的不只是貝爾的天才，或是西聯公司痛擊對手的反射動作。舉個例子，本人幾乎全聾的大發明家愛迪生，對電話的迅速普及至少做了兩大貢獻。一八七八年，他用碳粉發明了超敏感的麥克風，讓電話使用者可以用正常的音量說話，不必吼得臉紅脖子粗。只可惜沒有人把這件事告訴通勤火車上那些吵死人的商人。不過愛迪生的另一項建議就不是在科學裝置上動手腳。只是一個字罷了。

你說聲「哈囉」就征服我了！

愛迪生第一次親眼看到有人示範貝爾的裝置時，這位美國首席發明家沒想到真能打通，非常驚訝地說了一聲hullo！hullo在十九世紀的意思是「沒想到會在這裡遇見你！」如果我們在某一座遙遠的火山山頂遇到自己的牙醫，就會因為難以置信而說出這句問候語。但從懷疑論者的角度來看，這個故事未免太逗趣了點。不過，確實是愛迪生把稍稍修改過的版本「哈囉」（hello）打入民眾的意識中，成為正式的電話問候語。

愛迪生認為「哈囉」的音節強勁、清晰，這一點很重要，因為在他的想像中，電話基本上是公司之間互相溝通的工具，應該永久維持通話狀態，而不是每打一通，就要響一次鈴。簡單地說，他之所以選擇說「哈囉」，正是因為這不是平常辦公室對話常用的字眼，所以一聽到「哈囉」，就代表有你的電話。儘管愛迪生的問候語現在成了全球辨識度最高的文字之一，但我必須承認，另一個由貝爾提出的問候語（借用航海術語）沒有被採用，我覺得有點失望。不妨想像一下，歌壇天王萊諾・李奇唱著：「啊嘿，你尋找的人是我嗎？」（Ahoy, is it me you’re looking for?）

然而，「哈囉」並沒有馬上被列入英語字彙中。起初有能力裝電話的都是有錢人，愛迪生那句新奇的問候語被認為很粗鄙，所以體面的發話人通常是直接開門見山地說：「你在嗎？」或是以退為進地說：「嗯……？」人們之所以覺得不自在，不只是因為「哈囉」的說法太新奇。人們首先想到的是保護自己的隱私，許多有頭有臉的人一想到可能有窮人打電話找他們，或是接到令人避之唯恐不及的公司行號招攬新客戶的電話，便禁不住退避三舍。此外他們也擔心萬一不認識電話另一頭的人是誰，可能令雙方感到尷尬。再說還有打錯電話的，小孩把聽筒當玩具把玩的，以及技術方面的小故障，例如當接錯線路或訊號故障時，會在無意間把自己的祕密說給陌生人聽，或是喜孜孜地對著空氣喋喋不休。

基於可負擔性和實用性的考量，產生了一些不甚理想的妥協性解決方案。尤其是在農村地區，甚至到了一九七〇年代，很多地方還要和鄰居共用一條合用線（party line），因此很容易被偷聽，而且很快就聽說有霸占電話的家庭主婦不再親自上門，改用電話互相「拜訪」，占線的時間遠超過約定俗成的兩分鐘。即使環境比較富裕、自家裝有電話的女子，電話公司也提供特殊的低費率做為誘因，明確要求她們只能在晚上聊天，因為白天必須以公司行號之間的通話優先。

數百年來，在面對面，甚至書信上的行為，都有一套禮儀加以規範，但人們一時之間摸不清嶄新的電話革命，於是報章雜誌上充斥著我們現在可能覺得極其古怪的問題：「男人是不是應該只在站立的時候才打電話，以示尊重？男人和女人如果衣衫不整地講電話，是不是傷風敗俗的事？疾病會不會透過電話線傳染？」法國有耳語說女子透過電話進行不倫之戀

（電話性愛顯然不是那麼現代的產物），男人很快就開始擔心，發生在客廳的耳朵交合之後，很可能就是臥室的口頭交合。

但改變的不只是人類溝通的方式。這種新生的電話學要成功，必須有中央交換機，把發話人接到正確的號碼去。但是接線生偶爾必須監聽雙方的通話，這種工作有誰要做？毛頭小子根本信不過，所以就找上了未婚的年輕女子（帶動了女性就業史的分水嶺），這種交換機工作人員被稱為「哈囉女郎」（Hello girls），證實愛迪生那個被勢利之徒視為粗鄙不堪的新問候語，已經漸漸滲入通俗文化中。我們再也離不開「哈囉」，也離不開電話。

我們已經和朋友聊了很久，當然也把免費通話的時間用光了，為了避免收到一張高額的電話費帳單，我們把電話掛上，改發簡訊。既然如此，我們就得把原先的口說語言轉譯為書寫的象徵符號，石器時代的英雄「烏」和「努」可沒辦法表演這種精采的派對特技，至少我們一直是這麼認為的。不過現在，我們可不敢打包票……

太初有道

學生的研究論文很少登上國際科學期刊，主要是因為他們整天忙著把交通錐放在雕像上，或是因為血液中的伏特加濃度過高而到處跌跌撞撞，但是加拿大的吉納維耶芙．馮．佩金格爾（Genevieve von Petzinger）是個例外。二〇〇九年，她一交出人類學的碩士論文，就立刻上了頭版。

她研究的重點是石器時代一些比較不為人知的藝術：畫在法國洞穴牆壁上的幾何學符號。雖然考古學家早在一百五十年前就知道這些壁畫的存在，卻沒把這些彎彎曲曲的奇特線條當一回事，轉而研究野牛、獅子和熊等等更迷人的壁畫。馮・佩金格爾發現從來沒有人把所有的象徵符號編纂成一套完整的目錄，於是她和她的指導老師艾波兒・諾威爾博士（Dr April Nowell）把法國一百四十六個發現石壁藝術的洞穴遺址建立成一個資料庫，然後分析結果。她們很快發現這些不是隨意的塗鴉，而是一系列二十六個重複出現的符號：交叉雙排線、手、直線、點、螺旋狀的迴旋、蛇狀的波浪和其他許多形狀。證據等於是從電腦螢幕跳出來——幾千年前，早在銅器時代發明書寫之前，西歐可能已經使用一種非常原始的符號式原字母系統（proto-alphabet）。

現代世界隨處可見類似象形文字的符號。如果窺看廚房的壁櫃，我們會發現每個包裝上都貼著小圖畫，說明硬紙板能不能回收，或建議我們最好不要讓臉沾到滾水。同時，當我們放下電話，察看今天的電子郵件時，我們載入相關軟體時所按的按鍵，大概是一個數位小信封，這個小圖示代表著過去書寫通訊的光輝歲月。在西方，特別是在電子儀器的選單螢幕上，象形文字（例如某樣東西的藝術化再現）已經恢復了昔日的霸主地位。而在東亞地區，象形文字從未消失，中文字幾乎完全是以象形文字和表意文字（描述一個抽象的概念）構成。這不禁令人好奇：如果石器時代和現代的亞洲都可以用象形文字，為什麼西方最後會使用拼音文字呢？這個嘛，坐穩了！這一段可不是心臟不好的人應付得了的……

我記得有這麼一張生日卡，我一看到上面的漫畫就忍不住格格笑，然後馬上像個討厭的學究似地發出嘖嘖聲。卡片上畫的是個頭戴印第安那．瓊斯（Indiana Jones）那種帽子的考古學家，很高興地抓著一個刻有象形文字的花瓶，彷彿是個價值連城的埃及古物，但是在卡片底下有一行常見的譯文：「可機洗」，效果十分逗趣。這個笑話很幽默，不過也顯現出民眾普遍的誤解。沒錯，象形文字以及蘇美人的楔形文字，源自大約五千兩百年前，應該是人類最早發展完整的書寫系統。但是，hieroglyph（象形文字）這個字出自後來的希臘，意思是「神聖的石刻」，原因在於象形文字只用於宗教脈絡中——這種最神聖的符號不會出現在「請在此排隊」的指示牌上。埃及人日常生活用的是種手寫的草書體，叫做「僧侶體」（heiratic，後來改用「世俗體」〔demotic〕），大多數的埃及人看不懂象形文字，就像我們看不懂用二維條碼寫的餐廳菜單。

說到二維條碼……用鍵盤書寫電子郵件時，我們很清楚地知道，收到這些珠璣之言的幸運收件者收到的並非實體的訊息，而是透過虛擬空間發射，由0與1的電子訊號組成的數位傳真。然而，如果要把我們腦子裡的想法記下來，有人仍然偏好使用實體的媒介，即便純粹只是為了享受把討厭的垃圾郵件捏成一團，然後丟進垃圾桶的滌淨式樂趣。但令人不解的是，紙（paper）的名稱源於古埃及用一條條紙莎草（papyrus）莖的薄片交錯編織而成的捲軸，是四千五百年前的技術。

紙是中國人的發明，大約只有兩千年的歷史，而且必須把植物纖維打成漿，而非把植物的薄片交錯編織。所以紙和紙莎草毫無淵源，只是這種語源上的混淆是可以理解的。畢竟我們現代作家和古埃及人有許多共同點，儘管他們寫字是從右至左，用的是礦物碾碎後製成的黑色或紅色墨水，但古埃及的蘆葦筆（以蘆葦製成，筆尖處以斜角削尖）和我們的鋼筆差不多。

相形之下，在銅器時代的美索不達米亞，蘇美人的語言是用一種叫做楔形文字的系統書寫，把文字刻在柔軟的泥板上，然後烘烤固定。楔形文字源自於新石器時代的一種貨品盤點系統，其中包含各種幾何形狀的小陶土代幣，大概是代表交易貨品的數值。當新興的蘇美帝國向外延伸它龐大的觸手——如同神話中的海怪克拉肯（Kraken）在拍攝運動數位光碟——由於貿易事務日趨複雜，需要一套更完整的系統，來記載誰欠了誰什麼貨品。蘇美人沒有囤積大量的陶土代幣，而是在西元前三二〇〇年採用楔形文字來記載訊息。如此說來，把莎士比亞、莫里埃（Molière）、孫子和亞里斯多德等人的才華保存下來的浪漫媒介，竟然是報稅的會計發明的，這一點實在令人沮喪，這感覺有點像發現搖滾樂的發明人竟然是柴契爾夫人（Margaret Thatcher）……

不過，並非每一個大帝國都崇尚書寫。十六世紀，在西班牙的征服者抵達南美洲之前，當地的印加人用的是一種非常有意思的彩色繩結系統，叫做「奇普」（khipus），用棉或美洲駝毛編織而成，以繩結的位置來傳遞訊息。如同書寫的文字，奇普可以很簡短，只包含十條繩索，也可以是一組很複雜的指示，包含兩千條繩索，看起來活像夏威夷的草裙。令人不解的是，奇普恐怕也不是衍生自印加人的克丘亞語（Quechua），反而比較像是用十進位的數字編碼而成，這表示印加繩結理論（string theory，本意為弦理論）的問題會讓研究者的腦子打結（愛好物理學的人就知道這是一種雙關語……）

但我們先回頭說明楔形文字。蘇美人的抄寫員起初是用一枝削得很尖的蘆葦來刻畫這些筆畫，但這樣會把潮濕的泥土拉起來，於是就改用把尖端削成三角形的筆，將楔形壓印在泥板上，據此創造出的語言系統，應該是以象形圖的方式來再現被廢棄不用的記帳代幣。但不同於在法國的洞穴壁面發現的二十六個石器時代象形文字，這些文字很快增加，總共有幾千個字彙、名稱、地點或動作。每個細微的形狀變化都代表其中某一個字。因此，如果有人買了三頭牛，抄寫員再也不必畫出一列三個代表牛的象徵符號。而是有一個牛的象徵符號和另一個代表三這個數字的象徵符號，為了避免混淆，他們採用所謂「限定詞」的系統來顯示文字出現的脈絡。舉個例子，如果在witch這個英文字上方有一個小圖案，是一名騎著掃帚的綠皮膚女子，就不至於和極為相似的同音異義字which混淆。簡單地說，在楔形文字當中，每一個不同的概念都能夠以書寫的方式再現。

腓尼基人的遺產

好，現在已經把書寫的複雜起源說明清楚，但還沒解釋西方的字母系統是如何誕生的，以英語為母語的人要感謝腓尼基人在這方面的重大貢獻。腓尼基人是航海民族，居住在現在的黎巴嫩，除了在地中海上航行，他們也在北非沿岸、西班牙南部、西西里、薩丁尼亞、希臘諸島、塞浦路斯和地中海東岸沿線建立了貿易殖民地。沒錯，就和「海灘男孩」（The Beach Boys，編按：一九六〇年代美國成立的搖滾樂團）差不多，他們周遊列國，每到一個地方，就傳入他們改良版的楔形文字，也就是由二十二個子音字母構成的新字母系統。

這套字母系統在傳入地中海東岸之後，逐漸演變成阿拉姆語字母系統（Aramaic alphabet），然後分裂成希伯來文字和後來的阿拉伯文字。在此同時，希臘人學到了腓尼基人字母系統，然後加上全新的母音，這樣應該更能呈現他們自己的口說語言。這套複製的系統似乎傳到了義大利，當地的伊特魯里亞人（Etruscans）學會了這套系統，攻無不克的羅馬人殲滅了伊特魯里亞人之後，學到了包括母音和子音等二十三個字母的拉丁字母系統，但沒有J、U、W這三個字母。後來羅馬人矢志要剷除利比亞的對手：迦太基人，也就是在迦太基定居的腓尼基人（真是恩將仇報！）。

先別走，我保證很快就說完了……當羅馬帝國大到難以統治時，只得招募日耳曼傭兵來巡察廣大的領土。這些部族於是把拉丁字母系統帶回飽受狂風蹂躪的北方，可能因此促成了挪威人和撒克遜的古代盧恩字母系統（runic alphabet）。當時的人相信，把這種文字刻在刀劍和其他物體上，會產生些許魔力。彷彿這樣還不夠用似的，在九世紀，奧赫里德的聖克萊門特（St Clement of Ohrid）——聖西里爾（St Cyril）的一名保加利亞門徒——更新希臘字母系統，成為西里爾字母系統（Cyrillic alphabet），如今是俄語書寫的基礎，當然也是保加利亞語的基礎。有一次我到索菲亞（Sofia）出差，因為不懂西里爾字母，把牙膏和足部修護霜弄混，結果十分悲慘。

在天主教會強迫日耳曼部族學習拉丁文的同時，新生的各種歐洲語言逐漸背離了標準的拉丁文，成為現代的法語、西班牙語、義大利語等等。在這段期間，羅馬字母系統愈來愈符合這些新生語言的需求，最後當然就產生了二十六個字母構成的英語字母系統，我現在正是用這一套系統，把大家悶得快哭出來。真是抱歉。總而言之，把話說白了，沒有腓尼基人，就沒有《芝麻街》（*Sesame Street*）的「字母歌」（Alphabet Song），我想大家應該都認為這樣很悲慘。

時候差不多了，我們應該把電子郵件寫完，然後在家裡找點有用的事情來做——也許做一點DIY？畢竟那一扇鉸鏈鬆開的櫃門不會神奇地自行修復。不過當我們站起來要拿鎚子的時候，正好看見報童把塞爆的背包拖上我們家的車道。啊，對了！週末版的報紙，我們怎麼會忘記了？突然之間，櫃門看起來好像沒有鬆脫得那麼厲害了。現在想到可以端著一杯咖啡窩在沙發上，掌握全球大事，櫃門當然一點問題也沒有。啊……還有填字遊戲！好，決定好了。我們把水壺放在爐子上，拿了放在門墊上的報紙，開始瀏覽頭條新聞。

歷史上的新頁——活字版印刷術

紙本新聞已經命在旦夕，數位媒體很不耐煩地在病床邊徘徊，等著把維持生命的機器關閉，繼承家業。報紙曾經輝煌過，不過先別忙著多愁善感，別忘了，任何事物最後都會被取代。畢竟，你有多久沒看過捲軸書了？

兩千年前，書本（或者在技術上來說是手抄本）是書寫文化的一次大躍進。書本輕便得多，而且有別於需要慢慢展開的捲軸，讀者可以輕易翻到某一個段落（向一群不以為然的異教徒宣講聖經經文時特別好用）。基督教是個以聖典為基礎的宗教，事實上，書籍在基督教向外傳播的同時興起，並非巧合而已。早在一世紀之前，基督教只是另一個古怪的東方教派的時候，使徒聖保羅是一個奇怪的文青，隨身攜帶某種摺起來的筆記本，從龐貝和赫庫蘭尼姆出土的經文顯示，這個時代根本沒有手抄本。事實上，羅馬人書寫的載具是紙莎草、蠟、破碎的陶器或是——例如文德蘭達（Vindolanda）的器皿、蘇格蘭哈德良長城（Hadrian's Wall）的堡壘——纖薄的木板。然而，到了四世紀，當羅馬帝國正式擁抱耶穌時，手抄本和捲軸一樣受歡迎，然後在不到兩百年間，手抄本就用一個迴旋踢，把對手從行駛中的火車頂上踹下來，從此被世人所遺忘。

儘管手抄本是閃閃發光的新科技，文本仍然必須一行行辛苦地抄寫。書籍之所以特別，在於一本書的製作必須耗費大量的心力，從中世紀抄寫員在頁面邊緣留下的精采塗鴉，即可窺見一二。我最喜歡的是樂觀的話：「感謝上帝，天就快黑了！」疲倦的話：「抄寫是非常乏味的工作，讓你背脊變彎、視力變差、胃部和腰際扭曲變形。」還有直白到令人噴飯的話：「噢！我的手！」不過這些手抄本除了稀有珍貴，可能也具有美學價值。行政文獻——例如征服者威廉（William the Conqueror）末日審判書（Domesday Book）一〇八六年的土地清查——可能只是平鋪直敘的記載，但神聖的福音書（通常蝕刻在動物皮紙上）可以超越單純的實用功能，成為富有精采插圖的藝術品，開頭第一個字母的尺寸超大，要花好幾個小時悉心設計，在這段時間裡，就連稍微打個噴嚏都會功虧一簣。

不說也知道，書籍的製作量有限，意味著西方基督教世界的識字率極低。你我今天可以從各式各樣的外部來源，如廣播、電視、電子郵件、部落格、報紙等獲知新聞，然而在中世紀的歐洲，一般人取得資訊的主要管道是在地教堂的講壇，或是集市日從外地傳來的流言。沒有普及的教育來教授神祕的閱讀術，一般人幾乎無從自修或政治激進化。教會和國王掌握了僅有的強大傳播工具，因此可以牢牢地控制社會，除非他們死了，才有辦法把這種權力從他們手中撬開。不過剛好有個人握有那把鐵橇。

你可能從來沒聽過約翰內斯．基恩斯費爾施（Johannes Gänsefleisch），這也難怪，因為……嗯，誰會讚頌一個叫約翰．雞皮疙瘩（John Goosebumps）的人？說真的，他的名字聽起來像一個很差勁的兒童餘興節目表演者。顯然約翰內斯也這麼認為，所以取了一個和他的壯志雄心比較搭配的姓氏，改名叫約翰內斯．古騰堡（Johannes Gutenberg）。古騰堡原本是來自美因茲（Mainz）的一名日耳曼金匠，但如今已成為全球歷史上的巨人。如果二〇〇五年蘋果iPod Nano的新聞發布會可以用「革命性」來形容，那古騰堡的印刷機絕對足以稱之為超——超大——超級——革命……到極點。

古騰堡的新發明值得受到萬人景仰。印刷這個概念的確不是他首創的，因為中國從八世紀開始，就用木雕版來製作一模一樣的複製品，但古騰堡在十五世紀展現的天分，是創造出小型的英文字母，可以做無限的排列組合，拼出任何字彙，而且可以不斷重複使用，來印刷新作品。基本上，他發明的是字母磁鐵貼的前身，我們現在可以大膽用冰箱上的字母磁鐵貼來拼粗話。在過去，書籍仰賴隱修士在隱密的藏經閣辛苦地抄寫，或是靠職業抄寫員在大學寫個沒完，是件乏味的抄錄工作，以一天五頁的速度緩緩進行。不過拜機械化的印刷機（大概是用釀酒者的螺旋壓機改良而成）所賜，一次可以印三千五百頁。

印刷機的發明，當然讓市場充斥著迄今無從取得的知識。一五一七年，古騰堡辭世五十年後，日耳曼隱修士馬丁．路德出版了他的《九十五條論綱》（*95 Theses*），他在書中羅列出一系列批判，認為天主教會有著體制性的腐敗。在此，這種咆哮之聲原本可能無人聞問，或是在當地冒出來一下就消失了，但日耳曼各邦愛書人的讀寫能力日益提升，藉由古騰堡印刷機的散播，路德的理念像傳染病一樣快速普及。教會和國家全面控制的時代結束了。人們終於可以發聲，而且如同在辦公室的卡拉OK派對上突然引吭高歌的古板同事，他們決心向世人證明他們的聲音可以多麼響亮。

拿起桌上的報紙

我們一屁股坐在沙發上，讓咖啡放涼，然後開始按部就班地詳讀週末版報紙，仔細消化作者用心撰寫的評論，然後以極快的速度把各版瀏覽一遍：「時尚副刊？誰會花個三百八十鎊買一頂絲絨帽？」但如果在接下來的半小時內發生了大新聞，我們會把報紙丟在一旁，回到數位螢幕，BBC網站會一行行地不斷更新新聞的內容。我們貪婪地吞下這種快速的新聞，然而我們不應該認定我們的祖先對新聞沒有同樣的飢渴。他們和我們一樣好奇，只是缺乏定期蒐集新聞的基礎建設。

兩千年前，即使在羅馬帝國最輝煌的時候，他們能看到的頂多只是一種每日公報，叫做

《每日記事》（*Acta Diurna*），把頭條新聞，包含政治行動、醜聞、戰爭、法律案件之類的事件，做個簡短的綜合性敘述。但儘管民眾對於獲得這種新資訊有莫大的興趣，卻沒有官員想到要多分發幾份。《每日記事》其實就是一塊釘在廣場上的雕版，和學校福利社那種單調的布告差不多，如果你想知道帝國發生了什麼事，必須派自家的奴隸把重要新聞抄下來回報。

一直到十六世紀，古騰堡和馬丁．路德聯手促成了小冊子的誕生之後，才有名副其實的所謂「新聞」出現，這種小冊子等於是把一篇報導的部落格貼文以低價印刷出來，賣給有興趣的讀者。一開始的內容是馬丁．路德的反天主教運動所激發的宗教公憤，不過在風潮平息之後，出版者轉而刊登時事，只不過當時的風氣還沒有培養出足夠的新聞風骨，敢冒開罪當局的風險。這不是北朝鮮那種政治宣傳（沒有人說過教宗打高爾夫球時經常連續十八次一桿進洞），但既然是應做為而不做為，這種小冊子是「所有消息都是好消息」而非「沒消息就是好消息」。

因此，第一份真正的報紙是什麼時候出現的？或許是因為路德的影響，史上第一份報紙是用德文寫的，在一六〇五年由史特拉斯堡（Strasburg）當地的議員約翰．卡羅勒斯（Johann Carolus）刊印。他的想法是把神聖羅馬帝國各地的手寫報導整理校對，然後每週印刷一次，服務他的一百五十到兩百名讀者。有些人無疑是住在城堡裡的富人，但其中恐怕有很大一部分是商人，想得知有關外國市場的體質良好與否的重要情報。到了年底，卡羅勒斯把五十二張報紙匯集成書，取了個很有吸引力的名字：《所有值得尊敬和值得紀念的新聞集》（*Relation aller Fürnemmen und gedenckwürdigen Historien*），這是一份年度事件的歷史陳述，有點像現代雜誌在十二月刊登的年終回顧。由於書一上市就創下銷售佳績，其他幾份歐洲報紙迅速跟進，當時殘酷的三十年戰爭（Thirty Years War）使德國分崩離析，這些報紙經常報導最新戰情。

到了一六二〇年代，英國已經有八頁的《新聞時勢》（*coranto*），專門報導外國的消息。不過由於英吉利海峽風高浪大，《新聞時勢》的包裹常常延後幾個星期才運到，所以等包裹送到時，「新」新聞可能已經成了舊新聞（即使在印刷革命發生後的美好年代，後勤一樣是嚴重的問題）。另一個傷腦筋的問題是讀者搞不懂為什麼報紙每週印在報頭上的名稱都一樣，因為過去的小冊子會根據每個新議題來更改題目。《義大利、德國和匈牙利每週新聞》（*Weekly Newes from Italy, Germanie, Hungaria*）的編輯必須耐心向讀者解釋，即使名稱相同，最新版的報紙和前一版不一樣。無論如何，雖然報紙已經開始發行，早期的這些全開報紙和我們現在窩在舒服的沙發上看的報紙不太一樣——沒有用粗體字印刷的新聞標題、名人八卦或廣告，插圖也比較少見。除此之外，新聞是以一種冷靜、去脈絡的陳述來報導，讀者必須做出自己的判斷。沒有評斷是非對錯的社論。

英國報業最重要的分水嶺，是國王和國會在一六四〇年代爆發的內戰。隨著戰情愈來愈激烈，新聞開始向內檢視英國的政治，而且兩邊各自出版了黨同伐異的刊物來抨擊對方。國會派的《王國週報》（*Kindsome's Weekly Intelligencer*）激發了保皇派的反駁——《宮廷信使報》（*Mercurius Aulicus*）。溫文儒雅的出版人馬奇蒙．尼赫姆（Marchmont Nedham）跳入這場漩渦中。一六四三年，年僅二十三歲的馬奇蒙推出高度批判性的反保皇派報刊——《不列顛信使報》（*Mercurius Britannicus*）。此舉激怒了英王查理一世（King Charles I），尼赫姆旋即被迫屈服，答應轉而發行支持國王的《實用主義信使報》（*Mercurius Pragmaticus*）。當然，後來查理一世輸了戰爭，也失去了——更不可能挽回的——腦袋。國會派的人以煽動叛亂的罪名把尼赫姆逮捕入獄。不過，做為永遠的實用主義者，這位身陷囹圄的新聞人立刻改變立場，發行奧利佛・克倫威爾（Oliver Cromwell）威權式政體的官方傳聲筒——《大眾信使報》（*Mercurius Publicus*），終於重獲自由。

原本寫滿了匈牙利天氣的瑣事、淡而無味的全開報，在短短十年之後，已經轉變為充斥著粗鄙不堪的論戰，夾雜著搶眼的廣告和插圖。早在我們現代的小報各據左右、涇渭分明的三百五十年前，新聞刊物已經站在各自意識形態的立場，對政敵極盡羞辱。看在我們眼裡，這無疑反映了健康的民主政治，不過在慘烈內戰結束後的動亂年代，卻成了社會不安定的原因。一六六〇年，英國恢復君主制度，新任的國王查理二世（King Charles II，當年他的父親被斬首示眾）並不樂見這些扒糞的人煽動叛亂。查理二世的歷史定位，或許是一個享樂主義的民粹主義者，而且生性平易近人，不過他打壓新聞自由的力道，就如同從直升機上丟下一頭大象。儘管如此，他搞過很多女人，所以英國人對他有一種莫名的愛戴。

雖然審查制度鈍化了新聞的利劍，但人們對新聞熾熱的渴望並未平息，過不了多久，就出現了迎合這種需求的特殊場域。一六五〇年代，倫敦新開設的咖啡廳成為一股清泉，滿足了人們對知識的渴望。只要一分錢的入場費，男人（咖啡廳不太歡迎女性光顧）就可以在那裡消磨時間、看報，盡情享受剛從土耳其進口的異國熱飲。十七世紀的這種咖啡，可不能和我們現在從心愛的馬克杯啜飲的芳香咖啡豆相比，那喝起來其實像噁心的廢水（一種燒焦、有堅果味的煤焦色漿狀物），不過，在一個大多數人一年到頭醉醺醺的時代，這一劑濃烈的咖啡因可以把暈眩的頭腦從遲鈍的宿醉中驚醒，進入很容易興奮的過激狀態。

這些聚在咖啡廳裡的人覺得光是看報紙還不夠，開始從每一個人那裡蒐羅新奇的資訊。他們習慣對每一個從前門進來的人說：「你聽到什麼新聞？」期待對方會知道一些自己還不知道的事。這些地方不只擠滿了閒得無聊跑來偷閒的人，或是閒聊天的朋友——就是戴了假髮的羅斯、瑞秋、菲碧、蒙妮卡、喬伊和錢德勒（編按：《六人行》〔*Friends*〕的角色），也是倫敦最了不起的詩人、哲學家、作家、資本主義者和科學家聚會的場地。經常光顧希臘咖啡廳（Grecian Coffee House）的人可能看過牛頓和哈雷（Edmund Halley）解剖一隻死海豚（在你家當地的星巴克不會看到這種景象），強納生咖啡廳（Jonathan's Coffee House）塞滿了粗魯、大呼小叫、追蹤商品價格的商人，後來漸漸演變為倫敦證券交易所（London Stock Exchange）。

當這些聰明的激進分子全部因為一杯熱咖啡而結合在一起，國王查理二世愈來愈擔心咖啡廳會變成產生異議的溫床。一六七五年，他決定關閉咖啡廳（和他打壓新聞業一樣），不過，強迫咖啡因上癮者不能每天喝上一杯，絕對不是明智之舉，心生愧疚的國王很快就被迫故作優雅地來個大逆轉。但是，儘管這一次查理二世承認失敗，他並沒有放鬆對報紙的管制。後來查理駕崩，他弟弟詹姆斯二世（King James II）又被罷黜，限制新聞自由的「授權法案」（Licensing Act）在一六九五年期滿，英國報界才終於擺脫了皇室的新聞審查，從此以後，通俗新聞便排山倒海而來。

一七〇二年，英國第一份日報《每日新聞》（*The Daily Courant*）創刊，這個想法很快傳入殖民地。這裡有一個叫班傑明・富蘭克林的年輕人，少年時代一直在哥哥位於新英格蘭的印刷廠當學徒幹活兒，然後我們都知道，富蘭克林利用這層人脈關係把《新英格蘭新聞》（*New-England Courant*）的讀者唬得一愣一愣，以為他是一位拄著枴杖的老太太，叫做賽冷絲・多格德。他每兩週刊登一次的書信是以幽默的口吻強烈諷刺通俗文化，深受一班容易上當的讀者歡迎，他這位絮絮叨叨、不停抱怨的寡婦收到好幾封被她斷然拒絕，但仍屢敗屢戰的求婚信。

到了一八〇〇年，富蘭克林協助領導美國獨立時，已經有高達三百七十六份報紙在全國銷售。成績不錯。然而，到了一八七一年，報紙的數量暴增十五倍，全國總共有五千七百八十一份報紙發行，多達兩千多萬份報紙送到急欲了解自己的生活和時代的讀者手上。就像印刷科技帶動了第一次報紙革命，如今新聞業大幅擴張，完全是仰賴劃時代的電報機。電報機的電纜線蜘蛛網把地方、區域、全國和國際新聞共同組合成一個集團化的新聞流，分享到美洲大陸的各個角落。我們待會兒就會談到這一點，不過我們首先要探討所謂的電報（telegrpahy在希臘語的字面意思是「遙遠的書寫」）當初是怎麼產生的？同樣地，它的起源比你想像中更為久遠。

烽火連天

這個偉大城市的統治者已經瘋了。敵人大軍壓境，他拒絕向盟友求助，反而派自己的兒子重新奪回已經淪陷的前哨基地，此舉無異於自尋死路。但一位睿智的大臣看到愁眉苦臉的統治者陷入非理性的絕望中，他命令一位年輕的英雄悄悄避開衛兵的監視，大膽點燃烽火台，因為情勢還沒有到絕望的地步。烽火台轟地一聲燃起了熊熊火焰，很快地，地平線盡頭的一處山岬也冒出橘色的火光。沿著白雪覆蓋的群山，火焰一把又一把燒起來，直到數百哩外的同盟城市有一個非常有警覺性的人發現金色的火光，立刻興奮地衝進國王的寢宮大喊：「烽火台點燃了！剛鐸（Gondor）求救！」國王連想都沒想，就說了這句不朽的台詞：「洛汗（Rohan）將出兵相救！」這時候，電影院差不多每個人都鬆了一口氣，高興得揮舞拳頭，把爆米花和健怡可樂灑在身上。巫師甘道夫（Gandalf）萬歲！

好吧，《魔戒》（*Lord of the Rings*）電影三部曲不算是歷史，但卻充分說明了源於銅器時代的古代電報是什麼樣子。星羅棋布的烽火台要比八百里加急快多了——這是他們的即時通訊。話雖如此，烽火台只能傳遞預先約定的訊息。舉個例子，如果看到濃煙從廚房冒出來，我們可能會砸破消防警報器的玻璃。但如果只是家裡沒有牛奶，又想喝杯茶，我們就不會這麼做，對我們來說，消防警報器只代表一件事。同樣地，烽火台對長途的日常談話沒什麼用處，反而可以當做一種緊急高音警報器。在古代的亞述城市，一座烽火台的意思是「情況令人擔憂」，兩座烽火台基本上意味著「要死了，趕快派救兵！」但並非每一種訊號都代表緊急求助。在希臘悲劇作家艾斯奇里斯（Aeschylus）的古代劇作《亞加曼農》（*Agamemnon*）當中，一名守夜的衛兵在等待烽火台證實特洛伊城淪陷的消息。到了一五八八年，英人一旦發現西班牙無敵艦隊入侵，英格蘭海岸的烽火台便會全數點燃，做為警報系統之用。

理論上，烽火台這個系統很簡單，但並非零故障。西元前一七五九年，所向無敵的巴比倫國王漢摩拉比（King Hammurabi）殲滅了蘇美的城市馬里（Mari，在現代的敘利亞），不過當馬里的遺跡在一九三〇年代出土時，總共發現了大約兩萬五千份以楔形文字書寫的文獻，包括鄰近城市用火把發出訊號的相關報告。其中一份報告指出了傳遞過程的一點差錯：「陛下寫說要舉起兩個火把訊號，但我們一直沒看到火把訊號……陛下應詳加調查……。」美索不達米亞人這麼說的意思是「嘿，我發了簡訊給你。你沒收到嗎？怪了！」

早在十九世紀的海軍手旗訊號（semaphore）出現之前，古希臘史學家波利比烏斯（Polybius）就提出一個很聰明的建議，可以讓烽火台進行比較有彈性的長途訊息傳遞。他認為用點燃的火把可以表達一個字母在五乘五格狀系統中的位置。所以如果A的位置是第一排第一列，那P就是第四排第二列。因此如果要拼出字母P，就在訊號手的左側點燃四枝火把，右邊點燃兩枝火把。這個概念很了不起，但在操作上恐怕不切實際，因為兩枝火把之間必須維持相當大的距離，否則肉眼根本無法在幾哩外分辨出來。因此，說來諷刺，負責傳遞訊息的人需要他們專屬的一套訊息表達系統，才能確保訊息的傳遞完全一致。羅馬帝國雖然幅員遼闊，羅馬人卻沒興趣採用這麼一套聰明的系統，表示這個系統實行起來，就像要訓練一群貓咪表演同步體操，概念固然好，實際組織起來卻是一場惡夢。

十八世紀末，法國人克勞德．查派（Claude Chappe）和他的兄弟興建了綿密的訊號塔網，才有所謂通訊術的出現，可想而知，燈塔（beacon）不是唯一應運而生的實用通訊術。在法國大革命之後建立的這些訊號塔都有一根高聳的桅杆，從塔頂向上伸出，桅杆頂端架設了一根橫桿，叫做調節器。橫木可以像鞦韆一樣擺到四個不同的位置，橫桿兩端的指示臂（indicator flap）可以擺到七個不同的位置，總共有一百九十六種不同的排列組合（7x7x4），然後搭配三本碼冊（code book）使用。操作員並非按照波利比烏斯的建議，把文字的字母一個個拼出來，而是很聰明地根據字典發出訊息，而且只要發出三個訊號，就能傳達其中某一本碼冊的某一頁裡的某一個字。因此，「二、二十二、六十七」的臂桿通報訊息指的是「第二冊第二十二頁的第六十七個字」。

到了一八四六年，理論上已經有辦法把四萬五千零五十個字——比史蒂芬．佛萊（Stephen Fry）背下來的單字還多——傳送到法國各地的五百三十四個中繼站。這種技術對軍事通訊顯然有極大的用處，拿破崙自然非常入迷，不過對平民來說，只是定期提供了大大的失望，因為它對老百姓唯一的功能，是快速傳遞全國樂透彩的結果。一次又一次和大筆現金失之交臂，是最令人沮喪的事。另一方面，英國人也投資了類似的科技，首先是喬治．莫瑞勛爵（Lord George Murray）的活板訊號（shutter semaphore），這種訊號和波利比烏斯的系統一樣，傳遞字母，而非文字，並且選擇了和法國通訊術比較類似的設備。一八二七年，商船運輸公司獲准從利物浦傳遞訊號，帶動了高科技商業通訊技術的曙光。然而，只要天氣不好或黑夜降臨，這些視線訊號塔就毫無作用，考慮到英國天候惡劣，在大多數的時候，這些設備頂多只是礙眼的龐然大物。

如果有一個晴雨皆宜、全年無休、人人可用的系統就好了……

電報時代

搜捕行動登上頭版新聞，也激發了全英國的想像力。在一八四五年的新年，斯勞（Slough）附近鹽山（Salt Hill）的艾希利太太（Mrs Ashley）隔著牆壁聽到一連串令人背脊發涼的呻吟聲。她擔心出了什麼大事，又看見有個男人匆匆地從隔壁鄰居家跑出去，於是馬上過去看看是怎麼回事，結果發現鄰居莎拉．哈特（Sarah Hart）因為服下致命的毒藥而嘴角冒泡。在驚慌之下，她按下警報器，最早趕來的其中一個人是教區牧師，錢普尼斯牧師（Rev. E.T. Champnes）聽了艾希利太太對嫌犯的描述之後，馬上追到最近的火車站。令人洩氣的是，這位戴著項圈的勇者趕到車站的時候，正好看見罪犯爬上頭等車廂，離開車站。近在咫尺，卻遠在天涯……抑或其實不是這麼回事？幸好錢普尼斯對尖端科技瞭若指掌，他顯然是一位走在時代尖端的正義使者，錢普尼斯請車站站長發電報到派丁頓車站（Paddington Station），把嫌犯的行蹤通知警方。

火車駛入倫敦時，有一位威廉斯巡佐（Sergeant Williams）在車站等候，目的不是逮捕這個人，而是跟蹤他回家。第二天，威廉斯向市警局回報之後，參與了逮捕約翰．塔威爾

（John Tawell）的行動——一位德高望重的貴格會（Quaker）教徒——罪名是謀殺莎拉・哈特（塔威爾的前任情婦）。審判案引起全國關注，法官最終判處塔威爾死刑。《泰晤士報》（*The Times*）在報導時斬釘截鐵地說：「要不是靠斯勞和派丁頓兩地的電報有效協助，逮捕（塔威爾）的行動一定會遭到莫大的困難，還有極大的延宕。」維多利亞時期的民眾不清楚電報的速度有多快，因此對這一件宛如魔法的新發明十分著迷，還給這些電纜取了專屬的超級英雄別號：「吊死約翰・塔威爾的纜線。」不過這個打擊犯罪的機件是從哪裡冒出來的？

這時英國的電報才剛啟用八年，是威廉・福瑟吉爾・庫克（William Fothergill Cooke）和查爾斯・惠特斯通（Charles Wheatstone）兩人共同的心血結晶。他們設計了一個方法，可以控制電磁鐵的推拉作用指向不同的方向，如此一來，電磁鐵就成了可操縱的指針，指出寫在菱形板上的字母。把菱形板和電纜連接起來，就能夠以每小時十八萬六千哩的速度把寫好的訊息送出，日夜無休、不分晴雨，因此電報的功能遠勝於過去的視覺通訊。如同家樂氏兄弟，這兩個人馬上為了是否要把他們的發明商業化而鬧翻，最後，庫克買下他這位高尚伙伴的股份，電報機一推出便大賣。

但這不只是一個在追捕犯人時好用得不得了的趣味小發明，電報使全球通訊就此改變。一八五六年，記者羅素（W. H. Russell）為《泰晤士報》前往克里米亞報導英法聯軍與俄國的戰爭時，他的戰情報導第二天就能在倫敦上報。相形之下，在沒有鋪設電纜線的印度，一八五七年那場難堪的兵變發生了四十天之後，消息才傳回英國。世界的連結性遠勝從前，對日常生活的影響不容小覷，但也會加快新聞的步調。德裔的保羅・朱利葉斯・路透（Paul

Julius Reuter）在一八五一年成立的路透新聞通訊社（Reuters News Agency），是第一家從事新聞蒐集，以發掘獨家消息，再賣給其他報紙的大機構，透過信鴿和電報，快速傳送報導。十九世紀的人習慣等上好幾天或好幾個星期，才能看到有關某個事件的報導，能夠在事發後不到二十四小時就得到最新消息，的確令人嘆為觀止。

在美國，電報業務幾乎一飛沖天，這要歸功於政府的支持。一八四六年，只有華盛頓和巴爾的摩之間架設了四十哩實驗性的電報線。到了一八五〇年，電報線以空前的速度擴張，暴增六百倍，達到兩萬三千哩。然而這個龐大的電報網並非為了庫克與惠特斯通的電報機而設計，而是讓另一種類似的裝置使用，肖像畫家和兼差發明家塞繆爾·摩斯（Samuel Morse）發明的電報機是用點（dot）和劃（dash）的敲擊碼來傳送訊息，讓操作員「聽讀」，一分鐘可以解讀十個字。

我們瀏覽星期六的報紙時，發現有一篇報導是探討暴力電動玩具和自拍世代道德敗壞的問題。我們現代的大批專欄作家往往鐵了心要告訴我們，網際網路使健康的社會陷入分裂，我們最後會變得肥胖而悲慘。然而，這種焦慮的歇斯底里狀態不是什麼新鮮事。蒸汽火車剛發明的時候，有的醫師擔心每小時二十哩的誇張速度會導致腦損傷。當女性在十九世紀末開始流行騎腳踏車的時候，醫界人士宣稱，因為必須出力，女性的表情會扭曲成所謂的「腳踏車臉」，再也無法恢復原狀。同樣地，當電報開始主宰快速工業化的美國，神經專科醫師喬治·米勒·畢爾德醫師（Dr George Miller Beard）突然出了一本書：《美國人的焦慮》（*American Nervousness*），主張每個人天生的神經能量都是有限的，現代生活總是忙個不停，會讓能量消耗得太快，導致一種引發頭痛的譫妄性疲勞，叫做「神經衰弱」，就連本世紀教育程度最好的人都無法倖免。

畢爾德醫師認為，差不多每件事都會淘空虛弱的大腦，但是：

> 神經質肇因於電報，我們對它的影響力幾乎一無所知。在摩斯和他的競爭對手出現之前，商人憂慮的程度遠低於現在……現在，我們馬上就可以知道全世界各地港口的價格。這種持續性的價格波動，而且我們隨時知道世界每一個地方的價格波動，不停地荼毒商人，貿易的暴君——每一次砍價……不到一小時就通行皆知。因此，不但對手多了，競爭也更加激烈。

心理學大師威廉·詹姆斯（William James，小說家亨利·詹姆斯〔Henry James〕的哥哥）給神經衰弱重新取了個時髦的名稱：「美式焦慮」（Americanitis）之後，這個疾病便變得更加普及。然而不只美國人有這種恐慌症。一九〇一年，英國報紙《倫敦之星》（*London Star*）的主編寫道：「我們極度減少和濃縮我們的情緒……我們用明天的憂慮來毀滅昨天的記憶。」科技如火箭一般，以前所未有的速度把我們的祖先往前推，但儘管速度快得讓他們反胃，也好像也沒人有興趣暫時煞車。

然而，坐在擺滿許多電子裝置的房間裡，我們非但沒有下車，隨著火箭的速度愈來愈快，我們反而抓得愈來愈緊。古騰堡讓人民得以發聲，從而得到解放，數位革命的功能也一樣。不過政府有能力在我們生活每一個微小的層面挖掘無數的資訊，要不了多久，就會有陰謀論者開始渴望從前靠人工傳遞訊息的美好歲月。不過，我要警告他們，那種做法也有它的缺點……

使命必達

人類歷史上前一百個最戲劇化的死亡事件，應該少不了菲迪皮德斯（Pheidippides）。西元前四九〇年，為了取得光榮勝利，一支波斯大軍揮舞著數不清的長矛進入希臘。雅典的民眾自然嚇得驚慌失措，於是向鄰國斯巴達求援，但可惜當時沒有直通斯巴達兩位國王辦公室的熱線電話，也沒有可以投射到夜空的求救信號。反而是派了一位使者——菲迪皮德斯——親自帶著求救信跑過去。兩天後，這位雅典獨立的唯一救世主拖著疲憊的身體跑完一百五十哩，傳送雅典懇請派兵援助的強烈請求。但斯巴達正在舉行神聖的節慶，儘管雅典遭遇嚴重威脅，他們只是婉言拒絕，骨子裡的意思就是「哦，我們很樂意派兵，真的，只不過這可是宗教慶典，是吧？下星期怎麼樣？你們那時有空嗎？」

沮喪的菲迪皮德斯跑回家時，發現雅典的部隊即將在馬拉松（Marathon）展開一場激戰。因為沒辦法說動斯巴達人出兵，他以為自己只能悲傷地目睹同胞慘遭屠殺，然後城市被毀的宿命。然而，不知怎麼地，雅典人意外打了一場勝仗。這時的菲迪皮德斯應該已經出現了史上最嚴重的跑者乳頭（jogger's nipple）症狀，儘管如此，可憐的他再次奉命將這個天大的好消息傳回雅典。不過，這位筋疲力盡的跑者剛進城宣布雅典凱旋勝利的消息，就發生了我們多數人大概會提早一百哩遭遇的情況——暴斃而死。

在十九世紀中葉發明偉大的電報之前，長途傳遞訊息往往要靠人或動物親自跑一趟，而且，對於獨自送信的信差而言，要跑完帝國廣大的領土，可能要比把一座鋼琴從內部樓梯推上摩天樓更困難。菲迪皮德斯是否真的存在，至今仍沒有定論，所以我們不能只看這個故事的表面意義，不過他有效扮演了一個非常真實的行業——「信差」（hemerodrome）。這些人一天預計要跑上八十哩，翻山越嶺傳遞極機密的信件，儘管訊息不會像《不可能的任務》（*Mission Impossible*）那樣在五秒鐘後自動銷毀，菲迪皮德斯的警世寓言告訴我們，信差倒是有可能鞠躬盡瘁，死而後已。

社群網戰

每一天，只要想快速傳遞訊息，我們就會發出手機簡訊、電子郵件、推特貼文、即時訊息等等。在羅馬，負責快速傳遞訊息的是「信差」（tabellarius），他們會在同一個城市的各個地方來回奔走，在朋友和同事之間傳遞匆匆寫下的簡短訊息，這些訊息刻在蠟板上，事後可以擦乾淨再重新寫過。然而，在不同城市之間傳遞訊息就辛苦多了。舉個例子，波斯帝國的郵政網路非常完整，因此希羅多德寫道：「無論下雪、降雨、酷熱或天黑，都不能阻礙他們迅速完成指定的任務。」這都可以當一家公司的座右銘了，但是共和時代的羅馬卻沒有這種集中式的系統。

很快的，凱撒．奧古斯都（羅馬眾多專制君王的第一位，也是最偉大的一個）發現，如果國家的法規、重要人士的死訊、有人謀朝篡位的謠言連續數星期無人聞問，會讓他的統治蒙上風險。等敵人入侵的消息傳到首都的時候，敵軍可能已經在宮廷外面紮營磨刀了。於是奧古斯都抄襲波斯人的想法，建立一個龐大的郵務網：公共郵政（Cursus Publicus），把大批中繼站連結起來。如今，利用動物拉的貨車和馬車，透過羅馬不規則延伸的道路網，訊息可以快速傳送到整個帝國，而且我們可以從名字得知，公共郵政也開放給民眾使用。

其中一位特別有名的使用者，正是喜歡隨身攜帶筆記本的使徒聖保羅，他是新約聖經裡得獎呼聲最高的最佳配角，而且把自己的公開信（這些想必是歷史上最早的大眾郵寄廣告），唸給全城的基督教眾聽，也不會有半點不好意思。聖保羅認為信徒會閱讀、抄寫他的書信（新約聖經的內容以書信集為主），然後再交給其他信眾。他相信只要有一個有效的複製和傳送系統，他就不必在整個帝國境內辛苦跋涉，到每個城市做相同的演出，像是被全球巡迴演唱弄得疲憊不堪的流行樂明星。

其他有關這個郵政系統的證據來自「文德蘭達木牘」（Vindolanda tablets），是考古學家在哈德良長城的羅馬堡壘遺跡裡發現的。這批文獻的內容非常精采，透露在多風的帝國北疆駐守士兵的日常生活細節，也顯示出這些訊息有多麼頻繁和老套。二九一號木牘是要塞司令官的妻子寄出的一封可愛的生日派對邀請函；三一〇號木牘是一名士兵寫給同僚維德伊烏斯（Veldeius）的信，此人似乎暫時被派駐到倫敦，問他這位哥兒們能不能把他已經付過錢的大剪刀寄到北邊來；三一一號木牘是另一名士兵寄的，有些氣惱他的哥兒們沒有回信給他：「我的身體安康，希望你也一樣，你這個冷淡的傢伙，連一封信也沒有寄給我。」

事實上，這位懶惰的收信人可能不是真的這麼懶惰。雖然官方訊息是經由不列顛的公共郵政系統傳送，信件只要一星期就會從文德蘭達抵達倫敦，但低階的士兵似乎只能委託旅人順路幫他們送信，自然比較靠不住。舉例來說，三四三號木牘是一個焦急的屋大維（Octavius）寫給坎第迪斯（Candidus）的信：

> 我已經寫了好幾封信給你，說我買了五千莫迪厄斯（modius，大約是九公升）的穀穗，因此需要現金。如果你不趕快寄錢給我……我就會損失已經支付的訂金，大約三百個迪納厄斯（denarius，羅馬時代鑄造的小銀幣），也會沒面子……

固然坎第迪斯有可能是善於推託的狡猾之徒，但也可能是前幾封信沒寄到他那裡。

不只歐亞的帝國必須在龐大的領土內傳遞消息。在十六世紀初期，印加帝國的國力達到顛峰，疆域面積高達七十五萬平方哩，沿著安第斯山脈，從哥倫比亞到智利，綿延兩千五百哩。城市之間的通訊顯然是後勤作業上的惡夢，但印加人有個了不起的解決之道——駐守在小屋裡的一大串信差。所以他們不像希臘人那樣，讓一個傢伙跑一百五十哩，幾乎跑到心臟病發作。印加的海螺信使（Chasqui）卯足勁衝刺的距離比希臘短得多，然後看到前方的停止號誌，就吹海螺殼，提醒下一位信使他們馬上就到了，然後由下一位信使把訊息送到下一個中繼站。噢，如果下次奧運的四百公尺接力賽也吹類似的號角該有多好玩！

當然，有些動物的腳程比人快，所以把牠們納入訊息遞送產業也很合理。馬匹是自然界速度最快的信差，主要是因為沒有人會笨到在獵豹身上裝鞍座。美國的小馬郵遞（Pony Express）在一八六〇年四月成立，是印加海螺信使接力傳遞訊息的馬匹版。信差每隔十哩就換一匹馬，由四百匹快馬接力傳遞，用這種方式，任何人都可以在短短十天後把信件從剛有人定居的加州送到一千九百哩外的密蘇里州。小馬快遞具有劃時代的意義，令人振奮，是那個時代最重要的象徵……而且壽命很短。小馬快遞成立十八個月後，電報就大搖大擺地踏上歷史的舞台，美國大西部勇敢的騎士馬上變得毫無用處。他們的職業生涯就像電視選秀節目的亞軍一樣短暫。又或者，回頭想來，冠軍的舞台生命也很短。

不過，馬匹、駱駝和人類不過是長了腿而已，在從前，如果真的想得到快速的服務，就必須弄一隻信鴿。科學界至今仍然不甚明瞭鴿子是靠什麼生物機制找到回家的路，但不管這是什麼自然界的巫術，這種本領確實很了不起。舉例來說，我們知道在十字軍東征期間，被重重包圍的穆斯林士兵利用鴿子傳遞訊息，基督徒敵軍因為無力攔截凌空飛越的鴿子而洩氣。更早的時候，大約兩千多年前，古希臘奧運的比賽結果是靠咕咕叫的鳥類傭兵傳到愛琴海各個城市，把訊息綁在牠們的腳上，好讓這些鴿子以每小時五十哩的速度，飛回大約一千一百哩外的家。

信鴿也在第一次世界大戰扮演了關鍵角色，英國把十萬隻信鴿送到前線，彌補無線電網大故障後的不足。即使牠們的行動鴿房在起飛之後就搬走了，任務成功率仍然高達百分之九十五。有幾隻甚至成為名副其實的受動英雄，當受困在致命戰壕裡，窮途末路的士兵派出信鴿求援，即使受了槍傷，又遭到德軍專門訓練來攔截信鴿的獵鷹中隊的殘酷攻擊，信鴿仍然活著把黏滿羽毛的求援信安全送達。更晚近的例子是罪犯被捕後利用鴿子運送違禁品，有南美洲的典獄長抓到疲憊不堪的鴿子，背上綁著行動電話，在庭院附近蹣跚前進。我很渴望能看到感人的動畫電影，描述勇敢的鴿子不畏艱險，成功把牠負責的海洛因運送給臉上有刺青的毒販鉅子。

不過信鴿未必都是靠自己的力量起飛。一八七〇年九月，巴黎被二十萬左右的普魯士大軍包圍，電報線被切斷。為了突破敵軍的包圍，把消息送到法國其他地方，加斯頓．蒂桑迪埃（Gaston Tissandier，專攻航空氣象學的科學家）自願乘坐一個老舊、破損的熱氣球飄出巴黎，他帶著三萬封明信片和書信，是焦慮的巴黎人擔心即將大難臨頭而寫的訣別書。氣球上還載著一箱信鴿，如果他成功完成任務，鴿子會把消息送回首都。早上九點五十分，蒂桑迪埃的氣球高高飄在普魯士小矮人的頭頂上，他們想開槍射下熱氣球，結果掉下來的卻是蒂桑迪埃大膽撒下的德文小冊子，專門用來打擊敵軍的士氣。

在空中飄了兩個多小時以後，氣球戲劇性地在德勒村（Dreux）降落。在村民的歡呼簇擁下，英勇的蒂桑迪埃把麻袋拖到附近的一輛馬車上，享受一頓專門為他準備的午餐（不管多麼危險的工作都會有額外的福利），然後帶著一整個城市的希望，啟程前往當地的郵局。神奇的是，那三萬封信將會寄到收件人手裡。而且，因為鴿子會歸巢，巴黎一定會知道蒂桑迪埃完成了任務。

筆友

報紙看到一半，忽然聽到前門有聲音傳來，原來是信件、小冊子和雜誌被塞進信箱，然後輕輕墜落在門墊上。郵差轉頭消失在街上，沒有驚動我們。但想像一下，如果他站在門口，討他今天早上工作的酬勞呢？然後想想看，他今天還要再回來十一次，每一次都要收錢。聽起來雖然很古怪，但從前的英國郵政系統正是這樣運作的，郵差挨家挨戶地取件和送件，屋主也必須想出足夠的話題，才能每天和郵差閒聊足足十二次。難怪有錢人都派傭人代為應門，畢竟聊天氣的話總共只有那幾句……

那麼，這個古怪的制度是怎麼產生的？我們都知道，兩千年前羅馬就有了郵政系統，雖然西羅馬帝國像豆腐渣蓋的房子一樣崩潰瓦解，羅馬帝國卻在君士坦丁堡頑強地延續下去，成為輝煌的拜占庭帝國。在此同時，南邊的阿拉伯哈里發有九百三十個驛站，負責統籌監督的是一位郵務主管。因此，東邊的公共郵政系統在管理上可以放心。可惜西邊的管理就鬆散多了，而中世紀基督教世界唯一的通訊網是天主教會的隱修士、主教、神職人員和樞機主教之間的內部網路，表示像我們這樣的人無從與聞。事實上，在中世紀（如同駐守在文德蘭達的羅馬軍團）通常必須委託在客棧遇到的陌生人送信。把私人的祕密、緊急的請求或重要的商業訊息託付給靠不住的旅人，再加上他們可能遭遇重重險阻，想來確實令人匪夷所思。你會放心讓一個在加油站排隊時遇到的陌生人替你報稅嗎？不會，我也不會。

即使是身分尊貴的派斯頓（Pastom，十五世紀的諾佛克〔Norfolk〕貴族）家族也無法避免這種問題。雖然他們很多信都保存下來，這證明許多信是由一個叫賈迪（Juddy）的可靠僕人親手交給對方，但仍然有可能將信件寄丟。在殘酷的玫瑰戰爭（Wars of the Roses）期間，信件寄丟可能會引發驚慌。也難怪瑪格莉特・派斯頓（Margaret Paston）會焦急地寫信給丈夫說：

> 我請柏尼（Bernie）的威京罕人（Witchingham）送信給你，信是在聖誕季節期間的聖湯馬斯日（St Thomas' Day）寫的。從聖誕節前的那個星期起，我一直沒有收到你的消息或信件，絞盡腦汁也想不通究竟是怎麼回事……我衷心祈求你盡快把你的近況告訴我，因為只要一天沒有你的消息，我就永遠不會安心。

這種權宜性的郵政系統這麼靠不住，我們自然了解當時的人為什麼把信件看得這麼珍貴。為了妥善保管信件，可能把信綑綁在一起，甚至抄寫和印刷，即使在通信的人過世許久之後，這些書信往往還留在家裡。

十八世紀最罕見的例子之一，是英國駐佛羅倫斯外交官何瑞斯・曼恩（Horace Mann）和定居在英國的大作家何瑞斯・華波爾（Horace Walpole，首相勞勃・華波爾〔Robert Walpole〕的兒子），維繫超過四十六年的友誼。他們年輕時在義大利結識，然後持續當了五十年的筆友，累積一千八百封信給後代子孫。多年下來，當然有零星的幾封信不見了，不過主要的障礙是兩人之間的距離太遠，平均每封信要三個星期才會寄達。一七四五年，曼恩問候華波爾父親的健康，不知道勞勃爵士早已入土為安。何瑞斯・華波爾一時感傷，回信說：「要是在家父過世的時候收到你的信就好了，因為我實在沒想到還要把整件事重新回憶一次。這是遠距離通信的缺點。」話雖如此，不妨想想十九世紀那些和澳洲人交筆友的人，根本沒必要問：「你的頭還痛不痛？」因為要八個月才能等到來自世界另一端的回信——寄去四個月，寄回來四個月。

便士傳情

早在華波爾和曼恩開始魚雁往返之前，英國中世紀的郵政業務是「政府特權」（亨利八世如是稱呼他的皇家郵政公司〔Royal Mail〕），但像這樣把郵務集中化，可以達到一個比較邪惡的目的：國內外寄到都鐸（Tudor）宮廷的信都由祕密間諜偷偷打開、閱讀，確定沒問題之後再寄出，以查探有沒有人圖謀不軌。亨利的女兒伊莉莎白一世特別喜歡進行這種大規模的刺探，而她身邊那位忠君愛國的間諜頭子——法蘭西斯・華爾辛罕爵士（Sir Francis Walsingham）——是個邪惡的天才，巴不得有機會號召他手下組織龐大的祕密間諜和刑求者。眾所周知，蘇格蘭的瑪麗女王就是因為中了他的詭計才人頭落地，不過其他的受害者當然不在少數。

然而除非英國不想成為繁榮的商業國家，否則郵政業務不可能永遠淪為維持國家安全的工具。在歐洲，城市之間更快速的通訊帶動了報紙的興起，滿懷羨慕之情的英國商人只能把整張臉貼在玻璃上隔海觀望，興奮地指著歐陸的各種進步，大喊：「爸爸！為什麼我們不能那樣？」所以，在多番遊說之後，皇家郵政公司終於在十七世紀中葉向民眾提供郵政服務。儘管如此，政府對信件的攔截和檢查直到一八四四年都不曾減少。現在反而監看我們的電子郵件——真是愈活愈回去！

一六八〇年，精明的商人勞勃・莫瑞（Robert Murray）和威廉・杜克瓦（William Dockwra）成立了倫敦便士郵局（London penny post），不可避免地，政府的壟斷權很快受到挑戰。便士郵局有六個發送處，顧客把包裹拿到其中任何一個地方，只要花一分錢的固定費用，郵局就會在一天之內把郵件送達。這是個天大的好主意，但卻逃不過失敗的命運。性情乖戾的約克公爵（Duke of York，國王查理二世的弟弟）略施小計，把皇家郵政的一部分利潤放進自己的口袋，看到杜克瓦和莫瑞打他荷包的主意，自然大為光火。約克公爵為了獨占利益，強迫杜克瓦和莫瑞關閉便士郵局，並繳交罰款，然後立刻抄襲他們的點子，推出自己的倫敦便士郵局。少了惱人的公平競爭，皇家郵政公司繼續苟延殘喘，對進步的改革完全不為所動。

如果你剛好住在領土廣大，不只一個時區的國家，當然有權利譏笑英國小國寡民。不過，從倫敦把郵件送到蘇格蘭或威爾斯北部，可不是光靠兩條飛毛腿就辦得到的——可能要跑上十四天，這絕對足夠讓現代太空人飛上月球，度一個星期的假，打打月亮高爾夫球，然後再飛回家。勢必得想個辦法才行，但要想什麼辦法呢？一七八二年，巴斯（Bath）的一位戲院老闆，約翰·帕瑪（John Palmer），把戲院賣了，開始纏著政府要求郵政改革。他先前已經成功地用一種高速的運輸系統把他的演員和道具載到全國各地，並且認定郵政馬車的速度會更快。一七八四年，他獲准進行一項實驗，酷炫的郵政馬車在下午四點駛離布里斯托，十六小時候抵達倫敦。按照我們的標準，這個速度就和患了風濕的三腳烏龜差不多，不過原先的紀錄是三十八小時，所以這次的實驗非常成功。

沒多久，紅色車身的皇家郵政馬車沿著石子路嘎吱嘎吱地駛向全國各個角落，但沒有人學到杜克瓦和莫瑞的祕訣。根據郵件寄件人的住處、遞送的距離，以及你寫的廢話多少，郵遞成本大不相同。郵資依照信紙的張數計價，結果使得比較貧窮的人和一毛不拔的吝嗇鬼採用一種節省空間的寫法，叫做「交叉書寫」（cross-writing），把信紙的橫向和縱向都寫滿一行行的字，類似做完之後的填字遊戲。另一方面，喜歡炫耀的有錢人會在信紙上留下許多空白的邊緣，自鳴得意地表現一種刻意的浪費。不過，最重要的是，上流社會的權貴不用支付報紙和國會郵件的郵資。此外，所有郵件都在送達時由收件人支付運費，而非寄件人付費。

這一次沒有死要錢的約克公爵阻擋改革，社會氛圍轉而支持設計一個更好的制度。這時挺身而出，推動關鍵改革的人，是進步的教育家羅蘭·希爾（Rowland Hill），他在一八三七年出版了一本小冊子，鼓吹由寄件人預先支付，不分距離的一分錢標準化郵資。儘管不以為然的保守派人士連續兩年進行政治抵制，但最終希爾獲得任命，負責執行這項大膽的計畫，帶背膠的預付郵票也應運而生。希爾口中的這項創舉：「一小張僅能容納郵戳的紙，背後塗上有黏性的塗液」，需要寄件人在維多利亞女王的腦袋後面舔一下，一定有人覺得這種新奇的動作帶有一點叛國的意味。

一八四〇年推出的黑便士（Penny Black）郵票，如今是眼尖的集郵愛好者蒐羅的目標，轉手之後可以大賺一票，不過當初這種郵票沒那麼稀少，光是第一年就賣出六千八百萬張。幾個月之後，郵政當局發現用來註銷郵票的紅墨水太容易被擦掉，民眾厚著臉皮把郵票重複使用，於是到了一八四一年，黑便士換成了紅便士（Penny Red）。想像一下當年剛冒出頭的集郵愛好者有多興奮——現在有兩種完全不同的郵票可收集了。

制度改造的下一步是引進信封來確保寄件人的隱私，到了一八五三年，民眾再也不必忍受那些穿著紅制服，像過動的蜂鳥似地在家家戶戶的門前來回穿梭的傳達員（bellmen）。現在可以直接把信件丟進街上剛裝好的郵筒裡，這是旅遊經驗豐富，正好在郵局上班的小說家安東尼・特洛勒普（Anthony Trollope）從法國人那學來的點子。劇作家王爾德（Oscar Wilde）是郵筒的忠實愛好者，如同中世紀把祕密託付給陌生人的樂觀主義者，據說他會把寫好地址的信丟在街上，相信一定會有路人撿起來，以為是不小心掉下來的，然後替他投入信箱。我至今仍然無法確定這樣究竟是聰明絕頂還是愚不可及。

羅蘭・希爾的改革很成功，英國人開始瘋狂地寫信。一八三九年，一共寄出了七千五百萬封郵件，聽起來好像很多，不過到了一八五〇年，郵件的數量已經翻了兩番，達到三億五千萬封。大英帝國遍及全球，一代又一代的殖民地移民旅居海外，和老家的親人聯絡更是難上加難。然而，實際的情況剛好相反，由於其他國家建立了全國郵政系統，加上後來各國相互合作，儘管人與人的距離愈來愈遠，通訊其實變得愈來愈容易。

儘管如此，當時的郵政系統仍然有令人厭惡的地方。我們可能以為只有非常現代的人才會收到網路詐騙的垃圾郵件，這些郵件用不合文法的英文向我們索要銀行帳戶資料。但事實上，罪犯、寄垃圾郵件和惡作劇的人存在的時間比我們想像中來得久，並且充分利用了十九世紀的郵政改革。其中一個最常見的詐騙手法，是由男人假扮成身無分文的婦女來詐取錢財，也有人很享受把匿名的罵人明信片寄給陌生人的變態樂趣。不過，最惡名昭彰的詐騙案，應該算是兩位住在紐約的無恥英國佬成立的英美索償公司（The British-American Claim Agency）。他們寫信給無辜的市民，哄騙他們只要支付少許搜尋費用，或許就能拿到一筆無人領取的遺產。當然根本沒有什麼遺產可領，這些「費用」直接進了他們的口袋。等他們被警察抓到的時候，每天的進帳高達五百美元，換成現在的幣值，等於每二十四小時就有一輛嶄新的賓士汽車送上門。

從古到今，不管新科技往哪裡發展，馬上會有罪犯加以利用，像貪婪的禿鷹似地撲向天真的人。不過，人類做為一種在複雜的社會裡生存了幾千年的社會性動物，根本不可能不和其他人溝通，我們實在不能不和其他人分享我們的生活。而且，說到這裡，我想到今晚有一場盛大的社交聚會，我們差不多該換衣服了。時間過得很快，突然之間，我們可能來不及做好準備。

6:00 p.m.

選衣服

今晚要請幾位朋友來家裡吃飯，看樣子必須脫下舒服的運動褲和T恤，換上最性感的派對服裝。或起碼得換一套沒有被烤豆子的醬汁弄髒的衣服。走進房間，打開衣櫃門，仔細注視大批靜止的布料——有些摺得很整齊、有些掛在衣架上，但大多是隨便捆起來往裡面一丟。顏色和式樣眾多，提醒我們衣服不僅具備實用的目的，事實上，服裝也傳達出我們的社會地位、性別角色、有錢或沒錢，甚至是我們在社群和部族方面的效忠對象。服裝是我們向世界傳達的一種訊息，雖然我們自己可能不這麼覺得。

不過，在太初洪荒時期，衣服可能只是一種理性的產物，頂多用來禦寒罷了。

線繩革命

說到大歷史的時候，要花不少篇幅談最明顯的幾次革命：車輪、火、金屬製作、農業、大眾傳播。這些是歷史教科書的重頭戲，不過我們應該再加上一樣：線繩革命（String Revolution）。有別於我們的人猿親戚，大多數的人類身上沒有裹一層絕緣的毛皮。儘管我們因此得到一個很大的優勢（可以流汗），這樣長途奔跑時才不會過熱，不過只要冬天一來，日子就不好過了。於是乎我們的祖先開始穿衣服。

目前所知最古老的縫衣針出現在六萬年前，是纖細的骨製工具，戳出微小的孔眼，把動物毛皮（原本有點像毯子似地披在肩上）用牛筋線固定在一起，成為緊身的衣服，讓身體和四肢暖呼呼的。聽起來或許不像和劍齒虎近身肉搏那麼刺激，不過全靠這些針黹功夫，人類才沒有在上一個冰河時期活活凍死。因此，當電影製片人員讓拉寇兒．薇芝（Raquel Welsh）在電影《洪荒時代》（*One Million Years BC*）穿著毛皮襯裡的比基尼裝現身時，不完全是憑空捏造的（嗯，除了片中打家劫舍的恐龍之外）。

有豐乳翹臀的女演員穿著毛皮短褲晃來晃去，這部電影無疑會引起許多男性的遐想，但這部戲嚴重缺少「咀嚼」的鏡頭，因為照理說，應該會有一些橋段是讓薇芝曲線完美的臀部坐下來，像小狗啃拖鞋一樣，張嘴咬她的衣服。為什麼？嗯，因為有一種最古老的皮革鞣製技術，是用牙齒和唾液把皮革軟化。對於乾燥之後一定會硬化的動物皮，這是一種低科技的解決方案，伊努特族（Inuit）的傳統主義者至今仍然用這種技術來製作北美馴鹿皮連帽大衣，以免出現凍瘡。

不過石器時代比較好的一種皮革鞣製法，是把獸皮浸泡在動物的腦子裡，以具有潤滑作用的油脂沖洗皮革，或是把獸皮泡在水和酸性樹皮製成的濃稠糊狀物裡。這樣可以保持獸皮的柔軟和彈性，衣服也不會穿幾天就乾燥硬化。而且，最特別的是，這種史前服裝有些還保存在博物館裡。

奧茨塔爾的冰人傳奇

大約五千兩百五十年前，在現今位於奧地利和義大利邊界的奧茨塔爾阿爾卑斯山脈（Ötztal Alps），有個人眼看命在旦夕，但這不是什麼不幸的滑雪意外。這個人俯臥在雪地裡，一枝尖端綁著燧石的箭深深插進他的身體，溫熱的血液正一點一滴地從傷口流失，他也漸漸陷入要命的昏迷中。沒有人知道這起兇殺案的死者叫什麼名字，但他卻成了全球的名人，因為一九九一年有兩個健行客無意間發現這位已經木乃伊化的人，只見他的上半身似乎拚命地想從融冰中掙脫。對於研究過他的考古學家而言，奧茨的冰人（Ötzi the Iceman）相當於人形的龐貝城（真正在某一個瞬間被凍結的時空膠囊），而且他的衣服也和他一起凝結了。

那奧茨是不是在驕傲地炫耀他穿著比基尼泳裝的身體呢？很可惜，事實剛好相反，而且，他被困在被冰雪覆蓋的半山腰上，說真的，誰能怪他？他的纏腰布（loincloth）和無袖短上衣（jerkin）都是用山羊皮製成的，上衣還是把一塊塊刮乾淨的皮以十字形繡針法縫製。而且，既然已經殺了那頭山羊，他把雙腿也用羊皮裹住，形成連人羊先生（Mr Tumnus，編按：出自《獅子、女巫、魔衣櫥》〔*The Lion, the Witch and the Wardrobe*〕）都會嫉妒的兩條內搭褲管。為了保持頭部的溫暖，奧茨戴了一頂熊皮帽，腰間繫著一條迷人的牛皮腰帶，鞋子則用一條條鹿皮帶子繫在內搭褲上。奧茨要活過這個冬天，顯然必須要賠上好幾隻動物性命，但這不是說石器時代的服裝全都得見血才做得出來。

有四萬年前留下的明確證據，顯示石器時代的祖先用原始的織機把植物纖維扭成一股股紗線，然後編織成布料。但繩索、線繩或布料的有機證據很少見，而且至今沒有人找到原始的舊石器時代開襟毛衣，因此考古學家轉而尋求藝術上的線索來證實他們的直覺。在歐洲和歐亞各地的石器時代遺址，挖掘出許多陶瓷或石造的小雕像，刻畫充滿曲線美的女子。這些美麗的文物是人類最早的藝術，不管在哪裡出土，這些雕像在形狀上是一致的，顯示這片廣袤的大地有著某種文化延續性。

不過，服裝史學家注意到的一點，是這些所謂的維納斯雕像似乎穿著某種織品。法國出土的拉斯比爾格的維納斯（Venus of Lespugue）可能是在炫耀一條低腰線繩裙；而維倫多爾夫的維納斯（Venus of Willendorf）頭上好像帶著一頂針織帽，巴布・馬利（Bob Marley，雷鬼樂教父）如果在奧地利的山洞錄音，應該就會戴這種帽子。所以，即使在好幾萬年以前，人類也不只是披獸皮，他們還會用針織品裹住身體。

我們生活在一個物質世界

一八八一年，一個叫穆罕默德・阿爾—拉蘇爾（Mohammed al-Rassul）的人背叛了他的兩個兄弟。在過去的十年裡，這三個人一直非法出售古埃及的古董，貨源則來自他們在追逐一頭迷路的山羊時無意間發現的祕密古墓（就像是……〔譯按：指「死海古卷」，一九四七年一位牧羊人為尋找他迷路的羊，而發現這批古卷〕）。不過在官方提出懷疑，並且一步步查到這三兄弟的時候，阿爾—拉蘇爾決定出賣他的兩個兄弟，獨吞賞金。像這樣出賣兄弟，固然顯示他人格卑劣，不過世人無疑要感謝他帶著考古學家來到這個遺址，挖掘出五十幾具古代木乃伊，包括史上最偉大的法老——拉美西斯二世（King Rameses II）。

但這和服裝有什麼關係？這個嘛，拉美西斯身上裹著完整保存下來的亞麻，一種用亞麻植物編織的布料（人類大約從三萬年前開始穿亞麻），而且埃及人對亞麻情有獨鍾，因為這種布料涼爽、輕盈，很容易重新漂白，恢復原本悅目的奶油色。更重要的是，在一個注重清潔的文化裡，這是一種很衛生的布料。拉美西斯或許是一位半神的國王，但他身上裹的不是華麗的絲綢、絲絨和毛皮。不，他下葬時的服裝和任何一位犁地耕田、身上沾著牛糞的農夫一樣。每個人都穿得起亞麻。

而且我們現在知道，亞麻襯衫和襯裙也是十七世紀歐洲最普遍的內衣，這種衣服可以定期替換、清洗乾淨，當時的人認為這樣比在身上抹肥皂沖水要好得多。不過重點是當沐浴再度盛行起來，亞麻並沒有被淘汰，而且維多利亞時期的許多女傭無時無刻不在設法維持衣服和寢具的潔白。現在的人比較少穿亞麻，喜歡拿來鋪桌子和床墊，而非披在自己的肩膀上，不過它仍然處處追隨我們，潛藏在我們的皮夾裡，因為亞麻（以及棉花）是構成現代鈔票的成分之一。不過這不表示你可以把鈔票放進洗衣機……「洗錢」只是一種比喻而已。

棉當然也是古代的一種布料。希羅多德筆下提到：「在更遙遠的地方（印度）有一種樹……會長出比綿羊的毛更漂亮也更舒服的毛料。當地人用這種樹毛料做衣服。」這裡描述的是一種在他出生前兩千年就已經存在的習俗，這點很重要，因為他是兩千四百年前過世的古希臘人。因此，這些銅器時代的棉農是何許人也？用膝蓋想也知道哈拉帕人最早開始使用棉花，然後漸漸成為全球最有影響力的織品。但不只亞洲有棉花，先進的南美洲和中美洲文化也以棉布為主要織品，例如阿茲特克人把厚實的棉墊泡在鹽水裡，製成作戰穿的鎧甲（Ichcahuipilli）。沒想到這種盔甲居然能抵禦銳利的武器，但我建議你最好不要自己做一件盔甲，然後在深夜跑出去維護正義，和拿刀的劫匪大打一架。你不是蝙蝠俠，我可不想因為你的死而良心不安。

棉和梅莉．史翠普（Meryl Streep）一樣變化多端。高級旅館誇口說客房裡鋪的是四百支紗的床單，但它的柔軟度壓根比不上皇家穆斯林（Royal Muslin）的白黃金（White Gold），這種手工紡織的棉布在古印度幾乎享有神話般的地位，精緻的布料閃閃發光，每平方吋高達一千八百支紗，不愧是棉中之冠。中世紀詩人阿密爾．庫斯勞（Amir Khusrow）曾寫道：「這種布料透明而輕盈，彷彿身上完全沒有穿衣服，只是把純水抹在身上。」我們不禁狐疑這種純然的透明是否影響了國王的新衣的警世寓言，抑或這只是因為妨礙風化被捕的裸體主義者一個很好用的藉口：「不，我身上有穿衣服，警官，只不過這是印度紡紗女子手工紡織的布料……我是說真的！」

十七世紀，印度的棉布進口到歐洲，對歐洲的時裝產生極大的影響。印花棉布（chintz，一種印有繁複花紋的粗糙白棉布）深受中下階層的喜愛，並且激發了英國本身棉花工業的興起，使曼徹斯特成為十九世紀的「棉都」。英國進口美洲栽種的棉花，在嘈雜的蘭開郡工廠用巨大的動力織布機咕咚咕咚地織布，於是打敗了印度市場，讓棉花成為製作大眾服裝的廉價布料，同時也讓英國晉升為跨全球的經濟火車頭。

話雖如此，在此之前，英國（或者應該說是英格蘭）一直是個熱中毛料的國家。鄉間隨處可見綿羊漫步，羊毛出口到義大利和法蘭德斯可以賺不少錢。十七世紀的主教兼諷刺文學家（我承認這樣的組合很古怪）約瑟夫．霍爾（Joseph Hall）寫道：「以前總是說英格蘭有三寶：教堂（ecclesia）、女人（foemina）、羊毛（lana）。」強調的就是這一點。在霍爾的眼中，英格蘭的男人似乎不怎麼樣。的確，羊毛對中世紀的英格蘭極為重要，因此英王愛德華三世（King Edward III）才會要求他的大法官每次主持議會時，必須坐在塞了羊毛的紅椅墊（Woolsack，議長座位）上。這個羊毛椅墊至今仍留在英國的上議院，只不過在一九三八年發現裡面塞的其實是馬毛（這一招其實很高明）。政治人物不老實！誰會想到？

羊毛和棉花差不多，既可以織成適合縫製農夫馬褲的粗布，也可以做成適合公主穿的深紅色奢華長袍，羊毛暖和、耐穿，材質變化繁多，因此在古代和中世紀的歐洲被普遍使用，只不過亞洲人可能也會把其他動物的毛織成外套，例如犛牛和山羊。但有一種布料，我們可以斬釘截鐵地說是源自中國——絲。這種布料不是來自四處漫步、咩咩叫的反芻動物，而是出自一種相當醜陋的飛蛾的幼蟲階段。

相傳在大約五千年前，黃帝的妻子嫘祖正在花園喝一杯好茶，這時有一團怪東西從一株桑樹伸出的樹枝上滾下，啪地一聲掉進她的茶裡，活像三腳貓的奧運跳水選手，笨手笨腳，自跳水板腹部朝下落水。嫘祖伸手撈出闖入者，結果發現蠶絲在她手裡漸漸鬆開，因為蠶被開水一燙，繭絲就會鬆開。這個發現令她非常高興，便請丈夫賜給她一株桑樹，開始實驗紡絲和織絲的技術，憑一己之力推動了中國一門重要產業。這故事固然動聽，但八成是穿鑿附會。事實上，中國養蠶業（絲綢業的技術性名稱）的考古證據估計始於七千年前，比嫘祖的時代久遠得多。

雖然平民嚴禁使用絲綢，但中國人並未祕而不宣。由於絲綢在西方很有獲利價值，商隊沿著東方的中國和大馬士革之間險峻的四千哩絲路運送絲綢成品，再從大馬士革繼續運送到對絲綢情有獨鍾的羅馬、波斯、拜占庭和阿拉伯，在他們眼中，絲綢甚至比黃金更有價值。中國人雖然熱中出口絲綢賺錢，也很小心不讓養蠶業的祕訣外流，所以走私絲綢是死罪。不過，到了西元四世紀，韓國、印度和波斯似乎都發展了本身的絲綢業，又過了一個世紀，為拜占庭皇帝查士丁尼（Emperor Justinian）效命的兩名隱修士把蠶裝在竹筒裡，偷偷帶出中國，巧妙竊取了製作絲綢的祕訣。接著拜占庭也同樣嚴密地隱藏剛發掘的祕密，以貴得離譜的價格出售他們的產品，直到製作絲綢的方法終於往西傳入歐洲，然後又在十七世紀由法國新教的胡格諾教派（Huguenot）傳入英國。雖然來自極其遙遠的異國，絲綢很快就在不怎麼有異國風情的曼徹斯特製作生產。

從歷史上看來，絲綢一直是有錢人的玩意兒，唯一的例外是成吉思汗麾下的蒙古大軍，鐵蹄踏遍中世紀的中國，大軍趁機搶劫絲綢倉庫，把這種高級織品穿在自己身上。絲綢在打仗的時候相當好用，因為弓箭或許能射穿人肉，卻沒辦法扯破絲綢襯衣（絲綢堅韌得不得了），只要衣服一脫，就能把箭拔出來。在今天，絲綢的價值大幅下滑，但你很少看到速食餐廳的員工穿絲綢制服。我們常穿的反而是人造纖維，模仿絲綢的光澤，卻可以和髒襪子一起丟進洗衣機清洗。這些是現代世界的布料：熱塑尼龍和合成聚酯，兩者都在第二次世界大戰前後出現，這一點並非巧合，發生這種大規模的全球戰爭，必然會需要廉價、可以大量生產的材料來製作跳傘、繩索和制服等物品。不過，當然現在對跳傘的需求不若以往，於是合成纖維就轉攻我們的抽屜和衣櫃。

哦，說到這裡，我們該挑選今晚要穿的衣服了。我們就從內衣開始選吧！

法老的內褲

霍華・卡特（Howard Carter）在一九二二年因為發現國王圖坦卡門的陵墓而震驚全球，當時的新聞標題只提到陵墓常見的東西：黃金、小飾品、雄偉的石棺，以及比較適合當做《杜賓狗》（*Scooby Doo*）劇情的荒謬詛咒。不過，你沒聽過圖坦卡門國王穿的是什麼內衣。

對，就像一個在過度焦慮的母親目送下，離家前往童軍營的小男孩，他的御用供應品包括多到離譜的備用內褲——準確地說是一百四十五條。古代的內褲是纏腰布（shenti），是繫在屁股上的一塊三角形尿布。對某些在撒哈拉沙漠烈日下幹活兒的埃及農民來說，纏腰布不僅是內衣，更是他們身上唯一的穿著。

對照之下，現在男男女女都穿著相當類似的內褲（某種四角或三角褲），只不過很多女人還會戴一副胸罩，主要的用途是支撐女性的胸部，雖然同時也是因為西方社會一看到暴露在外的女子乳頭，就會出現兩極化的反應：「美呆了」和純粹宗教式的義憤。傳統上，胸罩和燈籠短褲（knickers）的組合一向被認為是二十世紀中葉的產物，但羅馬人算是先馳得點。圍裙（Subligaculum）是男女通用的皮製服裝，可以做成短褲或纏腰布，供格鬥士、演員和士兵穿著。不過我們知道女性表演藝人穿這種服裝時，會額外加上裹胸（boob-tube，一小塊平坦的繃布），避免春光外洩，然而沒有任何證據顯示一般的女性會穿這種衣服。古代的女子大多讓乳房在層層遮蔽下自由晃動，不過男性和女性大概都會穿纏腰布來遮蔽私處。

由於氣候溫暖，鮮少羅馬人必須穿襪子，只有血液循環不良的老人家，或是奉命守衛嚴寒帝國邊界的倒楣軍人，才必須用絕緣的繃帶裹住雙腿。文德蘭達堡是羅馬的軍營，就位在哈德良長城南邊，當地的考古挖掘作業發現了幾百封精采的書信，以木牘書寫，詳細描述日常生活中無趣的瑣事。其中最著名的一封信是三四六號木牘，信中提到某個善心的人，或許是一位慈愛的母親，已經把額外的補給品寄給一位遭遇蘇格蘭寒風的士兵：「我已經從薩圖瓦（Sattua）（寄）給你……幾雙襪子、兩雙涼鞋和兩條內褲。」嗯，至少不是一百四十五條……

在地中海沿岸的古人眼中，只有蠻族或缺乏男子氣概的人會把雙腿包裹起來，但沐浴在燦爛的陽光下，自然可以說這種風涼話。不過在北方，天氣可能比俄國小說的情節更寒涼，因此塞爾特、撒克遜和維京人都喜歡用長襪把腳丫子套起來，並且用鬆垮的亞麻馬褲（braies），來保暖他們敏感的睪丸。儘管技術上來說，這不算內褲，因為外面沒有穿其他衣物。另一方面，女性似乎會在比較厚重的連身裙底下穿一件長襯裙，但可能根本不會穿燈籠短褲。

貼身衣物

我們很習慣看到花紋內褲和胸罩：有的性感、有的可愛、有的很荒謬（那些聖誕主題的新奇四角內褲能夠賣到現在，表示不知道在什麼地方，一直有人買這種東西）。然而，在歷史上大多數的時候，內衣只是沒有染色的功能性布料。不過在古代和中世紀的中國，時裝受到嚴格社會習俗的精心規範，女性的內衣可能具有高度的裝飾性，偷偷表現個人認同和慾望，恐怕只有獲准一親芳澤的人能窺見一二。

這種內衣叫做抹胸（moxiong），做工往往非常精緻，把色彩繽紛的設計繡進一塊菱形的布裡，裹在身體的正面，用堅韌而有彈性的帶子固定。這是一件緊身上衣，遮住胸部和腹部，但未必會遮住背部，因為儘管可以在背後加一塊布料，比較輕佻的女子會只套上一件長袍，露出肩膀和背脊的輪廓。雖然這種時尚經過了千百年的演變，抹胸也只是好幾種流行的形式之一，但這種貼身內衣的裝飾之美一直流傳下來，直到毛澤東發動文化大革命，才破壞了這種樂趣。

早在十二世紀的中世紀歐洲，因為長襪不斷往上延伸，馬褲（男人穿的那種鬆垮短外褲）被迫縮短到大腿，成了內褲（underpants）。到了十五世紀，長襪已經演變成有兩條褲管的厚質緊身褲。儘管如此，貴族男子也常常把襯衫塞到睪丸底下，根本不穿內褲，這表示「不穿內褲」這個說法應該是going knight（騎士），而非going commando（突擊隊）。不過說到中世紀的女子，我們正在重新思考傳統的中世紀內衣史……

中世紀的魔術胸罩？

提洛邦（Tyrol）東部的蘭恩伯格城堡（Lengberg Castle）是十二世紀一座景致優美的城堡，坐落在一處蒼鬱山谷盆地的防禦土牆頂上。雖然在城堡外拍照相當好看，但這座奧地利城堡不為人知的內部，才是真正令人驚奇之處。二〇一二年城堡整修的時候，挖出埋藏在十五世紀地板下的一個地窖，裡面有被遺忘多年的織品，安然度過了歲月的摧殘和蠹蟲的嚙咬。其中包括四件有肩帶的胸罩，那些希望看見死去的國王和聖杯的人或許覺得興味索然，但服裝史學家的反映卻興奮得多。在此之前，胸罩一直被歸類為二十世紀的服飾。

胸罩和前面提到的羅馬裹胸不一樣的地方，不只是我們常見的肩帶，而是胸罩被做成杯狀，分別支撐兩個乳房。十四世紀的外科醫師亨利．德．蒙德維爾（Henri de Mondeville）曾寫道：「有的女人……把兩個袋子塞進連身裙裡，調整到乳房的位置，緊緊密合，並且每天早上（把乳房）放進去（袋子裡），如果可以的話，再用適合的袋子綁起來。」難道他指的就是這種胸罩？看樣子魔術胸罩可能已經有六百年的歷史，表示「哈囉，小伙子！」（Hello, Boys!）原始的廣告標語或許應該是「日安，諸位男士！」（Goday, gentle syrs!）

這批織品透露的祕密不僅如此。現在史學家開始對中世紀的燈籠短褲感到好奇（我急著補充說，不是變態的那種好奇），因為同時也發現了兩條有腰帶的內褲。最重要的問題是：這些內褲是男人還是女人穿的？比較可能是男人穿的，因為這個時期的史料幾乎沒有提到燈籠短褲，最多只說到女性的生理期。只有極少數的聖經譯本提到《以賽亞書》（*Book of Isaiah*）裡的「月經的衣服」（menstruous rags），不過這究竟是指中世紀或古猶太的習俗？這一點我們無從得知。我們知道的是，十六世紀富有的義大利女子穿著「內褲」（drawers），但她們不同於一般人——歐洲許多地方嚴禁女子內褲。

大多數的女性反而繼續穿長襯裙（或者是英國宮廷那些喜歡裝模作樣講法文的人口中的chemise），這樣的衣服一直到維多利亞時期都很流行。事實上，從十七到十九世紀，英國有一種很盛行的鄉村運動，叫做「襯裙賽跑」（smock race），年輕的未婚女子穿著貼身衣物比賽誰跑得快，大批群眾在旁邊圍觀加油。說也奇怪，優勝者的獎品居然是另一條襯裙，可能是用來替換身上剛剛沾滿泥巴的那一件。這個邏輯顯然有問題，不過許多男士照樣聚在一起觀賞，穿著內衣的性感女子汗流浹背的畫面，顯然令他們覺得賞心悅目。和現在的濕T恤比賽大同小異。

不過我們先回頭談談今天要穿的衣服。我們還沒決定究竟要穿老舊但舒服的灰色內褲，還是要把身上的肉硬擠進那條緊身、提臀、看不出屁股逐漸下垂的內褲裡。在我們評估這兩種選項的同時，不妨先挑幾雙襪子。

放襪過來

十六世紀中葉，長襪成為歐洲貴族必備的配件，而絲綢由於價格高昂及質地輕柔，地位馬上凌駕其他布料。英格蘭女王伊莉莎白一世在一五六〇年代得到別人餽贈的第一雙絲襪，接著和毛襪比較之後，馬上宣稱「我很喜歡絲襪，因為穿起來舒適、纖細又精緻，以後我再也不穿布做的襪子了」。她很快開始購買自己的絲襪，一雙花費高達兩英鎊，大約相當於資淺的僕役一年的工資。不過，為了炫耀龐大的財富，她只穿一個星期就捐給宮裡的侍女。得到女王貼身的髒衣服是莫大的榮耀，或許感覺就像撿到搖滾巨星丟到搖滾區的汗臭T恤，但要是我的老闆把她穿過的襪子送給我當聖誕禮物，我個人會有一點不爽（恕我冒昧，卡洛琳……）。

說來諷刺，伊莉莎白在一五七一年通過一條法律，要求大多數的臣民在星期日戴毛帽，以支持英格蘭的羊毛業，就一個拒穿毛襪的絲綢愛好者而言，這種舉動多少有點虛偽。事實上，絲襪的價格並非一般人所能負擔，因此普及的程度遠低於針織毛襪。女性的長襪差不多只到膝蓋，而男人的長襪（nether-stockings）則往上延伸到下體。貴族男子的長襪會縫進加了襯墊的短褲裡，並以惡名昭彰的陰囊袋（codpiece，這是用漿硬的布料製成的袋子，位於男性外陰部的位置，往前突出，很像板球員的護襠）裝飾之。不過，從來不會有其他運動員把硬物丟向他們柔軟的生殖器，因此這純粹是一種美學的風潮，一種把男性的性能力誇大的雄性風格。這是都鐸版的腰椎穿刺樂團（Spinal Tap）歌手德瑞克．史莫斯（Derek Smalls，譯按：出自電影《搖滾萬萬歲》〔*This is Spinal Tap*〕），把包了錫箔紙的櫛瓜塞進褲子裡，拖著蹣跚的步伐通過機場安檢……

總之，穿上顯瘦的黑襪子之後，我們必須回頭思索究竟要穿什麼內褲。

幸運內褲

那麼，現代內衣是怎麼出現的？大多數的西方女性只穿一層又一層的襯裙，直到十九世紀初才套上內褲，然後演變成淫穢的燈籠褲（risqué pantalettes，一種女性版的男裝內褲），到了一八四〇年代，在小腿加上裝飾性的飾邊。男人的內衣（如果他們有穿的話）基本上只是過膝的短褲，而且我們知道在十七世紀末期，查理二世穿的是十三吋長的絲短褲，龍腰用絲帶綁緊。而身材矮小的英王威廉三世（King William III，他罷黜了查理信奉天主教的弟弟詹姆斯二世），據說晚上睡覺時穿的是粗糙的毛料內褲、綠短襪和一件紅背心，看起來應該很像聖誕老人的精靈。

在接下來的一百五十年左右，大多數的男人乾脆把襯衫塞在性器官底下算數，但似乎只有哲學大師邊沁（Jeremy Bentham）例外。這位才華洋溢，然而卻離經叛道的人在一八三二年去世，享年八十四歲，他的遺囑要求把他變成自體聖像（auto-icon），或是人體稻草人（human scarecrow），捐給倫敦大學（University College London，邊沁協助成立的教育機構），這樣他就能在死後永恆地守護，促使倫敦大學持續進步，就像是某種善心的教學僵屍。相當值得高興的是，他至今依然存在，只不過他的老頭顱損壞之後，換成蠟製品，再把原始的頭髮插在頂上。不過最近幾次檢查他遺體腐壞的狀況時，發現邊沁的遺體在馬褲底下穿的是一條毛料短褲，這在一八三〇年代非常稀少。

邊沁過世的時候，正值英王喬治四世統治期間，他是英國最肥胖的君王（他、亨利八世和維多利亞女王穿的都是專為五十四吋腰訂做的衣服）。眾所周知，身材豐滿的喬治會穿馬甲，把突出的上腹部塞進去。不過，在風靡時裝的喬治王時代，這種事情司空見慣。許多時髦的公子哥兒（macaroni，這個說法現在很少用，指的是穿著打扮都帶有異國風味的男性時尚狂熱分子），給自己穿上鯨魚骨做的緊身褡（stay或tight-lacing），以塑造完美的輪廓，即使這些弱不禁風的男人被比較陽剛的貴族男子取而代之，馬甲依然是風潮之所繫。不過當肚子塞進馬甲時，身體的其他部分，例如小腿和臀部，都加上墊子墊高，因此有一位社會評論家表示，這些時尚受害者完全仰賴他們的「塑身廠商」（shape merchant），一旦脫下了服裝和墊子，看起來就像「變了另外一個人」。

要命的束腰

時髦公子哥兒儘管受到嘲弄，受傷的不過是他們的信用和帳戶餘額。另一方面，女性就可能因為這種穿緊身褡的風潮而受到肉體的傷害，緊身褡是一種風格化的束衣，可以大幅改變身體的曲線，這種風潮在十九世紀最為嚴重，理想化的女性身材是腰細，但臀部要大。最時尚的女性拚命追求二十一吋纖腰，但以波萊爾（Polaire）為藝名的法屬阿爾及利亞女演員艾蜜莉・瑪莉・布紹（Émilie Marie Bouchaud）就以圓潤的三十八吋胸圍和極細的十六吋腰圍著稱。

這種緊身褡必然會對身體造成無法挽回的傷害。對大多數的人來說，瘀血是家常便飯，呼吸非常困難，光是爬樓梯就會頭暈目眩。其他常見的症狀包括腹部和背部的肌肉萎縮，生育力降低（有些女性甚至連懷孕都穿著束衣），最嚴重的情況是器官衰竭。女性（甚至是青春期前的女孩）因為穿這種束衣而送命的例子雖然罕見，但並非聞所未聞。當時有幾位醫師對這種行為非常吃驚，一八三七年出版的《女性美》（*Female Beauty*），這本書的作者明白說出她的憂慮：

> 穿著非常緊的緊身褡的女性抱怨，她們不穿這種東西就站也站不直，而且不得不晚上也穿著緊身褡睡覺……緊身褡的影響不但會傷害曲線，估計還會產生最嚴重的後果。

終於，到了二十世紀初，鯨魚骨束衣的風潮真的衰退了，只留下支撐性的布製束腰，銜接胸罩和吊帶襪、燈籠短褲。這種束腹（corselette）在一九五〇年代非常風行，後來也在一九六〇年代被追求時髦的年輕女性拋棄，她們現在反而選擇把肚臍露出來，崇尚只有胸罩和燈籠短褲的簡單風格。但時尚是週期性的，現在復古造型又再度流行。長襪、束腰、胸罩和吊襪帶一直是用來進行性愛誘惑或拍攝性感寫真集的貼身內衣，擠壓腹部的束衣再度興起，成了能夠雕塑身材的塑身衣，顯示我們並沒有放下從前平坦腹部的執拗。不過這些塑身衣是有彈性的，並非以堅硬的鯨魚骨製成，希望這一回不會有人賠上性命。

總之，穿上了舒服、單調的內褲，現在我們要挑一樣東西來遮住下半身了。

馬褲的故事

我們經常聽到一個深受服裝史學家喜愛的故事，描述攝政時期的倫敦發生的一次著名褲子事件（真的就是這樣！）有一天晚上，可能是一八一四年吧，鼎鼎大名的威靈頓公爵來到華麗的阿爾馬克聚會所（Almack's Assembly Rooms）門口，這是一間私人俱樂部，專門招待倫敦上流社會中地位崇高的人士。幾個月之後，公爵在滑鐵盧戰役一舉擊潰拿破崙，被奉為全國男子漢氣概的象徵，然而今天晚上，就連他也不能進門參加派對。你看，威靈頓傻呼呼地穿著長褲跑來，而派對嚴格規定只能穿馬褲出席。事實上，這個故事的真實性有爭議，他可能是因為遲到幾分鐘才吃了閉門羹，不過寬鬆的長褲在當時確實是一種極為現代的服裝。

威靈頓麾下的士兵開始穿長褲打仗，不過是幾年前的事，後來長褲神不知鬼不覺地慢慢變成白天的裝束，而及膝的馬褲和緊身的及踝長褲（pantaloons，有一根帶子固定在鞋子底下，以保持褲管平整）仍然是唯一合格的晚禮服。

我們在日常生活中非常習慣看到長褲，所以可能覺得有一點驚訝：長褲真的只有兩百年的歷史嗎？這個嘛，不是的。除了軍服以外，羅馬人和希臘人都認為長褲（拉丁文的braccae）不只是下半身，還是下等人的服裝，但他們的敵國和鄰邦可不這麼認為。寬鬆的vajani和緊身的churidar在印度都非常普遍，據稱生性野蠻的波斯人（其實和他們一比，克里斯汀．迪奧〔Christian Dior〕才像個邋遢的蠢貨），非常喜愛他們色彩鮮豔的長褲（anaxyrides），用染色的棉或麻製作出複雜的圖案，可以很舒服地貼著腿的輪廓，或是在腳踝和膝蓋的地方微微鼓起，就像舒服的睡褲。

後來從沙漠衝出來大敗波斯人，把伊斯蘭傳到世界各地的阿拉伯人，同樣也穿長褲。Sirwaal是一條寬鬆、褲管寬闊的褲子，即使在阿拉伯熾烈的溫度下，也能保持衛生清新。另一方面，維京人和撒克遜人都穿長褲，或是像綁繃帶的埃及木乃伊那樣，用細布條把雙腿包起來，以避免體溫流失，畢竟他們生活的地方氣候寒冷得多。不過，歐洲人在中世紀就不再穿這樣的褲子，儘管在東方仍然很普遍。

為什麼？有人說長褲是騎馬文化中的主流服裝，尤其是那些有大量民兵的地方。原因非常簡單，對騎兵來說，長褲比裙子方便，也難怪熱愛馬術的古西徐亞人（Scythians）、土耳其人、古安息人（Parthians）、波斯人和蒙古人都喜歡穿鬆身長褲（slacks）。中東的長褲以寬鬆著稱，就連嘻哈樂的飛鼠褲之王MC哈默也得靠邊站。不過，羅馬人、希臘人、中國人和日本人通常偏愛以步兵作戰，但如果真的不得不上馬（往往是因為遭遇更強大的穿褲子的騎兵，才會這樣孤注一擲），他們也能相當快地把短裙換成長褲。

永不退流行的牛仔褲

我們凝視著架子上摺好的衣服，看看哪一件適合今晚的場合，這時我們陷入中產階級永恆的困境：休閒風或時尚休閒風？如果是前者，那我們大可以選一種某些人類學家認為已經全球普及，以致於此刻地球大約有一半的人正在穿的布料。然而，儘管無所不在，牛仔褲的歷史卻不像表面上那麼簡單。沒有人清楚丹寧布的起源為何，傳統的說法是丹寧（denim）源自法國的尼姆斯（Nîmes，當地生產的布料被稱為de Nîmes，是丹寧得名的由來）。不過事實上藍色丹寧布出現在十七世紀的義大利畫作中（有一套證據很充足的理論，認為斜紋棉布〔jean〕這個字是從熱那亞〔Genoa〕衍生而來），這樣的視覺證據近來讓傳統的說法受到挑戰。但還是有一點是可以確定的，強韌、可靠的丹寧布深受十九世紀美國牛仔的喜愛，他們連續幾個月坐在馬鞍上，馳騁在荒涼的不毛之地，並且在星光下睡覺。

率先製作這種耐穿服裝的人叫勒布·史特勞斯（Loeb Strauss），是巴伐利亞移民，一八五〇年，他在舊金山開了一家乾貨店，並且改名叫李維·史特勞斯（Levi Strauss）。店鋪的主要客源是大量湧入加州的淘金者，他們夢想能從地上拾起發亮的巨大金塊，雖然很多人恐怕都失望了，但發現李維粗糙的牛仔褲可以應付淘金的工作，至少讓他們很放心，只不過當時這種布料還沒加上著名的鉚釘。鉚釘的發明要歸功於李維後來的生意伙伴，雅各．戴維斯（Jacob Davis），這位裁縫在一八七三年取得他鉚釘固定技術的專利權，因此就用一種比單純的縫線更耐穿的方式，把布料固定在一起。

兩人聯手為大西部堅毅的拓荒者製作服裝，等好萊塢開始拍攝西部電影的時候，模仿銀幕牛仔的流行時尚，讓那些一輩子沒看過真牛，更不可能放過牛的人穿上丹寧布。當然，時尚來去如風（看到我們十幾歲時拍的照片，誰不會為那些令人尷尬的服裝羞愧至死），牛仔造型之所以沒有被淘汰，可能要歸功於一九五〇年代搖滾樂的興起。當油頭、扭臀的神韻在青年文化大行其道，機車騎士從衣架上挑的是禁得起摧殘的粗糙Levi's牛仔褲，使牛仔褲顯得前衛、時髦，成為象徵性感叛逆的制服。

如今牛仔褲當然是起立時膝蓋嘎吱作響的疲憊中年人的統一服裝，但說也奇怪，年輕人也沒有拋棄牛仔褲。不知怎麼地，牛仔褲達成了一種量子疊加（quantum superposition），一方面很時髦，一方面又站在時髦的對立面——與其說是薛丁格的貓（Schrödinger's cat），不如說是薛丁格的服裝伸展台（Schrödinger's catwalk）。

革命性的長褲

直到十九世紀初，馬褲一直是服裝界的主流，既然如此，長褲怎麼會在現代的西方重新流行起來？在早期改穿長褲的人當中，最有名的大概是一七八九年法國大革命的成員：無套褲漢（sans-culottes），他們穿著搶眼的及踝條紋長褲。

令人驚訝的是，條紋其實有一段爭議性的歷史。大概是因為《利未記》（*Book of Leviticus*）禁止穿著兩種布料，因此條紋布在中世紀服裝界受到貶低，故而只有痲瘋病人、私生子、劊子手和其他被社會排斥的人才會穿。德文的「懲罰」（strafen）和「條紋」（streifen）極為相似，現代的囚犯經常以條紋睡衣裹身，也是其來有自。其後，條紋的意義漸漸地弱化，反而更像是奴隸地位的表徵。不過到了啟蒙時代，條紋成為代表激進主義的正面象徵，新獨立的美利堅合眾國驕傲的條紋旗，更是條紋布料的顛峰之作。

鬆身長褲在一七九〇年代顯得既粗俗又時髦，在去除法國的條紋以後，威靈頓公爵曾穿著長褲炫耀了一下。到了一八二〇年代，長褲很快就取代馬褲，成為被認可的男性褲裝，此後一直是標準的男性服飾。但女性的長褲又如何？依照現代史，第一個鼓吹女性穿褲子的重要運動發生在一八五一年的美國。阿米莉亞．布魯姆（Amelia Bloomer）是一名貴格派教徒，倡導禁酒運動及婦女參政權，她認為女性服裝在肉體和象徵意義上都很壓抑。她的解決之道是鼓吹女性穿寬大的土耳其長褲，因為她的關係，這種褲子又被稱為布魯姆褲（bloomers），此舉引起道德主義者的怒吼，從這裡可以看出當時社會對女性的態度為何。《潘趣》（*Punch*）雜誌宣稱，這樣會導致一種真的讓女人穿褲子（ladies wear the trousers，意謂女人當家）的男女關係，表示：「如果不趕快逼女人脫下布魯姆褲，男人遲早會被迫穿上全身裙。」

只是，敵對的反對力量實在太強大了，直到三十年以後，女性才終於穿上褲子，但這畢竟不是日常穿著，只是運動裝而已。十九世紀末腳踏車出現之後，這樣適合女性的運動日益風行，就像騎馬的士兵要改穿長褲，女性因此拋棄了不實穿的裙子，改穿「合理的女裝」（rational dress）。布魯姆褲和及踝長褲讓女性活動起來比較安全，不用擔心擺盪的襯裙被腳踏車輪輻卡住，然後不由自主地朝樹木迎面撞過去。因為這層關係，再加上腳踏車讓女性可以單獨外出，不需要年長的婦女陪伴，因此長褲在女性的解放運動扮演了重要角色。

第一位把女性的長褲設計成晚裝的設計師，是法國的優雅女王可可・香奈兒（Coco Chanel）。她在一九二〇年代設計的寬敞水兵褲，穿起來充滿朝氣，象徵著女性時裝大膽玩弄男子漢傳統的新紀元。畢竟在第一次世界大戰期間扮演男性角色的女性剛剛才從工廠打卡下班，因此社會上地位高尚的女性剪短髮，刻意以雌雄同體的造型出現。不過漢普頓的社交派對是一回事，蘭開郡波爾頓（Bolton）的大街可就不一樣了。不可避免地，可可・香奈兒的服裝幾乎完全沒有打進勞工階級，雖然從十九世紀中葉起，在維根煤礦（Wigan's collieries）井口出車台的女工一直在裙子底下穿著長褲，但直到第二次世界大戰爆發，女性才能穿著鬆身長褲走在尋常的大街上，而不被路人鄙視。其實在技術上來說，在二〇一一年以前，巴黎女性穿長褲從事騎車或騎馬以外的活動，仍屬違法行為。

男女皆宜的裙子

但或許我們不適合穿長褲？今天恐怕應該穿裙子或連身裙？畢竟，男性或女性穿裙子的歷史都很悠久。傳統上，英國陸軍的高地軍團驍勇善戰、出手狠辣，令敵軍聞風喪膽，儘管他們作戰時穿的是蘇格蘭短裙，而且在一次大戰期間，還穿上緊身褲，以保護皮膚不會因為遭遇毒氣攻擊而起水泡。坦白說，他們就算打扮得像芭芭拉・史翠珊（Barbra Streisand），用尖銳的假音唱著百老匯歌謠，照樣能攻擊敵軍陣線，也一樣超級有男子氣概。

長久以來，印度的男性勞工和農夫一直穿著lungi，一種長及小腿的直筒裙，或是古代哈拉帕人的dhoti，這是一條長式纏腰布，和洗完澡後可以綁在腰際的浴巾一樣，都是在正面摺起固定。裙子也是貴族男子的服裝，古代的巴比倫人和埃及人常常只裹一件及踝的沙龍大搖大擺地到處走，偶爾會像著名的蘇美人羊毛裙（kaunake）那樣做出褶邊，模仿動物毛料那種毛茸茸的質感。古埃及的富有女子穿的不是裙子，而是貼身的及地連身裙，在臀部、大腿和小腿處逐漸收緊，但胸部經常只裹一層纖細的透明網狀布料，可以看得一清二楚，這大概就是埃及豔后能輕易把兩位舉足輕重的羅馬政治家玩弄在鼓掌之間的原因。

在銅器時代，像這樣坦然裸露的地方不只埃及。在地中海的克里特島，古代的邁諾斯人的穿著與眾不同。雖然平民大多穿著簡單的短袍（tunic），有考古方面的證據顯示，身分較高的男士似乎是模仿兒童卡通《太空超人》（*He-Man*）的打扮，差不多等於是穿著纏腰布和金屬腰帶蹦來蹦去。另一方面，時髦優雅的女性穿的是現代的令人詫異的鐘形裙，活像是一八七〇年代的巴黎時裝。這些布料織成華麗非凡的圖案，有時是把不同顏色的布條縫在一起，創造出一種頻帶效應（banding effect），看起來很像是倒過來的毽子，讓A字形長裙的荷葉邊在腳踝邊盡情飄盪，但在腰間夾緊，在腰和胸部之間塞進一件短式的半束衣，撐起裸露的胸部，活像蔬果店架子上展示的兩顆西瓜。

因此，在邁諾斯時期的克里特島參加上流社會的派對時，會看到男人穿著褲子跑來跑去，而女人則忙著展示胸部——聽起來像是一場單身團體派對，不幸現代克里特島上的居民每年夏天在英國享樂主義派的年輕人入侵時，恐怕都得目睹這樣的情景。

連身裙

在世上的許多地方，包括克里特島、蒙古、斯堪地那維亞、希臘和羅馬，無論男女，最常穿的衣服就是連身裙，或是短袍。希臘人基本的兩種連身裙是chiton（男女皆宜）和peplos（女性專屬），乍看之下非常相似。最簡單的是chiton，這種圓筒狀的連身裙是把前後兩塊布在側面縫合，就像一件長T恤，然後在腰間把衣服往上拉，再往下摺起，遮住腰帶。女子的連身裙幾乎全部是長的，而年輕男子似乎比較喜歡及膝的短袍。或許是因為他們的母親從沒告訴他們，穿長袍時不要拿著刀劍跑步，以致於他們老是被絆倒。誰知道呢？

對照之下，女子穿的peplos連身長裙是裹在身上的一塊長方形的布，就像電視購物頻道賣的那種懶人袖毯（slanket），而且通常從一邊的肩膀垂下來。Peplos有時會輕佻地露出身體的某一邊，上演一場令人臉紅心跳的美腿翹臀偷窺秀，因此除了在肩膀固定以外，偶爾也會扣上一枚胸針（fibula），免得被經過的登徒子大送秋波。許多穆斯林婦女穿布卡（burqa，一件從頭部往下垂到腳踝，幾乎把全身每一吋地方都遮住，只露出眼睛的寬鬆長袍），或是從脖子遮到腳踝的深色長袍（abaya），另外配戴面紗（niqab）或頭巾（hijab），同樣也是為了保持個人的端莊儀態。

穆斯林男子傳統上穿的也是端莊服飾，尤其是棉製的長袖連身長袍（thawb）。這種衣服的歷史比伊斯蘭信仰悠久得多，最初設計的目的不是為了保持端莊，而是保護皮膚不被阿拉伯太陽熾烈的強光曬傷，並透過微風在衣服內側的對流來調節體溫。由於伊斯蘭從沙漠的發源地大幅向外擴張，如今全球各地都看得到thawb，只不過有一些地域性的差別。例如，摩洛哥的袖子通常比較短，而在波斯灣沿岸的其他地區則取了別的名字，例如dishdasha。不過最重要的是，從身分最卑微的牧羊人到住在摩天大樓，擁有足球隊的石油大亨，每一個階級都穿這種衣服。事實上，由於含意非常籠統，所以thawb字面上的意思就是「服裝」。

那是披肩！

我們在櫃子裡翻了半天，拚命找最喜歡的衣服時，可能無意間發現我們幾年前參加化裝舞會時穿過的床單。那場羅馬長袍（toga）舞會安排得很匆忙，所以臨時用床單上陣，把一大堆布料裹在身上，忍不住咒罵愚蠢的羅馬人和他們愚蠢的時尚感。但我們不能一竿子打翻一船人，因為只有公民才有資格穿長袍，而且儘管如此，也只有共和時代末期和帝國時代初期的菁英階級真的穿長袍，大多數的羅馬人是拿希臘人那樣的及膝短袍湊合著穿。但不表示短袍是身分低下的人穿的衣服，因為即使是元老院議員和皇帝，長袍底下都穿一件短袍，這自然是因為穿長袍的時候，左臂必須從腰間向外伸出，彷彿用手臂端著一個想像中的茶盤，才能固定裹在身上的大批布料。既然要動用兩名奴隸才能把這鬼東西穿上，恐怕只要稍微絆個跤，長袍就會再度滑下，圍著腳踝皺成一團，好不難堪。

羅馬人穿長袍的點子可以說是跟伊特魯里亞人學來的，不過，事實上，不分古今中外，都一度時興把身體層層包裹。巴比倫和亞述的貴族不論是男是女，都可以泰然自若地穿著這種長袍，現在我們可能以為這是印度特有的款式，現代的印度女性仍然把傳統的紗麗（sari，一塊優雅、長形的布料，披在一邊的肩膀上，裹著身體和雙腿），披在秋麗（choli）這種緊身的短上衣外面。令人佩服的是紗麗大概有一百種不同的穿戴方式，相較之下，我那件「多用途、可反穿的雨衣」用「多用途」這個字眼來行銷，似乎誇張得令人難以卒睹。

「三日法度」

一六八一年，屬於日本歷史上在東京（江戶）開設幕府的江戶時代，這一年，將軍家發生了一個極度難堪的事件，儘管只有一瞬間，卻在平靜無波的服裝史中激起巨大的漣漪。日本的新統治者，也就是第五代幕府將軍德川綱吉，正在和一個裝扮奢華的女子閒談，以為對方是嫡出的貴族。表面上一切正常，只不過他誤觸了地雷，如同一九七〇年代的時候，異性戀男子被追求飄逸長髮的新潮流所害，不小心搭訕上同屬異性戀的長髮男子。德川綱吉犯了階級上的大忌，那麼，這名女子是妓女？罪犯？男扮女裝的男人？不，比這些嚴重多了，她是一名商人的妻子。

自十九世紀末以降，西方貴族的穿著就和中產階級差不多，只不過剪裁比較好罷了（例如現代公爵和銀行家在外觀上的差異也不怎麼明顯），可是在從前，穿著是象徵身分地位的標籤。全球各地都制訂了所謂的「反奢侈法」，即使消費得起，下層階級也不得模仿上層階級的穿著。例如，中世紀的英格蘭國王愛德華四世（King Edward IV）要求，只有皇室的人才能穿紫色、金黃色和銀色的布料，而且只有騎士階級的人才能穿絲絨。另一方面，在一五七〇年代，教宗庇護五世（Pope Pius V）認為，深受下層的工匠階級喜愛的藍色不夠尊貴，不配用在天主教的禮拜儀式中，祭壇要是出現這種低俗的顏色，只會減損宗教的力量。

但反奢侈法不只應用在歐洲。閃閃發光的金流如海嘯般湧入十七世紀的日本，創造出新富的中產階級，挑戰傳統的秩序，並模仿屬於地主階級的武士的穿著風格。對於自己無意間和平民閒聊，幕府將軍德川綱吉怒不可遏，於是著手通過一條又一條的法律，禁止奢華的中產階級服裝。這種做法固然是針對社交展示（social display）好幾個層面的問題，但主要是企圖壓制華麗的絲製小袖（一種短袖的開襟長袍，在腰間用一條腰帶固定，現在稱為「和服」）突然大肆流行的現象。出問題的不是衣服，而是裝飾的方法，招搖的商人在衣服上綴滿了出自神話和自然界的各種栩栩如生、精細複雜的圖像。那種感覺就像看到一大批平常只穿著乏味的黑、灰兩色服裝的房地產經紀人，突然穿著用反光的銀箔製作的高級訂製禮服招搖過市。

但幕府將軍的法令形同具文，被戲稱為「三日法度」，馬上有人在素淨端莊的新式粹流小袖（一種相對節制的小袖，比較符合規定）底下，偷偷穿上禁用的紅布料做成的內衣，做為對這種律法的嘲弄。也有人私下炫耀更加華麗的長袍，或是穿著這種衣服召妓，享受偷偷摸摸的刺激（一種雙倍的放蕩）。此外，許多違法的圖案似乎從小袖的絲綢複製到人的皮膚上，後來釀成一股刺青的狂熱，叫做「紋身」，可以把這些令人著迷的設計印染在全身上下，成為永久的圖案。

說起來很神奇，現代日本的某些地方仍然非常注重這股風潮，我聽說東京有一家博物館會預先支付款項給活著的紋身者，以便在他們死後剝下刺青的皮膚，像波提切利（Sandro Botticelli）的畫作一樣掛起來展覽。禁令所造成的結果往往出人意表，但我懷疑幕府將軍的顧問當初會料到將來真的會有掛滿了空心人體的藝廊……

愈大愈好

我們的櫃子裡可能有一件很大的連身裙：是一種反常地膨脹、迪士尼公主式、類似馬勃真菌的禮服，或甚至是一件新娘禮服，總之是出席特殊場合的專用服飾。不過，這種衣服以前可不是只有參加重要活動時才亮相，而是日常穿著的服裝，即使地位相對低下的婦女也照樣這麼穿，雖然這不代表這種衣服有什麼實用價值。歐洲中世紀的連身裙雖然是一種全身裙（gown），並且把手臂和雙腿都包起來，但耗費這麼多的布料並不是刻意奢侈炫耀。對，連身裙優雅地從背後垂下，而且可能還有巫師袍那種袖子，像收起的翅膀似地從腰間往下擺盪，但衣服大多半貼著身材的線條剪裁，然後在腳踝處微微向外擴大成扇形。

到了具有時裝意識，而且巴不得盡量奢侈浪費的十五世紀，服裝的樣式有了改變。如今貴婦改穿外套式長袍（houppelands），裙襬拖在背後，並且積聚在腳邊，宛如在陽光照耀下一灘灘閃閃發亮的雨水。然而，儘管如此，和日後的發展比起來，根本不算什麼。到了十六世紀末，英格蘭女王伊莉莎白一世統治期間，上流社會的人流行拚命加墊子。雖然腰部被緊身胸衣緊緊綁起來，使軀體受到壓縮，但加了環形箍的鯨骨圓環裙（farthingale skirt），等於把車輪套在上腹部，然後把布料蓋上去，像一座帳棚，這讓貴婦的下半身膨脹，彷彿雙腿被換成一艘手工精美的氣墊船。其用意顯然是刻意誇張，另外在背後加墊子，把裙子撐起來，給了女人「一個桶狀的臀部」，「讓她們的屁股圓得很畸形」，至少批評者這麼認為。

在後續的三百年間，把臀部撐大的潮流一再興起，到了十七世紀末和十八世紀初，由於當時的人喜歡在衣服上拚命加褶襉（drapes），貴族仕女走路時嗖嗖作響，宛如活動式晾衣架，掛滿一層層輕飄飄的褶襉、斗篷、披肩和裙子。但最浮誇的風格，當然是宮廷裡那種碩大無朋的曼圖瓦連身裙（Mantua dress）。這種服裝是把美麗的全身裙掛在鷹架上，鷹架向臀部的兩側突出，類似那種可以扣在腳踏車側面的菜籃，其實把這些仕女弄得怪模怪樣。一七一八年的《週刊》（*Weekly Journal*）報導：「我看過許多身材矮小的美女，套著加箍的裙撐在屋子裡四處航行，活像小朋友在開學步車。」

到了一七四〇年代，這些宮廷連身裙寬得不得了，仕女必須像螃蟹似地一個一個魚貫走出房門，不然就會卡在門口，活像好幾輛連結式卡車同時擠在狹窄的隧道。我們很難了解她們要花多少功夫才能爬進架高的馬車，因為她們同時還戴著巨大、精緻、笨重的假髮，襯裙底下又沒穿燈籠短褲，表示極有可能當眾出醜。這種精緻的全身裙需要有大量的協助才能穿上去，要穿衣服的人一動也不動地站著，而一群助手忙著幫她套上一件又一件的衣服，彷彿她是一輛F1賽車，有一組訓練精良的維修人員為其服務。

在血腥的法國大革命爆發後，這種奇形怪狀的款式迅速消失，這恐怕也是難免的。層層疊疊的布料和假髮，太容易讓人想起被推翻的王朝，因此宛如驚弓之鳥的貴族拋棄了這種浮誇的風格，開始追求自然風格的髮型和細長型的全身裙，和我們在珍・奧斯汀小說改編的電影裡看到的差不多。然而諷刺的是，這種比較樸素的風格其實正是源自巨型連身裙的開山祖師：瑪莉・安東奈皇后，她有一個古怪的嗜好，喜歡到凡爾賽宮附近專程為她打造的農民小說主題樂園：皇后村（Hameau de la Reine），玩起純樸牧羊女的角色扮演遊戲。她在這裡假裝自己是出身卑微的農家女孩，褪去皇室華麗的裝飾和服裝，親手擠牛奶，像一種田園版交換人生的奇幻故事。當鄉下人和農夫圍在她身邊團團轉，她和小孩穿著簡單的棉布連身裙嗖地走來走去，渾然不知慘烈的革命即將降臨在他們身上。

危險的連身裙

然而，珍．奧斯汀的服裝風格固然很純樸，到了十九世紀中葉，維多利亞時期的人重新推出了巨型連身裙（Big Dress），採用全新改良的鳥籠型裙撐（一種硬式底裙，結構類似艾菲爾鐵塔的交叉支撐），很像伊莉莎白時代的鯨骨圓環。這種裙子在視覺上強調細腰寬臀的女性繁殖力，纖細的中腹部和宛如澎湃海洋從身體向外飄動的柔軟布料，形成強烈的對比，彷彿穿這件衣服的人把頭穿出充飽氣的熱氣球頂端，然後把氣球往下拉到臀部。

裙撐無疑很優雅，但也有缺點。由於構造和降落傘差不多，只要一陣狂風吹來，就能輕易把裙子掀起，吹到臉上。如此一來，自然不難理解底褲（pantalette，有褶邊的及踝內褲）為什麼突然流行起來，畢竟在一個光是瞥見腳踝就大驚小怪的社會裡，女子暴露出臀部和私處，算得上是一場難堪無比的災難。但意外走光不是唯一的風險，裙撐也可能嚴重危及人身安全，因為許多裙撐是以賽璐珞製成，可燃性極高，只要從雪茄或未遮蔽的壁爐冒出一絲火星，原本打扮時髦的仕女馬上變成一個人肉火球，有的女子就這樣悲慘的淪為名副其實的時尚受害者。

幸好，加箍裙帶來的多半是手腳笨拙的鬧劇，而非駭人聽聞的慘劇。由於勞工階級的女性也趨之若鶩，笨重的裙撐對經濟生產力產生了威脅。一八六三年，英國陶器工廠的一名女性員工身上巨大的連身裙打翻了東西，意外造成兩百英鎊的損失——證明用不著蠻牛闖進來，就能把瓷器店鬧得天翻地覆。

歷史不斷重演

愛德華時代結束時，女性連身裙的剪裁出現了劃時代的巨變。十八世紀中葉和十九世紀的服裝褶襇過多、身材比例過度膨脹、用人造的束衣和墊子強調女性的曲線。一九二〇年代正好反其道而行，新生的好萊塢魔力把窄臀、平胸、不拘泥於傳統的年輕女子變成了時尚的典範。令人窒息、僵硬的死板風格被淘汰，換成了無袖的及膝連身裙，從骨感的肩膀垂下，在舞廳的燈光下閃爍。

一七五〇和一八五〇年代的時裝巨大、大膽和誇張，但一八二〇和一九二〇年代則是反其道而行，去除了所有誇張的穿著。這一點很有趣，提醒我們時裝的歷史是一次次快速變遷的反動潮流，對過去的時裝有排斥，也有崇尚。

襯衫上身

如果選牛仔褲或裙子，那就得搭配一件上衣，否則朋友在晚宴過程中會很不自在。我們已經得知可靠、永遠不被淘汰的短袍是從前服裝界的要角，數千年來，一直是男、女、兒童皆宜的多樣化服裝。到了十六世紀，歐洲男版短袍已經縮短，成為短衣（doublet），這是一種長到臀部的貼身外套，正面有一排扣子，然後用吊帶把這件上衣和馬褲或長統襪連在一起。這個設計完全合理，但卻不適合那些有大肚腩或膀胱容易緊張的人，因為確實需要一定程度的巧手撥弄，才能把褲子脫下來。

在貴族的穿著風格方面，十六世紀都鐸時期的短衣在胸前加了厚墊，讓人身材變得臃腫，看上去活像一隻吃了太多從垃圾桶撿來的薯條的肥鴿子。對其他人而言，這就像一件保暖衣，可能在裡面穿一件背心，背心裡面則是一件拋袖的麻質襯衫（防塵內衣），雖然農民大多穿的都是粗糙的毛料長罩衫和無袖短衣。無論是襯衫或長罩衫，都不是在中間扣鈕子，但襯衫有一個下折式小衣領。對貴族而言，衣領逐漸轉變為著名的可拆式風琴褶環狀衣領，用漿硬的麻布縫製，以三百六十度從頸部向外放射。這種領子有一種奇特的效果，讓頭部看似飄在半空中，和身體分離，活像被發了狂的精神病患者砍下，用裝飾的桌巾包起來，當禮物送人。

事實上，到了十六世紀末，這種環狀衣領變得很寬，據稱有人必須使用加長的湯匙，因為手被領子擋住，沒辦法把食物送進嘴裡。伊莉莎白女王本人一向是潮流引領者，她喜歡把正前方的領子剪掉，讓後領像三角龍的頸盾似地立在腦後，藉此展露她傲人的酥胸。女王即使到垂暮之年仍不改其作風，外國大使沒有做好心理準備，看見垂垂老矣的胸脯不免一陣噁心。

環狀衣領在一六二〇年代退潮，人們重新穿上比較樸素的衣領，不過到了十八世紀，襯衫的領子又打起褶襉，稱為「垂胸領飾」（jabot），款式日趨典雅，荷葉邊也愈來愈多。在攝政時期的英國，「貴公子」喬治．布魯梅爾（George "Beau" Brummell）是眾所周知的時尚領導人，這位走火入魔的完美主義者每天要換三件襯衫，衣領很高，並且用領巾裝飾，只不過即使是這麼簡單的服裝，對他來說幾乎是每天難以克服的挑戰。有一個很有名的傳說，描述有一個朋友走進布魯梅爾的房間，看到一堆領巾被丟在地上，布魯梅爾的貼身男僕正細心地把一條新的領巾熨平。這位朋友大惑不解，指著堆在地上的領巾，詢問究竟怎麼回事？這位時髦貴公子回答說：「先生，那些是我們的失敗之作。」聽到以上故事，你就算知道這位英國首席晾衣架挑剔到用香檳來洗鞋子，還因為看到一名女子吃甘藍菜而拋棄對方，弄得人盡皆知，應該也不會驚訝。

然而，雖然布魯梅爾對自己的襯衫極度吹毛求疵，但襯衫是不應該被其他人看到的。如果有荷葉邊或衣領以外的地方露出來，是極度妨害風化的一件事，我們別忘了，襯衫原本是內衣，直到二十世紀初才有所轉變，這時襯衫已經有了鈕釦。但那些不能穿襯衫的人，例如士兵和水手，穿的是一種緊身、沒有鈕釦的襯衣。

慾望T恤

在二頭肌處剪去袖子，領口挖成扇形，T恤最初是從十九世紀美國水兵穿的白色法蘭絨汗衫演化而來，而且我們知道它在一九一三年成為美國海軍規定的服裝（資料來源尚無定論），同時在一九三〇年代成為運動員實穿的跑步裝，但對其他人來說，不過是一件內衣罷了。這不是說即使在炎熱的夏天，也不會看到任何人上半身脫到只剩一件T恤，不過這些是勞動階級的工人，再說他們晚上也不會到酒吧炫耀他們用棉花墊出來的胸膛。要讓T恤成為外衣，還需要一點好萊塢的魔力，一九五一年，T恤的代表性人物出現了。

在田納西・威廉斯（Tennessee Williams）劇作《慾望街車》（*A Streetcar Named Desire*）改編的經典電影中，馬龍・白蘭度（Marlon Brando）像一把用強烈的男性雄風點燃的白熱烽火，在銀幕上熊熊燃燒。他所飾演的史丹利・科瓦斯基（Stanley Kowalski）是一個原始、肌肉發達的超人，放射出強大的情慾電力，大概足以供應一個小鎮的用電量。他的吸引力主要來自造型——接合差點被他狂爆的挫折感給崩裂的緊身T恤，儘管出汗、爆怒、有精神疾病，觀眾的目光仍然緊緊盯著這個反英雄。幾乎在一夜之間，美國年輕人知道將來會流行什麼服裝，而且絕對不是有褶邊的環形領。

好，總算選好了今晚的服裝，我很快地在鏡子前面轉了一圈，現在該準備迎接客人了。昨晚已經預先把菜做好，所以現在要做的只是開瓶氣泡酒，再把桌子擺好即可。幸好我有先見之明。

7:00 p.m.

香檳開胃酒

今晚我們要辦一場小型派對，為一個好朋友慶生，當賓客抵達，衣著光鮮、心情愉快地走進餐廳，我們為他們每一位端上一杯香檳。畢竟喜慶宴會本來就要喝香檳——但從前不是這樣的。

魔鬼之酒

說一個有趣的故事給你聽。一六九三年四月四日，本篤修會一位名叫唐・皮耶・培里儂（Dom Pierre Perignon）的年長隱修士站在奧特維萊爾修道院（Abbey of Hautvillers）的釀酒廠，笑得合不攏嘴。他情緒激昂地把修道院的弟兄都叫來，大聲宣告：「快來！我在喝星星！」他絕對有權利這麼興奮。經過多年實驗，他終於發現了製造氣泡香檳酒的祕密。唉，這則奇聞軼事多半是胡說八道。所謂的唐・培里儂發明會冒泡的白酒，是十九世紀的行銷神話，這種全世界最奢華飲料的誕生，要歸功於一次意外的發現，以及——我的法國母親一定深惡痛絕——英國人的巧思。

香檳（Champagne）不是某一種葡萄酒，它其實是法國一個生產葡萄酒的地區（西班牙的卡瓦〔Cava〕和義大利的波西可〔Prosecco〕是相當類似的飲料），中世紀的香檳是不會起泡的，看上去略帶灰色，而不是輕輕冒泡的白酒。香檳當時雖然普遍獲得好評，卻不像波爾多更優質的白酒那樣聲譽卓著，但由於舉行國王登基大典的雷姆斯（Reims）大教堂近在咫尺，香檳區栽種葡萄和釀製葡萄酒的人至少認為有國王這位當然的客戶。好，所以香檳的血統優良，但稱不上顯赫，但我們可以認定香檳是人類史上最早的氣泡酒嗎？非也，聖伊萊爾（St Hilaire，距離南部的軍事要塞卡爾喀松〔Carcasonne〕不遠）的本篤修會隱修士在一五三一年釀製的里莫布朗克特（Blanquette de Limoux）才是最早的氣泡酒。而且唐・培里儂釀酒的技術也不是在香檳學的，這只是「喝星星」宣傳活動硬生生拼湊出的幾個迷你神話之一。**Pardonne-moi, maman!**（法語：不要怪我，媽媽！）

事實上，如今在全球各地翻騰的氣泡其實是唐・培里儂畢生最痛恨的東西，他之所以恨之入骨，是因為氣泡代表著製造過程失敗。氣泡香檳是令人惱火的畸形產品，在他眼中，這是「魔鬼之酒」（le vin du diable）。但我們現在知道這不是撒旦瞎攪和，而是無從預知的有機化學反應。位在北方的香檳區冬季寒冷，每年結霜時，酵母菌把糖轉化為酒精的化學反應會暫時中止，也就是說，原本以為在秋天就完成的發酵過程，其實正在伺機而動。新釀好的葡萄酒在三月裝瓶，這時夏季的太陽喚醒了沉睡的酵母菌，在酒瓶裡產生二氧化碳，形成氣泡。

但這還不是最糟的。由於法國製作的玻璃品質欠佳，這股內壓力導致某些酒瓶爆裂，對唐・培里儂來說，實在是既傷荷包、又傷顏面的一場災難，同時逼得進酒窖的人只好套上保護墊和鐵面具，免得眼睛被玻璃戳瞎。那些瓶子沒有碎裂的酒（或許是因為塞在瓶口的油麻布或木頭塞子有隙縫），被倉促送到法國的顧客那裡，不過，更重要的是，其中也有一些到了英國。香檳抵港之後，英國人往往會重新裝瓶，確保產品的壽命得以延長。英國人製作瓶子的火爐燒的是海煤，而非木柴，爐火的溫度較高，製造出的玻璃較為堅硬。其次，英國人比較偏愛完全不透氣的軟木瓶塞，而非麻布，因此很快出現一種新奇的現象：密封在玻璃瓶和瓶塞裡的氣體向周邊擠壓，原本泡沫還算少的葡萄酒，氣泡愈冒愈多。

既然氣泡表示品管不佳，你或許以為英國人買到不時與他們開戰的敵國生產的劣貨，應該會勃然大怒，但實際上，查理二世統治下的英國熱中於歡聚飲宴，反而覺得泡沫新鮮有趣。唐．培里儂致力於改善釀酒的品質，也用紅葡萄成功釀製出不會起泡的白酒，同時嘗試混合不同品種的葡萄來釀酒，但他萬萬沒有想到會從海外大量湧入魔鬼之酒的訂單。然而，不久之後，他優雅的法國客戶也開始要求訂購冒泡的香檳酒，這位隱修士大惑不解，但也只得從善如流。

皇家氣泡

唐．培里儂在一七一五年過世，當時他的葡萄園同時釀製不冒泡和冒泡的葡萄酒，奧爾良公爵（Duc D'Orleans）在同一年當上法國攝政王，就是喝氣泡酒來慶祝。香檳首次贏得名人的喝采，從此一飛沖天，過沒多久，地位日益提升的商人在氣泡貿易中嗅到了商機。一七二九年，唐．培里儂的摯友唐．提耶希．慧納（Dom Thierry Ruinart）的姪子尼可拉斯．慧納（Nicolas Ruinart）創立了第一個香檳品牌，然後具有企業精神的毛料商克勞德．酩悅（Claude Moët）不知用什麼辦法，在一七四三年爭取到路易十五（King Louis XV）的情婦龐巴度夫人（Madame de Pompadour）這位忠實客戶。夫人公開表示：「香檳是唯一讓女人喝了以後依然美麗的葡萄酒。」在十八世紀，有錢也買不到這麼出色的宣傳。當其他商人急切地投入氣泡酒買賣，才發現貴族市場的規模太小，無法支撐這麼多家新的釀酒廠。商人必須擴大香檳的消費族群。

經過長期的研發，釀酒廠找到了韌化玻璃和軟木塞這兩個訣竅，香檳酒商長途運送葡萄酒時，酒瓶終於不會像安全銷沒插好的手榴彈一樣爆炸。到了十八世紀末，香檳滑進沙皇彼得大帝（Tsar Peter the Great）和美國的共和國英雄華盛頓優雅的胃裡。突然之間，香檳成了代表權力、優雅和奢華的飲料，但就算不是帝王，也能啜飲美酒。事實上，十九世紀的廣告宣傳狡猾地利用這種非富則貴的形象，大力向逐漸興起的中產階級推銷香檳。說到這裡，有些品牌是永遠買不到的——路易・侯德爾（Louis Roederer）釀製的水晶香檳（Cristal），專供俄國沙皇飲用，直到第二次世界大戰結束，一般市井小民才有機會品嚐。

今晚我們喝的不是水晶香檳，但當我們晃到超市的酒類產品區找香檳時，仍有許許多多的產品可供挑選。原本是中世紀法國的灰色甜葡萄酒，如今分成含糖的doux（很甜）與demi-sec（甜），或是少糖的sec（中甜）和brut（微甜），或甚至是超少糖的extra-brut等口味。當然，還分成白葡萄釀製的白葡萄香檳（blancs de blancs）、紅葡萄釀製的紅葡萄香檳（blancs de noirs），誘人的粉紅色玫瑰香檳（rosés），以及主要以單一年份的葡萄所釀製的特級香檳（cuvée de prestige）。香檳恆久不變的主要特徵自然是氣泡，香檳的氣泡，就像一九八〇年代舞台搖滾的頭帶，是一種定義性、刺激性的精髓，要是少了它，整個味道都不對了。

所以，酒杯斟滿之後，我們一起向女壽星舉杯祝福，展開今晚的活動。

7:45 p.m.

晚餐

派對開始，大伙兒隨意閒聊，烤箱計時器響起了令人振奮的叮叮聲，表示晚餐已經差不多做好了。老實說，待會兒要上桌的不是什麼頂級佳餚，但我們公布菜單的時候，沒有人覺得受到侮辱。畢竟，今晚的重點不是食物——不是的，我們的目的是和大家聚一聚，分享美好時光。

在一起更美好？

對人類而言，冰河時期是相當寒冷的。我們說的不是南極的酷寒地帶，但中歐的居民在夜裡必須面對零度以下的氣溫，以及打家劫舍的掠食動物經常造成的威脅。三萬年前，在莫拉維亞（Moravia），也就是現在的捷克，冷風必然毫不留情地颳過陡峭的冰河河谷。既然如此，也難怪考古學家會在下維斯特尼采（Dolní Věstonice）挖出大量燒焦的爐床。火不但能讓身體暖和，烹飪所產生的化學變化也會讓肉類釋放出更多的熱量，加強身體耐寒的能力，並加速消化的過程。對冰河時期的人來說，即使吃的是動物的腦子，做一頓熱騰騰的晚餐也是輕而易舉的事。

但這些漁獵採集者不會只是擠在爐火邊，卻互相不搭理對方。火爐恐怕也是社會連結（social boniding）的焦點。事實上，「焦點」（focus）這個字在拉丁文就是火爐的意思，數萬年來，火爐一直是社會共同性（commonality）的發動器官。此外，烹調不只能讓食物更美味、更營養，也能軟化讓還沒長牙的嬰兒或牙齒掉光的老人咬不動的纖維。從史前骨骸看來，肢體殘疾的人會得到其他人照顧，而非任由他們活活餓死。把食物烤熟，可以讓老弱殘疾者得到養分；聚集在爐火周圍，可以讓所有人聚集在一起。我們用「伴侶」（companion）來描述另一半，但這個字和食物息息相關，在拉丁文的意思是讓我們樂於一起用餐的人。

她吃什麼我就吃什麼

所有考古證據都在在顯示，一起進食是種很普遍的習俗，而且有時完全不是因為必須吸收熱量的緣故。在英國多塞特的鄉間，位於漢伯頓山（Hambledon Hill）上的鐵器時代堡壘，是座非常壯觀的古代土方工程，興建於兩百公尺高的山坡上，專門用來抵禦敵對的部落。但我們這裡要談的不是在堡壘中禦敵的塞爾特人，而是在更早之前把這座山當做間歇性聚會地點的新石器時代人群，以及後來的銅器時代人群。這些人沒有住在山上，而是把這裡當做舉行典禮的派對場地兼祖先墓園，後來好像又邀請四面八方的人們在夏季漫長的白晝開始縮短時，來這裡共聚一堂，大啖牛肉、鹿肉，以及附近田野中其他任何味道好像還不錯的東西。

從表面看來，這有點像格拉斯頓伯里（Glastonbury）音樂節——大伙兒前來享受一番，留下數量驚人的垃圾，然後回家——雖然我們希望當時的廁所會文明一點。他們舉行這種活動的原因不得而知，或許是一種宗教慶典？一年一度的姻親聚會？也可能是部族之間的男女聯誼活動，最後為配對成功的男女舉行令人歡欣鼓舞的婚禮？坦白說，我們無從猜測，但既然這個地方沒有住宅，代表當時的人只在七月下旬到這裡來。到了十二月，這裡只剩下仔細埋葬的骨骸，有的屬於被吃掉的動物，有的是被哀悼的人類祖先。

這麼說來，飲宴可以是一種樂趣，不只是為了頑強地生存下去，而且這種活動也具備一個很重要的社會學功能：為轉動社會的齒輪上點潤滑劑。在銅器時代的美索不達米亞平原，同桌吃飯象徵巴比倫人同意簽署生意合作契約。古代的法律文件常常提到「吃麵包、喝啤酒、在身上塗油膏」，聽起來好像有點變態，但其實不然。尤其生意伙伴公開分享鹽巴和葡萄酒，象徵雙方剛交上朋友，如果不接受，非但不禮貌，還可能讓生意告吹。美索不達米亞的飲宴，就像現在足球員加入新球隊時，會握手讓記者拍照，不是一定要有，但少了這一幕，總讓人覺得不踏實。

不管是商業還是婚姻，雙方結合的這一刻，看起來或許是微不足道的小動作，但古人把「飲宴之盟」（dinner vow）看得極為重要，甚至可以代代相傳。在荷馬著名的史詩《伊里亞德》提到，格勞卡斯（Glaukos）和狄俄墨德斯（Diomedes）在戰場上相遇，正當他們和所有的戰士一樣，舉劍刺向對方的時候，其中一個人認出對方的姓氏，立即獻上盔甲當做贈禮。對方深感佩服，隨即把劍放下，報答對方的好意，雙方同意各自找其他的倒楣鬼下手。他們兩人可曾杯酒盟誓？沒有，但他們祖父在多年前曾發過盟誓。對希臘人而言，這種「賓主之誼」（xenia）的表示和雄性禿一樣，是一種遺傳，而且會一代又一代不斷延續下去。

你大概也猜得到，羅馬人和希臘人相信同桌吃飯，或是我們所謂的飲宴，是最深刻的一種社會連結，一種互相溝通的方式。雖然傳說中殘暴的蠻族和野蠻的動物也會在同一個地方進食，但在羅馬人眼中，他們欠缺讓同桌吃飯成為一種教化的所有規則和禮節。作家浦魯塔克說得好：「我們同桌不只是為了吃飯，而是為了一塊兒吃飯。」因此，羅馬的有錢人每一天都會吃一頓大魚大肉，稱為cena，每次多達十二個人。除此之外，真正的盛宴叫做

convivium，特殊的宗教宴席稱為epulum。

當然，在這頓豐盛的晚餐前後，他們的肚子和我們一樣會咕咕叫，所以經常先共享冷盤小吃，叫做prandium，prandium只是用來補充熱量，免得他們因為急性低血糖而暈倒，cena才是具有社會凝聚作用的神聖大宴。我們很難推測比較貧窮的羅馬下層階級在這方面是否也和上層階級相同，但他們也會在「外帶飲食店」（popinae），和規模比較大、也比較熱鬧的「酒館」（tabernae，比較不講究的客人可以在這裡同時解決喝酒、吃飯、賭博和嫖妓的需求）進行某種程度的共餐活動。

排座位的學問

身為懂得禮數的主人，既然晚餐即將開始，我們必須向賓客示意，很有禮貌地請他們從沙發站起來，往餐桌的方向移動。不過因為沒有放名牌，我們發現朋友們猶豫了一會兒，忖度究竟要坐在哪個位子。我們看到那對夫妻很快想了一下，思索究竟應該坐在一起，或是坐在彼此的對面，方便他們藉由同住多年所培養出的默契，用不著開口，直接用細微的眼神或表情溝通。其他人問我們是不是要一男一女比鄰而席，而那位柳腰纖細的素食者看自己比我們其他人都嬌小，很有禮貌地主動表示要坐在比較侷促的角落。

大伙兒一時之間拿不定主意，場面有些傻氣，有人心領神會，不免尷尬地笑了笑，但從這個社交上的尷尬場面，就知道為什麼歷史上大多數的文化都有潛規則，決定哪個的人屁股該擺在哪個座位、哪個人的屁股根本不受歡迎。浦魯塔克在他的著作《論文集》（*Symposiacs*）當中，思考究竟是主人要負責幫賓客安排座位，還是讓他們自己決定。但實際上羅馬的東道主多半會插手干預，使得宴席的座位安排反映出羅馬的社會階層高低。在這種情況下，大伙兒不會圍著餐桌吃飯，而是各自斜躺在長椅上，主人會坐在首席，身邊是他偏愛的客人，而飢不擇食的食客、令人尷尬的叔伯，以及從事行政工作的悶蛋，被趕到最遠的沙發末端，遠離身分尊貴的客人。

為了更清楚地表明主人家不是很歡迎他們出席，這些身分比較低下的客人的酒食可能都是次一等的。而他們心裡也有數，因為他們會親眼看到美酒佳餚從面前經過，卻怎麼也拿不到，像是在取笑他們一樣。身分低微的人陪同受邀的賓客參加這種晚宴，感覺一定像是在搭乘橫越大西洋的班機時意外闖入頭等艙，迎面看到像樣的葡萄酒杯和美味的餐飲。相較之下，等我們回到自己狹小的座位，把空服員砰一聲丟在折疊桌上，猶如橡膠一般的預熱千層麵放進嘴裡，一定覺得味道和聚乙烯沒什麼兩樣。

希臘男人一起吃飯的地方叫做「男廳」（andron），通常男人會先支開妻子，但就算有夫人坐鎮，他們照樣會邀請高級妓女、舞孃和性感的美女吹笛手來助興、調情，或獻上更明目張膽的抖動式裸體服務。羅馬人似乎不像他們的愛琴海鄰居，妻子往往可以挺直背脊，坐在比較正式的椅子上，而她們的丈夫則斜躺在長椅上。恐怕很少有人邀請尋常人家的女子躺著吃飯。

離開了「文明」世界，作家阿特納奧斯（Athenaeus）描述塞爾特人（古典文獻描述他們是令凱撒煩心、皮膚染成藍色、留著八字鬍的古怪蠻族）是推崇男性力量甚於一切的好戰民族。因此，他們在安排宴席座位時，會讓慷慨的主人和最英勇的戰士坐在正中央，而身分比較低微的男人和受邀而來的女人，就像狂飲黑麥酒的衛星，環繞在主角周圍，咀嚼從瓷盤和藤籃裡拿來的熟肉和蔬菜。如果時間往後跳個幾百年，來到中世紀，從描繪大廳盛宴的畫作看得出來，有時席間一個女人都沒有（如同中世紀日本和中國的貴族女子，她們在其他地方一起用餐），或是一塊兒坐在最後面的椅子上，被驅趕到派對的最外圍，彷彿是派對開始之後才臨時把她們叫來。

羅馬的勢利眼把不受歡迎的人趕到宴席外圍，中世紀的英國也大同小異，安排宴席的座位時，主人和那些跟他關係最親近的客人，坐在用底座架高的固定桌（table dormant），位在大廳的盡頭。這是英國婚禮常見的排座法，主人可以居高臨下，凝視縱向排列在他面前的一張張擱板桌的賓客。他歡迎這些人來吃飯，但認為他們「社會地位低下」（below the salt），意思是他們不配坐在勛爵架高的餐桌上。固定桌上擺了美麗的鹽罐（salt cellar），多半是手工製作的銀器，罐子上鑲著閃亮的珠寶，在勛爵的右手邊一閃一閃的。有時鹽罐就像一艘維妙維肖的小船，叫做「船形盆」（nef），到了十六世紀，船形盆甚至有可以運轉的機械零件和小輪子，可以在桌上推來推去，彷彿是專為億萬富翁的稚齡幼兒打造的鍍金玩具垃圾車。

不過在歐洲的其他地方，也常常有主人不用這種底座，而延續塞爾特人的傳統，占據正中央的位置，驕傲地坐在一張長桌中間，把賓客依照他們重要性的高低以放射狀排列。我們不禁好奇坐在餐桌最末端的那些不受歡迎的人（很可能是貴婦），看到自己坐在這種丟人的座位，會不會老大不高興地哼幾聲，還是像不支薪的實習生獲准參加公司的聖誕晚宴一樣，只要受邀出席就很高興了呢？不過，宴會時這種壁壘分明的區隔，其實前後經歷過各種細微的轉變，後來到了十七世紀，貴族再也不舉辦這種大型盛宴，轉而比較選擇性地每次和一小批地位相當的貴族共餐。但儘管如此，公爵的菜仍然比子爵的菜更早上桌。

然而，走出了人數稀少的菁英世界，就未必會得到這種優先待遇。如果我們此刻是在一家舒適的餐廳，而不是自己家裡，當某一位薪資更高的人走進來，誰也不會覺得有義務讓位。至少在英國，這種不拘禮的做法是從十七世紀的咖啡廳開始的，我們已經知道，這時的咖啡廳成了男性詩人、作家、科學家和商人聚會的地方。因此，在一個把新思維看得比什麼都重要的文化裡，對上層階級打躬作揖的舊習俗終被揚棄。一六七四年出版的一本新咖啡廳禮儀指南說明得很清楚：

首先，本店歡迎紳士、商人等所有人，
而且不妨毫不見怪地一起坐下來。
這裡不應該有人在意座位的優劣，
看到適合的座位就只管坐下。
如果有地位更高的人上門，
也不必有人起身把自己的位置讓給他們。

另一個讓歐洲旅客詫異的地方，是英國男人樂於讓身分尊貴的女子在客棧和他們共餐，看塞繆爾．皮普斯的日記就知道他經常邀請妻子一起參加在倫敦美食餐廳舉辦的聚餐，儘管當時應該不太可能採用一男一女的排座法。一七八八年，約翰．特魯斯勒（John Trusler）的《餐桌禮貌》（*Honours of the Table*）——即使已經過了一個世紀——認為這種排座法很新奇，表示：「現在開始流行一種新的混雜式排座法，一男一女交替圍繞著餐桌而坐，這樣比較方便女士接受隔壁男士的照顧和服務。」同樣地，在十八世紀中葉的巴黎，餐廳成了用餐的新場合，除了男人以外，這些新開的食肆也開始招待女性，而不是把她們關在隱密的小隔間。慢慢地，有些老舊的規矩逐漸消逝。

但並非全然如此……

您先請，不，您先請

客人現在選好了座位，我們讓他們同時入座，但特魯斯勒在一七八八年的報告清楚指出，上層社會的階級傳統依然存在：「女士無論身分高低，必須根據她們的階級依序上菜，然後以同樣的順序為男士上菜。」聽起來好像很簡單，直到我們仔細檢視英國複雜到令人摸不著頭腦的社會階層，才發現沒這麼容易。這些階級分成勛爵、夫人、伯爵、公爵、男爵、騎士、伯爵夫人、親王和王妃，每個人都有各種不同頭銜的子嗣，等著繼承他們的爵位。而且每次有人結婚或守寡，她們在餐桌上的優先順序就會上升或下降，逼得主人不得不偷偷在心裡玩個王牌冒險（Top Trumps）遊戲，讓賓客在各種比較功績和威望的戰役中對壘，直到清楚辨認出階級體系為止。

說也奇怪，傳統中國的規矩完全相反，賓客真的會互相把對方先推進飯廳門口，所有出席的人拚命要讓隔壁的人先入席。看在外人眼裡，一定覺得像是巨蟒劇團（Monty Python）的劇情梗概，眾人爭先恐後地客套，最後釀成肢體暴力，但他們其實無意傷害對方。這是一個比手劃腳的遊戲，每個人都知道自己該扮演什麼角色；大家行禮如儀，只要尷尬的時間夠長了，就會有人（通常是年紀較長的賓客）適時冒出這句話：「恭敬不如從命」，然後客人馬上應主人的邀請入座。

回頭說到西方，另一個禮儀的地雷，是社交晚宴主人的階級低於在場的賓客，主人會被指責藉機攀附權貴；再不然菜餚、餐具和談話的內容，很可能達不到地位較高的貴客所要求的水準；或是僕人所受的訓練，不足以完成一場毫無瑕疵的晚宴，很可能不小心把熱湯倒在伯爵遺孀身上。在維多利亞時期，主辦一場晚宴就像一邊走鋼索，一邊拿著鏈鋸表演雜耍，從頭到尾都令人膽戰心驚，隨時可能因為微不足道的疏失而弄得天翻地覆，衍生出多年都無法善了的後果。

最後，對於一張桌子究竟應該坐多少人，坊間也流傳著古怪的迷信。有鑑於耶穌和他的十二個門徒哀傷地吃了那頓倒楣的最後晚餐，基督徒似乎已經為這個問題煩惱了上千年。因此在十九世紀的法國，如果你邀請十三個人參加晚宴，而其中有一個人臨時缺席，你可以花錢請一位賓客緊急湊數，叫做「第十四位客人」（quatorzieme），確保你這場宴席不會遭到厄運。這傢伙會從下午五點開始一直在他的公寓裡待命，穿好參加晚宴的禮服，等人家請他去救火，彷彿他是什麼溫文爾雅的中產階級超級英雄，在天空尋找求救的信號。

這種宗教性的「十三恐懼症」（triskaidekaphobia）非常普遍，以致於在一八八〇年代，有個美國南北戰爭的退伍軍人：威廉・法勒上尉（Captain William Flower），秉持著破除這種迷信的崇高目的，在紐約成立了一個「十三俱樂部」（Thirteen Club）。他和他的十二個客人（後來其中五位當上了美國總統）計劃在一月十三日的晚上七點十三分開席，吃十三道菜，敬十三次酒。參加的成員信奉理性主義，會故意做一些招厄運的事，例如從梯子下方穿過去、把鹽巴灑出來、把鏡子打破、在室內開傘、用骷髏、頭骨和交叉的骨頭來裝飾房間、掛上宣稱「我們這些將死之人向你敬禮！」的旗幟。簡而言之，他們不只向命運之神挑釁，還狠狠戳他的眼睛。他們確信等自己真的一命嗚呼時，絕不是被僵屍殺手的超自然大鐮刀砍死的，而是因為過度放縱導致心臟病發。

圍坐餐桌

多番反覆來回之後，我們終於整齊地圍坐在長方形餐桌的兩側。對我們大多數的西方人而言，這是任何宴席的標準配置：我們在同一個檯面上吃飯，上面可能擺了餐墊、蠟燭和餐具，我們全都挺直地坐在高背椅上。但事實上，並非古今中外都是如此。

在埃及王朝時期剛開始的時候，一直到大約四千年前，上層社會的人是斜躺在燈芯草織地墊或鼓起的軟墊上吃飯，飲料擺在地板上，晚餐擱在他們面前的矮桌上。如果把一台電視塞到他們面前，看起來就和每次我太太不在家，而我又懶得動的時候差不多。但是到了圖坦卡門國王和拉美西斯大帝的時代，高背椅已經侵入飯廳。看來品味顯然成熟了，即使我的品味還是一樣。

反之，希臘人和羅馬人既不躺在地上，也不坐在椅子上（至少有錢的人不會這麼做）。我們前面已經提過，他們喜歡的是躺椅（希臘文：kline、拉丁文：lecti），晚宴的賓客會把左手肘壓在枕頭上，轉身側躺，同時彎曲膝蓋，扭動腰部，維持一個穩定的姿勢。藉由這個風騷的姿態，他們的身體不會晃動，但又能往前傾斜，用右手的手指和拇指取食，低矮的桌子和經過的奴隸，會把一小口一小口的美食端到他們伸手可及的距離內。

儘管我們習慣圍著正中央的大桌子吃飯，羅馬人並沒有採用這種配置。他們的飯廳叫做triclinium，這是因為羅馬的飯廳傳統上會擺三大張躺椅，排列成馬蹄形，這樣羅馬人一同飲宴時，僕人可以快速來回，端上大量的酒和小吃。當然，如果有人舉辦盛大的宴會，比較大的房間可以容納更多張躺椅，每一張可以讓兩、三名賓客懶洋洋地斜躺，但浦魯塔克警告最好不要在一個龐大的空間裡塞進太多桌椅，因為這樣一定會吵得讓人受不了。

談起歷史上著名的宴席，凡是在基督教文化下生長的人，都會立刻想到一場宴席。我們對最後晚餐的想像——基督和他的門徒坐在一張長形的擱板桌上吃餅，而耶穌張開雙手，彷彿一隻上岸的鵜——其實完全是在描繪中世紀義大利人的用餐習俗。事實上，古代巴勒斯坦的猶太人應該是坐在地上吃飯，如果參加宴會，他們應該會和浦魯塔克及其友人一樣，用手肘支撐著躺在地上。這一點是我們在《約翰福音》（*Gospel of St John*）可以看到：

> 有一個門徒，是耶穌所愛的，側身挨近耶穌的懷裡。西門．彼得（Simon Peter）點頭對他說，你告訴我們，主是指著誰說的？那門徒便就勢靠著耶穌的胸膛，問他說，主啊，是誰呢？

如果這段十七世紀的散文說得不夠清楚的話，耶穌當時和另一個男人共用一張躺椅，後者躺在他面前，把頭靠在基督的胸膛。為了對救世主說話，這個門徒必須伸長脖子，扭動身體。這是個異常親密的坐法——彌賽亞在精神上和另一個男人調情。

一千多年後，在中世紀的大廳，貴族的主人和他最顯赫的賓客有資格背對著熊熊燃燒的爐火，一面吃飯一面享受暖氣；而其他人全都坐在沒有靠背的板凳上，只能盼望殘餘的暖意緩緩朝他們飄過來。如果在比較鄉下的地方，在宴會廳大吃一頓是一場永遠不會實現的幻想，沒幾個人家裡有飯桌，以及昂貴的蠟燭和燈，這表示他們大概是在前門附近或燃燒的爐火前用餐，才能在黑暗中看到自己吃的是什麼。如果沒有飯桌，他們會坐在小板凳（buffet）上，把食物擺在面前。有時候只有一張椅子讓一家之主坐著吃飯，其他人只能蹲在小凳子或草席上用餐。

我們的屁股當然不是坐在塞進麻袋的乾草上，但椅子應該是相當晚近的發明，直到十六世紀，讓大批人吃飯使用的餐椅才成為宴席上固定的設備。文藝復興時期的富有人家會在優雅的新餐桌周圍擺上一張張餐椅，餐桌附有可以加長桌面的活動桌板。這些餐桌上經常鋪上一層厚重、花樣複雜的毯子，叫做「土耳其毛毯」（Turkey carpets），這名稱代表的是毯子的生產國，而不是即將從墨西哥抵達的那種格格叫的大鳥。說來諷刺，這些毯子有的其實是伊斯蘭的禱告毯子，所以出現了非常古怪的景象：歐洲的基督徒在穆斯林心目中非常神聖的聖毯上吃飯（在這個世紀很長一段時間，基督徒和鄂圖曼土耳其人在戰場上打得難分難解）。

不過美化餐桌的方法不僅止於此。今晚我們擺了幾根蠟燭和一小束花，在十八世紀的歐洲，人們流行在餐桌的正中央擺設華麗且令人難忘的裝飾品，以吸引賓客的目光。這些裝飾品可能是一大束鮮花，或者更加奢華，是一大束用絲綢縫製的花。此外，其他用來吸睛或帶起機智談話的美麗裝飾品，可能包括貴金屬和玻璃的雕像、在扁平的銀盤上不規則蔓延的微型假花園、盛在盤子裡的沙畫，以及最具有異國風情的鳳梨——這種水果神祕而稀有，不敢吃的歐洲人常將它當做餐桌擺飾，讓其他人在驚嘆之餘，嘰嘰咕咕地說個沒完。

詳讀菜單

大概是在一八一〇年的某一天，拿破崙時期的巴黎有一群盛裝打扮的菁英人士，在俄國大使亞歷山大・波利沙維奇・庫拉金大公（Prince Alexander Borisovich Kurakin）宏偉的官邸聚集，準備吃一頓應該是充滿異國風味的盛宴。大使因為精緻昂貴的服裝品味而被稱為俄國的「鑽石大公」（Diamond Prince），所以大家都以為會吃到一頓豪華盛宴。不過誰也沒料到會走進一間看不到任何食物的飯廳。桌上有裝飾品，也有餐具，但晚餐連個影子都沒有。

現在我們眼前的餐桌也差不多——嗯，不是用優雅的桃花心木雕出來的，但你明白我的意思。今晚端上的每一道菜都會預先裝盤，和大多數餐廳的做法相同，但庫拉金那些大驚失色的客人，以為會看到許多菜餚整齊劃一地占滿整張餐桌，讓他們每樣都嚐一點。當時慣用的這種「法式上菜法」（service à la française）會在用餐者面前創造出壯觀的場景——hors d'oeuvres起初代表的不是開胃菜，而是配菜（hors d'oeuvres有「在作品之外」的意思），擺在餐桌兩側的邊緣，而各式主菜放在餐桌中央。規矩各有不同，但在真正奢華的宴席，菜餚的數目應該是賓客人數的十二倍，意思是比較大的餐桌可能會被陣容龐大的幾百個碗壓得嘎吱作響，雖然這幾百道菜不會同時上桌。

第一道通常是盛在湯盤裡的濃湯；第二道有肉、魚、蔬菜和甜點（基本上就是我們現在覺得完整的一頓飯應該包含的餐點）；然後把桌布拉起來，露出底下乾淨的桌布，再端上第三道菜，也就是最後一道的乳酪、水果和更多的甜點（甜點〔dessert〕這個字出自de-served，意思是要先把餐桌收拾乾淨）。要把這滿坑滿谷的食物全部吃一遍，得花上好幾個小時，把肚子撐大，浪費大量食材，而且食物必定很快就會變涼，但這種戲劇性的宴客方式可以強力宣揚主人家有多麼慷慨大方。

然而庫拉金採用的是「俄國上菜法」（service à la Russe）：把餐具先擺好，一次只上一道菜，也很快流行於上層社會，而且到了一八八〇年代，這種習慣已經被普遍接受。怎麼會這樣呢？嗯，全靠實用性加分。現在端上桌的菜是滾燙的，而非微溫；現在吃一頓飯只要短短九十分鐘，而不是累死人的一場四小時耐力賽。此外，由於必須不斷地上菜，自然需要更多的男僕把盤子端來端去，意思是可以用增加的雇員來彌補減少的菜餚。類似現代的名人，主人身邊隨從人數的多寡成了財富的新象徵。

禱告

每個人的第一道菜都上桌之後，我們坐下來開動。但如果我們是虔誠的教徒，必須先感謝神賜與我們這一頓豐盛的食物，否則一口都不能吃。許多基督徒在飯前要禱告（很簡短的一段感謝全能上主的祈禱詞，英國人傳統上不會這樣，印度人則有類似的習俗）。此外，猶太人吃過餅之後（猶太人的主食是餅）會唸飯後祈禱詞（Birkat Hamazon）。穆斯林面面俱全，飯前先說「以阿拉之名」（Bismillah），飯後再說「一切讚美歸於阿拉」（Alhamdulillah）。不過要注意的是，中世紀的穆斯林必須把食物全部吃下去，才能唸「一切讚美歸於阿拉」，如果一邊吃一邊唸，聽起來好像恨不得這頓飯趕快結束，還有其他更重要的事要辦。

但餐前儀式未必都是宗教性的。我們知道在銅器時代的美索不達米亞平原，必須等所有賓客都塗上用沒藥、薑和雪松調製的油膏，宴席才能開始，這樣他們的手聞起來至少和面前的菜餚一樣香噴噴的。埃及人、羅馬人和希臘人反而比較喜歡用水把手洗淨（和後來中世紀的用餐者一樣）。而尼羅河河谷的菁英階級受邀用餐時會戴一圈花環，頭上還會頂著一個帶有香味的錐形蠟（wax cone）。奇怪的是，在宴席進行的過程中，蠟會漸漸融化，從當時流行的假髮中釋放出一種令人愉悅的香味，彷彿他們是人形空氣清香劑。

希臘人沒用過那種帶有香氣的奇珍異寶，但他們確實繼續用正式的花環來提醒自己不要忘記普羅米修斯（Prometheus），這個神話中的泰坦族神明，用泥土塑造出人類，然後又從眾神那裡偷來火種，給與人類。為了這個無私的偷竊行為，他付出最慘痛的代價，承受永無止境的折磨：每天有一隻非常討厭的老鷹啄他的肝臟，啄去多少就會長回多少。無論如何，因為有普羅米修斯的神話，人們相信只要以神的神聖之名來宰殺獻祭的動物，神就可以吃牠們在火烤時滋滋作響的脂肪。因此，古典時代的地中海諸國舉行盛宴時，總會先舉行燃燒動物脂肪的宗教儀式，然後一面詠唱儀式的歌謠，一面把寬邊酒杯斟滿，這樣似乎就足以安撫以喜怒無常著稱的奧林匹斯山眾神。這自然是一樁美事，因為這樣一來，希臘人就可以大口吞下所有的肉和酒。

數千年來，洗手一直有相當標準的程序，由於當時極少使用餐具，這是一個順理成章的清潔方式，但有權力的人怕的不只是食物沾了髒東西。在中世紀的法國，貴族宅邸在宴席開始前不久會吹喇叭，好讓大家在附近桌子上的水壺裡把手指擦洗乾淨。而在他們洗手的同時，試吃人員會用有點像法術或煉金術的技術檢驗每一道菜：用鯊魚牙齒、少許的青蛙肉或閃亮的水晶來偵測食物裡的毒素。如果用來驗毒的物質流血或變色，就表示食物被下了毒，而刺客恐怕就躲在宴會廳裡！如果賓客的身分非常尊貴，就會試吃食物，有時候是派一種叫做「點心狗」（chien goûter）的寵物狗試吃，但即便如此，那些有重度被害妄想症的人仍然不放心。法王路易十四多半單獨用餐，或是由皇后一個人陪同，他的食物鎖在容器裡，由武裝的皇家侍衛從廚房護送，確保送來的食物安全無毒。唉，我們光顧餐廳的時候，沒有揮舞槍枝的突擊隊員阻擋服務生朝我們的湯裡吐口水，實在可惜。

搞什麼叉子？

菲洛克斯諾斯（Philoxenos）白天是個怪人、詩人和哲學家，不過一到晚上就成了四處覓食的活動胃囊。他是個貪吃的美食家，而且為了加深他的癮頭，他培養出一種奇怪的技術，以確保在自家舉辦的派對上，可以最早吃到食物。他會坐在希臘浴池裡，故意用熱水燙傷雙手和舌頭，這樣之後就算碰到再熱的東西也不會有感覺，然後他吩咐僕人把食物燒到極高溫，趁菜餚像冰島間歇泉一樣散發大量蒸汽的時候端上桌。賓客會從躺椅上伸手取食，燙傷指尖，然後糊里糊塗地痛到縮手。但狡猾的菲洛克斯諾斯的雙手猶如石棉，臉也不怕燙，可以順利抓起食物狼吞虎嚥一番。他貪吃到願意承受燙傷，只為了能獨享食物幾秒鐘。

今晚我們沒有仿效菲洛克斯諾斯，是基於幾個原因——其中一個原因是他顯然是個怪人——但最明顯的區別在於我們用餐具吃飯，而許多像羅馬、巴比倫、希臘、猶太和埃及之類的古代社會，主要是靠手指取食，而且就算他們真的有餐具可用，可能也是用湯匙來舀液體，用刀子來切肉，而不是用叉子刺穿一口口的食物，送進他們張開的嘴巴裡。當然，他們用陶器上菜，而且著名的提沃利收藏品（Tivoli Hoard）正是羅馬上流社會的精美餐具，專門在精緻的飲宴活動中使用。事實上，裝飾優雅的玻璃碗也在帝國時代的羅馬盛極一時，而羅馬的窮人則湊合地用單調的赤陶碗。

到了西元前一世紀，在卡里古拉（Caligula）、尼祿和其他幾位惡名昭彰的皇帝忙著賺取瘋狂怪人的名聲時，羅馬湯匙分成兩種：用來舀湯和鬆軟食物的寬型ligula；還有在纖細的把手末端銜接一個小勺子，有點像菸斗的cochlea，最適合用來吃貝類、雞蛋和其他精細的美食。說來有趣，cochlea是蝸牛殼的拉丁語，而且湯匙的歷史很可能始於石器時代，當時人類的祖先就像在海灘玩耍的小孩，用挖空的蠔殼舀東西。這個想法不算牽強，而且一般認為，在英國南威爾斯的帕維蘭（Paviland）發現的骨製「抹刀」，可能是兩萬六千年前的餐具。

羅馬餐具設計師最大的特色就是創新，紐約的大都會藝術博物館（Metropolitan Museum of Art）收藏了一批古代餐具，包括前後兩頭都能用的湯匙—叉子混合物（一頭有三根尖齒，另一頭是貝殼狀的小勺子），另外還有一支湯匙，原本在湯匙柄底下藏了一支折疊式小刀。這難道是個狡猾的刺客想出的詭計，密謀用湯匙混進刺殺對象的派對，然後用隱藏的小刀捅他的肚子？不，當然沒這麼回事。不過想像有個湯匙刺客，感覺很有趣，不是嗎？想像一下在夜間新聞看到這個標題是什麼感覺！

我們還是回頭談叉子吧。在羅馬時代，湯匙可能只是盛菜的器具，到了中世紀就完全消失在西歐的餐桌上，但唯一的例外卻是人盡皆知。西元前九七二年，神聖羅馬帝國的繼承人奧圖王子（Prince Otto）迎接剛嫁來的拜占庭新娘西奧法諾公主（Princess Theophano）到萊茵蘭（Rhineland）。這位公主是政治配偶中的勞斯萊斯，優雅、成熟，而且要花好大一筆錢才娶得到；另外奧圖王子也不是什麼可有可無的王子，這兩個王朝的盛大聯姻使得日耳曼的聲望水漲船高。當時的拜占庭帝國正處於第二個黃金時代，西奧法諾風光抵達萊茵蘭，就像新富的曼城足球隊（Manchester City）在二〇〇八年簽下巴西足球巨星羅比尼奧（Robinho）的那一刻，英國每個足球迷都同時被玉米穀片嗆到。

西奧法諾的大批隨從和華美的服裝自然在意料之中，但在晚餐桌上，西奧法諾卻讓在座的皇親國戚都大吃一驚，因為她拒絕用手指拿東西吃，而是用一把「金色的雙尖齒工具把食物送進嘴裡」。這種奢侈行徑得到的反應很不好，叉子在歐洲的名聲馬上和公主一起被打壞。不過，愛吃麵食的義大利人逐漸發現，用湯匙舀扁麵一定會灑出來，叉子正好可以解決這個問題。到了十五世紀，義大利人很喜歡用叉子進食。事實上，一六〇八年左右，英國旅行家湯馬斯．科里亞特（Thomas Coryat）正是在義大利看到叉子，等他回國出版遊記時，就順便帶幾支回去，不過並沒有得到什麼正面的反應。

英國人馬上嘲笑歐陸的這些餐具既娘娘腔又多餘，一位對叉子感到懷疑的人寫道：「上帝賜給人一雙手，還需要叉子幹什麼？」就連科里亞特在文學界的朋友約翰．但恩（John Donne）和班．強生（Ben Jonson）也樂於譏笑他。但這位受到不少中傷的旅行家指出，義大利人已經用叉子吃飯，以解決衛生問題，因為「每個人的手指未必一樣乾淨」。在一個樂於把活動馬桶放在飯廳的年代，這樣的論證強而有力。於是科里亞特的邏輯慢慢得到認可，叉子成為富人的餐具，也是美麗的珍貴資產。最初的叉子尺寸小、把手纖細，通常只有兩根筆直的尖齒，一般是用來吃黏答答的甜食，或是可能把手指弄髒的東西，只不過也有人表示當時的人是用叉子叉起食物，再用手指拿了放進嘴裡，多少違反了使用叉子的目的。

如果仔細看我們拿在手上的叉子，會發現上面有四個尖齒，這樣應該算是不多不少剛剛好，但卻是花了點時間才發展出來。在十八世紀，叉子有了第三根尖齒，也開始做成曲形，這樣就不需要再靠湯匙舀食物。第四根尖齒出現在十九世紀，至少是十九世紀的歐洲。狄更斯一八四〇年代造訪美國時，赫然發現美國很少有人用叉子吃東西，就算有，也是兩根尖齒的筆直餐叉。更令人擔心的是，他發現和他同桌吃飯的人，把這些可怕的工具深深插進食道，看在他的眼裡，活像是表演吞劍的小丑。又過了幾十年，美國人才開始使用四根尖齒的叉子，而且也沒有被失敗的五尖齒餐叉含糊不明的優點唬住，這種毫無必要的改良，就像吉列（Gillette）老是想推銷尺寸愈來愈大的多刀片刮鬍刀。

不過，叉子從沒有固定形狀的尖刺物變成餐桌上必備的餐具，在這段漫長的轉變過程中，另一種餐具則一直受到所有人堅定不移的讚美。海德堡人（Homo heidelbergensis）拿來切肉的石製鋒利刀片，最早可以追溯到一百六十萬年前，從此一直很受歡迎。在整個中世紀，刀子就是王道，賓客甚至會帶自己的刀子到其他人家裡做客。沒錯，就像《西城故事》（*West Side Story*）的角色，每個人身上都帶著一把刀（包括農夫和隱修士），本篤修會知名的創辦人聖本篤甚至必須提醒修會裡的隱修士，睡覺時不要把刀放在身邊，以免翻身意外割斷睪丸。

因為沒有擺出牛排刀，所以我們手上的刀子鈍得要命，如果拿來朝牆壁一拋，絕對不會如同《蒙面俠蘇洛》（*The Mask of Zorro*）驚險刺激的場景，射中牆上的灰泥，然後刺進牆壁裡，發出悅耳的一聲砰。中世紀的刀子很銳利，事實上，這些帶有剃刀刀尖的萬用匕首，主要的用途是自衛、狩獵和處理日常的雜務。因此，在餐桌上用刀子指著其他賓客，或是像武器一樣握在手上，是件很不禮貌的事。在中世紀的世界，拿刀子捅人是很常見的犯罪，讓宴會廳裡的每個人都能取得銳利的刀子和大量的酒，未必是聰明的行為。

既然餐具可能帶來危險（別忘了我們可怕的湯匙刺客），也難怪黎塞留樞機主教（Cardinal Richelieu，他的兼職是對付虛構的三劍客，全職是輔佐真實的法王路易十四）在一六六九年禁止餐桌上出現任何尖銳的刀子。因此有人發明了往內彎的寬刀片，固定在朝反方向彎曲的槍托式刀柄上，使刀子變成微彎的S形，像一條蜿蜒的河川。這個設計不只是一種安全裝置，也能協助手腕舒服地把手向上舉到嘴邊，用扁平的刀片把豆子和蛋糕之類的東西送進嘴裡，不必用弧形的湯匙頭舀，或是用叉子的尖齒叉來吃。

一雙筷子

今晚我們和中世紀的威尼斯人一樣，使用捲麵條的那種叉子，但如果在東亞，類似的晚宴用的是筷子，除了手指以外，這大概是現代世界最普遍使用的飲食器具。在中國，這種簡單的工具一度稱為「箸」，但現在叫做「筷子」，意思是「快棍」或「快人」（如果考慮成立一支曲棍球隊，這兩個都是絕佳的隊名）。總而言之，筷子似乎源自中國，或許是在五千年前，人們用大型的隔熱鍋烹煮食物時，用折斷的樹枝把滾燙的食物撈出來。

令史學家苦惱的是，這段遠古時期的歷史比義大利選舉的政治情勢更加渾沌，因此很難說得精確。早期一本叫《禮記》的禮儀手冊提到，商朝的末代君主使用華麗的象牙筷子，不過這部經書是在他死後幾百年才編纂的，所以可信度有問題。幸好考古學出手相救，殷墟（商朝的古都，位於今天的河南省安陽市外幾哩處）的考古挖掘發現了一整套精緻的黃銅筷子，是三千多年前的產物。

後來，其他的材料也可以用來製作筷子。窮人總是用木筷和竹筷，但富人可以選擇使用金筷子、瑪瑙筷子、漆筷、玉筷和銀筷子。一般認為銀筷子碰到氰化物製成的毒藥會馬上變色（對於有強烈被害妄想症的人，是個有用的小玩意兒），但可惜銀筷子一潮濕就完全喪失摩擦力，讓夾好的食物溜掉，這與其說是筷子，不如說是溜子。這是我新的瘦身書的廣告詞，書名很好記，叫做《挫折瘦身！銀筷革命》（*Frustrated and Thin! The Silver Chopstick Revolution*）。

到了六世紀，筷子已經流傳到亞洲其他地區（雖然最初只在宗教宴席上使用），而且在日本發展出自己獨特的款式：大多變成了木筷子，形狀往往是圓形，而非長方形，且末端會削尖，有時還會塗上美麗的生漆。此外，這些筷子往往比中國的筷子短個兩吋，女人用的也比男人的精緻。到了十九世紀末，日本人甚至發展出劈成兩根的免洗筷，相當於我們吃完便宜的外帶食物之後，樂得丟進垃圾桶的軟質塑膠餐具，只不過是亞洲版的。

弄得髒兮兮

我們的第一道菜是小巧的義大利烤麵包搭配醃肉，相當容易入口，可是當我們端出主菜——濃郁番茄醬汁燉西班牙雞肉——時，每個人猛然驚覺醬汁可能濺到我們乾淨的衣服上。我們幾乎全體一起焦急地打開餐巾，開玩笑似地問說如果把餐巾塞進衣領，會不會很孩子氣。但人類從什麼時候開始在吃飯時使用這些防護性的遮蔽物？

餐巾最早似乎是從羅馬人開始使用的，他們共用一條毛巾把手擦乾，但也會發給每個人一小塊布，叫做mappa，用來擦拭嘴巴和手指。據稱尼祿皇帝曾經從窗戶扔出餐巾，示意競技場的馬車比賽開始。羅馬人大概有時會鋪桌巾，不過在中世紀，桌巾的使用變得比較普遍，目的是吸去油膩手套上的汙垢。但這一點讓主人不是很能接受，畢竟這種織品常常是手工編織的傳家寶物，由母親傳給女兒，是婚姻契約的一部分，萬萬沒想到會在大喜之日被豬肉汁或紅酒弄得髒兮兮。但如果要囤積在壁櫥裡，也找不到正當的理由，因為桌巾（longerie）具有一種強烈的象徵意義，把同桌吃飯的人全部結合在一起，不分階級。因此，如果主人吩咐身旁的衛兵拔劍出鞘，朝賓客的左右兩側把桌巾砍斷，可是莫大的羞辱，這象徵把他們排除在外，不讓他們和其他人一起愉快地用餐。這等於是強迫頑皮的學生獨自吃午餐，讓其他人對他指指點點。

油膩的手指和骯髒的袖口一定會把桌巾弄髒，因此許多中世紀的貴族花錢買桌旗（table

runner），或叫做sur-nappes（nappe是從拉丁文的mappa演變而來），遮蓋桌巾最可能發生意外的兩邊。事實上，像這樣把汙垢抹在桌巾上，未必都是意外。十六世紀的傑出人文主義者伊拉斯謨斯（Desiderius Erasmus）在百忙中抽空寫了一本禮儀手冊，表示「把油膩的手指舔乾淨或擦在衣服上，也同樣不禮貌。應該用餐巾或桌巾擦拭」。同樣著名的法國散文家蒙田承認，因為「幾乎不用湯匙或叉子」，所以也弄髒了不少餐巾。這些是歐洲學養最豐富的學者，這種看似邋遢的行為被認為是一種禮貌。說到這裡，葡萄牙傳教士若昂神父（Father João）指出，日本在同一個世紀的時尚領袖「非常訝異我們用手吃東西，然後再拿餐巾擦手，讓餐巾一直沾著食物的汙漬，這讓他們覺得既噁心又反胃」。聽起來，即使很有教養的蒙田，在他們眼裡也和巨蟒劇團那位在餐廳吃飯時極為粗魯的克里奧梭特先生（Mr Creosote）一樣沒教養。

蒙田和伊拉斯謨斯是十六世紀的作家，當時每一位賓客都會拿到一張屬於自己的擦拭布，叫做花紋布或餐巾，只不過這種布可能有一公尺長，用起來相當笨重。到了十六世紀末，環狀衣領（漿過的放射狀衣領）盛行，讓時髦的用餐者只好把餐巾塞在領口，避免食物殘餘的油脂從下巴滴到時髦的荷葉邊，而且在環形領被淘汰之後，這種習俗仍然繼續流傳，以保護十七和十九世紀鑲了褶襇的襯衫。事實上，一直到十九世紀，當餐具可以更可靠地把食物送進嘴裡，才開始把縮小許多的餐巾鋪在大腿上使用。

餐桌話題

雖然每個人都很愉快地進食，生日的氣氛讓大家興致高昂，也聊得很起勁。一向渴望確保賓主盡歡的羅馬作家浦魯塔克一定覺得很了不起，他不想坐在那裡聽互相嫉妒的對手吵架，也相信吃飯應該是一種團結所有人的民主活動。因此，他提出了幾個有趣的話題，例如經典悖論：「雞生蛋還是蛋生雞？」同時還建議大家只要有機會碰到水手，就向他們詢問旅途中有什麼精采軼事，一旦餐桌上的話題變得有點無趣，就可以派上用場。

另一位名作家馬庫斯・特倫提烏斯・瓦羅（Marcus Terentius Varro）認為：「話題……不應該令人焦慮和困惑，而（應該）有趣且令人愉快。」色諾芬（Xenophon）的《會飲篇》（*Symposium*）告訴我們，他經常被人請吃飯，因為他很會開玩笑，反應又快，是派對的生命和靈魂，人們渴望一起大笑幾聲。但是如果有人想講笑話，卻一點也不好笑，那就慘了，等於給自己挖了一個墓穴，陷入莫大的尷尬，活像穿著羅馬長袍的賴瑞・大衛（Larry David，譯按：影集《歡樂單身派對》〔*Seinfeld*〕製作人）。浦魯塔克顯然親眼見識過這種極度失態的場面，因此建議大家不要亂開玩笑：「不懂得如何在適當的時候謹慎而有技巧地開玩笑的人，最好完全不要開玩笑。」除此之外，這些笑話必須「自然而不經意，而非……預先準備好的餘興節目」。簡單地說，浦魯塔克希望客人都是機智的人，而非不及格的脫口秀演員，老是講固定幾個老掉牙的笑話：「那馬車是怎麼回事？」

中國比較常見的習俗是在開飯前先聊完，然後很快地吃完。傳統的日本宴席一開始相當安靜，但隨著每個人心情放鬆而逐漸加快步調。古今中外都有在宴席進行的過程中看餘興節目的習慣，例如雜耍演員、樂師、歌手，甚至是企圖互相傷害的格鬥士，不過應該沒有人想在客廳摔角，所以今晚就由我們互相娛樂對方。不過在想話題的時候應該謹慎，因為誰也不想表現出愚鈍或無趣的樣子，即使在座的都是好朋友。

最後，雖然蒙田是了不起的哲學家，但他畢竟也是崇尚人道主義、腳踏實地的人，看到有人在飯桌上討論高知識水準的話題，就覺得很洩氣：「幹嘛？他們會在和老婆上床的時候企圖達成不可能的任務嗎？我最討厭明明身體在飯桌上，卻硬要我們把腦袋留在雲端。」

另一方面，十八世紀的貴族契斯特菲爾勛爵勸告他的兒子千萬不要被人看到在公共場合大笑，因為紳士聽到有趣的笑話只能微笑表示欣賞。有鑑於契斯特菲爾勛爵的牙齒大多掉光了，我也不敢打包票說微笑就不會讓他露餡兒。在他那個時代，年輕人必須保持安靜，女士通常訓練有素，知道如何表現得端莊嫻靜，因此許多用餐禮儀的規範都是針對粗魯不文的男子。他們會聽到各式各樣的勸誡：不要當個只在乎自己的自戀狂、說令人尷尬的事情、汙辱其他同桌的人、開猥褻的玩笑、用已經消失的語言引述無趣的古典文學，或是不停對政治或道德提出愈來愈教條式的看法。簡單地說，這個建議很簡單——不要當個眼高於頂的混蛋。

到了十九世紀末的英國，隨著中產階級開始模仿貴族的習俗，禮儀手冊變得極受歡迎，許多禮儀指南出自女性筆下，因此禮儀的勸誡突然開始對輕率的性別歧視者做出機智的糾正：

男人應該要裝出認為她們（女性）和男人一樣會思考的樣子，以示尊重……當你「紆尊降貴」和一個有腦筋的女人說廢話或閒聊……她要不是看出你的優越感而鄙視你，就是認定你的智力最多只到這裡，然後據此對你做出評價。

注意你的禮儀

食物順利下肚，酒消失得更快，大家進入一種醉醺醺的狀態，說話的聲音愈來愈大。不過，我們必須小心，千萬不能讓自己變得像個大老粗，在座的朋友或許都很寬容，但這不是打嗝，或是當著他們的面在屁股上抓癢的藉口。餐桌禮儀是考古學家非常著迷的課題之一，因為每個文化各有不同，不過通常是藉由個人審查來凝結群體的感情。簡單地說，禮儀是一種社會化的自我控制，用意是避免冒犯我們身邊的人。我們犧牲些許自我，好讓他們不會在上班時避開我們，或是不請我們參加他們的婚禮，而我們得到的回報就是可以繼續享受和他們做伴的樂趣，或是——如果是我們的老闆——領到下個月的薪水。

中國有一個例子或許可以說明這一點，古書《禮記》指出，絕對不要用左手觸摸食物，因為在歷史上，左手通常是用來進行汙穢的舉動，例如擦屁股。拉丁文的「左」（sinister，譯按：英語的邪惡、不祥之意），相當充分地說明了為什麼以前的人總認為左撇子是一種負面特徵，而且這個原理也適用於伊斯蘭世界，只不過這裡的規矩稍微寬鬆一點，左手可以拿麵包，或是取用任何不屬於共用的盤子裡的食物。背後的原理應該是這樣的：如果有人想冒險用沾屎的手指進食，請便，但不要把屎抹在其他人的食物上。

同樣地，中國和日本的筷子禮儀規定，不可以在碗裡撈來撈去，尋找最美味的食物，結果讓浸了口水的筷子汙染整碗菜餚，而應該夾到什麼就吃什麼。直接把食物從菜盤送進嘴裡，也是失禮的行為，有禮貌的客人應該先把食物放進飯碗裡，同時也必須留意其他人的筷子會不會和自己的筷子相撞。最後這個規矩其實相當寬鬆，顯示用餐的人經常不小心讓筷子意外相撞，大家也學會禮貌地一笑置之，而不是拿這個當理由到停車場打一架。

有些古老的禮儀和我們的偏好極為相似。希臘作家海希奧德冷靜地說明在飯桌上剪指甲很不禮貌。伊拉斯謨斯指出，在椅子上坐立不安可能會讓別人以為你在偷偷放屁，所以最好不要亂動。好萊塢想像中的中世紀宴席總是鬧哄哄的，但其實正好相反，米蘭詩人邦維新·德·拉·里瓦（Bonvesin da la Riva）在十二世紀寫的禮儀書：《五十條餐桌規矩》（*The Fifty Rules of the Table*），建議讀者不要邊吃東西邊講話、不要討論令人不愉快的話題、不要在別人喝飲料的時候問問題、不要製造惱人的噪音或是喋喋不休地說著微不足道的閒話。簡而言之，目標是「在飯桌上循規蹈矩——彬彬有禮、優雅、愉快和輕鬆」。其他作者補充了更多合理的建言：不要對著別人打噴嚏、不要把寵物抱上餐桌、不要大呼小叫、不要自吹自擂、不要在咀嚼食物的時候張開嘴巴、不要用手抓食物、不要彎腰駝背、不要交叉雙腿、不要舉起手肘、不要用手指或刀子剔牙、不要舔盤子或嘴唇或餐具，而且絕對不能放屁！

相較於這些比較早期的作家，伊拉斯謨斯的態度較為寬容。他認為可以打飽嗝、打噴嚏或打嗝，只要是身體非自主的反射動作即可，例如：「只有重禮貌甚於健康的傻瓜，才會壓抑自然產生的聲音。」他的說法是遵從羅馬皇帝克勞狄烏斯（Emperor Claudius）的敕令，克勞狄烏斯宣布如果是基於醫學之必要，可以在他面前放屁。他會做出這樣的裁決，是因為聽說有人堅忍地選擇死亡，也不願意在尊貴的統治者面前放屁。不過和我們現代的習俗差異比較大的，是吐痰的自由。據說只有古波斯人會克制這種常見的習慣，希臘人和羅馬人都認為只要不是太明顯，其實但吐無妨。伊拉斯謨斯同意這個看法，表示只要不是像某種好勝心太強的駱馬那樣把痰吐到遠處，他覺得不要緊。甚至也不必吐到容器裡，因為地板百分之百可以接納。

吐痰普遍的程度在十九世紀的美國創下新高。嚼菸草是美國的全國性消遣，就連安德魯．傑克遜總統（President Andrew Jackson）也要求在白宮安裝銅製的痰盂，好讓他在踩著腳走來走去的同時，可以不斷咀嚼菸草。令人驚訝的是，一直到十九世紀，人們因為恐懼傳染病而開始擔心衛生，吐痰才變成讓愛挑剔的中產階級深深不以為然的禁忌。我們這張餐桌上的人連想都沒想過要從嘴裡射出一小團口水。事實上，我們仍然和維多利亞時期的人一樣，會因為禮儀有所疏失而道歉，例如不得不優雅地把一團難嚼的軟骨吐進餐巾裡，然後小聲對鄰近的人說「抱歉……」的時候。

另外我們也都認為這不是一場大胃王比賽，我們是來享受美食，也是來和其他人互動的，就算有人先把食物吃完，也沒有人敢馬上撤下整桌的餐盤。不過奇怪的是，維多利亞女王吃飯的規矩就是這樣。依照皇室的慣例，女王的菜必須先上桌，食物一放上她的盤子，她就火速把食物舀進嘴裡。其他人的菜還沒上完，維多利亞就以破紀錄的速度把食物吃光，這或許是她後來體重直線上升的原因。

不幸的是，皇室的慣例規定只要她吃完東西，就得把全桌的餐盤撤下去，儘管大多數的人幾乎沒碰過他們的餐點。在一個令人難忘的場合，生性離經叛道的哈汀頓勛爵（Lord Hartington）看到自己吃到一半的帶骨羊里脊突然消失，忍不住大發雷霆，要求說：「來！端回來！」聽到他勃然大怒，想必在場所有人都嚇得面無血色，但看到他這麼沮喪，維多利亞反而覺得有趣，慷慨地伸手叫僕人把下桌的餐盤端回它飢餓的主人面前。就連位居萬人之上的君主也知道，稱職的主人要以賓客的願望為先。

主菜被適時撤下，現在要關燈，端出巧克力蛋糕，並且在壽星吹蠟燭的時候為她獻唱一曲。今晚到目前為止都很愉快，大家也很高興，但活動不必就此結束。我們都是成年人，適逢星期六夜晚，更應該喝點小酒。

9:30 p.m.

酒

客人從餐桌移駕，回到舒服的沙發上，我們身為主人，這時必須送上一杯酒。在客廳掃視一圈，發現他們每個人的品味都很不一樣，當中有葡萄酒鑑賞家、啤酒愛好者和喜歡啜飲烈酒的人。於是我們在酒櫃東翻西找，列出各種不同的選項，看什麼人想喝什麼酒。把可以端給客人喝的酒一一展示出來，在英國是相當晚近的習俗，這種中產階級的風潮始於一九七〇年代，過去的人們大多直接上酒吧。但如果我們以為人類幾千年來都沒有喝過酒，那就大錯特錯了，事實上，酒出現的時間可能比我們人類還早。

派對動物

用Google搜尋drunk elk（酒醉的麋鹿），你可能會看到在瑞典拍的一張非常逗趣的照片。一隻麋鹿在吃下一肚子發酵的蘋果之後，醉醺醺地爬到樹上，摘更高的蘋果吃，而且成功地把自己的身體卡在樹枝之間。儘管我們喜歡用五花八門的酒單把這件事弄得很複雜，但酒精基本上就是發酵過的糖，意思是就連野生動物也有機會享受到醉得天旋地轉的感覺。既然如此，我們大可以假設在整個石器時代，人類喜歡吃腐爛的水果來大醉一場，不只是因為喝醉的感覺很好玩，也因為一公克乙醚所包含的熱量比一公克的蛋白質或碳水化合物來得多，用這種方法來攝取每日五蔬果，感覺好像愉快許多。

但我們什麼時候開始刻意製造酒精，又為什麼會冒出這麼多種酒？

農夫還是發酵夫？

人工釀酒最早的證據，來自大約九千年前的新石器時代。考古學家把中國河南省賈湖的古代陶器拿來做化學分析，偵測出用米飯、蜂蜜和水果製成的發酵飲料的跡證。就像那隻瑞典著名的斜眼麋鹿肚子裡的蘋果，這些蜂蜜和水果是自然發酵的，但米飯就不同了，米飯要先嚼碎，用人類的唾液破壞分子結構，然後才能吐回罐子裡喝。聽起來不是很開胃，吐回罐子裡的冒泡濃液看起來也不怎麼賞心悅目。不過這種必須用一根麥稈啜飲的飲料，有百分之十的酒精成分，會帶來一種甜滋滋、熱呼呼的興奮感，幾碗下肚之後，大概就會忘記這東西當初是怎麼做出來的。

但最有意思的是農耕和喝酒成了同義詞。在車輪尚未發明的時代，人類還不知道什麼是馬車，就從馬車上掉下來了（fall off the wagon，譯按：意為喝酒）。有些考古學家不認為這是巧合，根據其中一種理論，新石器時代的農業革命一開始完全是為了要發酵農作物——酒精不是農作物耕種產生的副產品，反倒農作物是在製作酒精時順便產生的。

清酒

在印度、中國、韓國這些地方，白米一直是釀酒的主要原料，當然日本也不例外，當地的米酒叫做「清酒」。傳統的釀製法很簡單，只要把人類的唾液加入煮熟的白飯裡，放一個星期就好。不過其他米酒的釀製過程就比較複雜，連聖人都可能不耐煩。如果想自己在家裡釀酒，下面是一份操作指南：

1. 把白米清洗好幾次，去除雜質。
2. 放在蛇麻子裡浸泡一星期。
3. 蒸一個小時，然後倒入冷水。

4. 攤在竹席上風乾，然後放進一大盆水裡。
5. 倒入天然酵母和酵素，加入洗好的各種不同品種的米。
6. 把混合物放進溫熱的罐子裡發酵七十天。
7. 加入兩塊蜂蠟、五片竹葉和半顆鋸齒狀的水芋來殺菌。
8. 煮沸之後慢慢放涼。
9. 喝！
10. 倒地！
11. 抱怨頭疼！
12. 再來一次！

這種殺菌法可以讓酒保存在罐子裡長達十年，現在我們發現家裡的酒櫃一直藏著年份相當的幾瓶古怪陳年烈酒，是我們出國度假時非常樂觀地買回來的。唉，我們大喊：「誰想喝二〇〇三年的克羅埃西亞梅子白蘭地？」這時整間客廳陷入一陣尷尬的沉默。計畫失敗，我們試著提出一個比較受歡迎的建議：「好，誰要喝啤酒？」

我喝一品脫

在伊朗西部，也就是坎加瓦爾（Kangavar）河谷的東南角，有一個大得驚人的土墩，札格羅斯山脈（Zagros Mountains）像電影鏡頭似地遠遠出現在土墩後面。這個樣貌怪異的土堆對考古學家有股強烈的吸引力，在一九六〇年代，這裡成了美國一支考古團隊開挖的焦點，他們很快發現一座古代村莊的遺跡，也就是七千年前創建的戈丁土丘村（Godin Tepe）。這項考古挖掘斷斷續續地進行了三十年，直到一九九二年的某一天，研究人員挖到出自西元前三五〇〇年的陶土容器，進一步檢驗後發現，這些是人類史上最重要的一種飲料——麥酒——最早的證據。

當時像烏魯克這種最早期的蘇美城市，互相構成了一個不規則延伸的貿易網路，戈丁土丘村是這張網裡面一個很小的節點。不過，戈丁土丘村規模雖小，不表示他們要從遠方輸入麥酒，麥酒是當地居民自己釀的，而且釀製的過程也不簡單。首先必須把穀物浸濕，然後乾燥，一直到穀物發芽，然後放進熱窯裡再度乾燥，接著用玄武石打成粗糙的粉末，加水，形成糊狀的濃漿，接下來需要用高溫（可能是用滾水）啟動發酵的過程，讓麥芽糖開始焦糖化。聽起來好像很麻煩，對吧？嗯，我們還沒說完……

釀酒時產生的天然副產品，是一種茶色的結晶物質，叫做「草酸鈣」（calcium oxalate），有時俗稱為「啤酒石」（beerstone）。現在我們會將草酸鈣仔細去除，因為那會讓喝酒的人犯噁心，這純粹是自討苦吃，完全稱不上樂極生悲。不過，五千五百年前沒有任何工業程序可以把草酸鈣萃取出來，因此新石器時代的釀酒者就選擇一種比較簡單的解決方式：他們在寬口陶罐底部刮出溝紋，讓「啤酒石」沉澱到這些凹痕裡，剩下的麥酒就完全不會受到汙染。最後可以用其他材料調味，製作出各種營養的淡啤酒和甜麥酒。

比起把口水滴在白飯裡，以及把蘋果放在太陽下曝曬，這種做法顯然費事許多，不過札格羅斯山脈的釀酒先驅顯然和荷馬．辛普森（Homer Simpson）有共同的哲學，認為啤酒就像女人：「聞起來很香、看起來很漂亮，你不惜從自己老媽身上跨過去，只為了得到它！」

液體麵包

既然人類發明了書寫，麥酒一旦被發現，就不太可能再被遺忘。人類最早的史料之一，就是製作麥酒的行政紀錄，由此可見酒有多麼重要。但這不只是因為我們的祖先是喝得醉醺醺的傻瓜，在古代城市跌跌撞撞，抓著陌生人，口齒不清地說：「你是我最最好的朋友，你是……」不，麥酒在蘇美人的語言裡叫做「液體麵包」，在整個美索不達米亞和埃及，這是勞工每天固定的飲食。同樣地，如同賈湖的米酒，麥酒是透過麥稈吸到嘴裡，就像可口的奶昔，當時大概有十九種不同的麥酒（八種大麥製、八種小麥製，還有三種是以混合穀物製成）。種類之繁多，非現代酒吧所能比擬，即使是每個員工都叫克萊倫斯（Clarence）的那種裝模作樣的酒吧。

世人能喝到這種美味的飲料，完全要歸功於人類勇於實驗的精神，但我們可以理解為什麼所有的功勞都算在女神寧卡西（Ninkasi）頭上。世上最古老的飲酒歌就是用來歌頌她的——「寧卡西之頌」（Hymn to Ninkasi）固然好聽，但完全不如瘦子李奇合唱團（Thin Lizzy）的「瓶中威士忌」（Whisky in the Jar）那麼容易朗朗上口。不過既然這首歌是在三千八百年前寫的，那時候根本沒有什麼雙吉他獨奏，我仍然願意寬容一點，而且這首歌對啤酒考古學家很有用（對，有這種工作！）因為裡面提到麥酒的釀製過程，只不過在細節方面模糊得令人洩氣，因此製作蘇美人自釀麥酒的現代實驗，就像近年上演的《星際大戰》（*Star Wars*）前傳，令人失望到忍不住開始質疑原作的品質。

儘管在埃及極受好評，麥酒在古代的地中海世界卻落得聲名狼藉，因為這是那些穿長褲、居森林、不懷好意地潛伏在文明世界邊緣的蠻族愛喝的酒。北方的日耳曼民族沒有被羅馬人征服過，因此對麥酒的喜好從來不曾動搖，但他們同時非常鍾情於一種加了蜂蜜的酒，叫做「蜜酒」（mead）。這兩種飲料在後來的維京人和盎格魯撒克遜人的政治和社會文化中，扮演著舉足輕重的角色。事實上，蜜酒的地位非常重要，因此可能有宴會廳（權力的中心）用這種酒來命名。可惜我們沒有延續這項傳統，但如果我陳情要求把英國國會大廈改名叫「國家琴通寧娛樂廳」（National Gin and Tonic Lounge），應該不會有人想連署。

那撒克遜人的蜜酒廳是怎麼回事呢？

蜜酒人

你站在田野中，精確地說是一片蜜酒田野，眼前是一間木造房舍，喧囂的噪音透過椽梁傳出來。你往前走，開門進去，馬上看到一排排留著大鬍子的男人坐在蜜酒板凳上（medubenc），用蜜酒杯（meduscenc）貪婪地狂飲，同時因為有一種蜂蜜快感（medugál）而放聲大笑。你留下來，過了幾小時，吃過東西之後，氣氛變得更加熱烈。要不了多久，一個口無遮攔的蜜酒傻瓜（meduwanhoga）不小心羞辱了一個狂愛蜜酒（meduhátheort）的戰士。結果他運氣好，沒有淪為蜜酒殺人罪（medumanslieht）的受害者。現在危機排除，每個人繼續飲酒歌唱，但最後蜜酒喝光了，現場陷入一種蜜酒剝奪（meduscerwen）的集體絕望中。

你大概看得出來，盎格魯撒克遜人真的很喜歡縱酒狂歡，這從他們的語言充斥著和蜜酒有關的用語，即可窺知一二。因此當教會開始試圖讓他們皈依基督教時，根本不可能指望他們不再拚命喝酒，教會反而勉為其難地也開始為麥酒背書，即使紅酒——耶穌寶血——才是正式的奠酒。事實上，雖然基督曾經把水變成紅酒，但到了五世紀，創造奇蹟的愛爾蘭女神：基爾代爾的聖布里姬（St Brigit of Kildare），據說會把水變成麥酒。不久之後，中世紀的愛爾蘭國王甚至在復活節，這個全年最神聖的時節發放麥酒。因此，不可避免地，在不久之後，教會不只是允許信徒喝麥酒，甚至自己動手釀製。

麥酒馬利亞，滿被聖寵者

修道院釀酒？這聽起來可能有點意外，簡直就像達賴喇嘛發行自己的香菸，品牌名稱叫「聖菸」。不過在中世紀，用第二道大麥汁製成的淡啤酒（一種稀薄的麥酒）比喝水更安全，因此整個基督教世界的人都大口大口地拚命喝，即使那些已經發過神聖的禁慾誓、立志要杜絕一切娛樂的人也不例外，這純粹是因為當時沒有其他更衛生的飲料。而且天啊，他們真的喝了！有的修道院規定每個隱修士每天最多可以喝五公升的淡啤酒，即使濃度很低，想必也足以令人搖搖晃晃。而且上述的額度還不包括紅酒在內，阿尼昂的聖本篤（St Benedict of Aniane）宣稱他的弟兄每天可以喝的麥酒是紅酒的兩倍，既然麥酒的配額這麼慷慨，一定會讓他的隱修士染上海明威（Ernest Hemingway）那種重度酗酒症。不過我們應該感謝這些中世紀隱修士，因為他們率先想到把蛇麻子加入麥酒，於是發明了萬人稱頌的啤酒。

有幾個朋友接過我們端來的啤酒，但仍然有幾個人空著杯子。或許這些人對葡萄的接受度比穀物更大？

葡萄佳釀

我們從葡萄酒架拿出一瓶梅洛（merlot），把上面的標籤唸出來。顯然這種酒帶有果香，很適合搭配紅肉，但我們怎麼知道好不好喝？畢竟在超市裡只賣五英鎊，說不定味道和通樂差不多。當然，基於這個原因，法國人設計了一套葡萄酒分級制度：有中等的「日常餐酒」（vin de table），然後是「地區餐酒」（vin de pays），再來是「原產地優良葡萄酒」（appellation d'origine vin de qualité supérieure），接著是最頂級的一流好酒「原產地法定葡萄酒」（appellation d'origine contrôlée）。對，其中潛藏著太多唸不出來的音節，特別是你已經有點醉了，不過這個制度似乎很有用。

但古代人怎麼辨？他們對葡萄酒的區分是否同樣嚴格，抑或對他們來說，全都是大同小異的劣質酒？這個嘛，埃及那些自以為懂得葡萄酒的人採用的是三級制：好喝就叫 nfr、很好喝就叫 nfr-nfr，如果是絕無僅有的好酒，那就叫……嗯，你大概猜到了（對，就是 nfr-nfr-nfr，果然不論哪一個時代，喝醉酒的人說話都會重複）。我們或許沒想到古代的人味覺這麼複雜，但埃及上層社會的人對葡萄酒非常重視，他們投資大量金錢，不但在本地釀製他們最喜歡的酒，也從附近的以色列運過來。在他們的宗教裡，葡萄酒是偉大的神祇奧西里斯（Osiris）賜與的禮物，而且富人幾乎不碰其他的酒。因此，考古學家經常發現古代盛酒的雙耳細頸橢圓陶罐上刻了酒的年份和產地，這表示不只現代的葡萄酒愛好者才會在開瓶前先看標籤。

不過往前跳個幾千年，羅馬的冠軍葡萄酒無疑是法勒納斯（Falernian），這種葡萄酒以寒霜時節從馬西科山的葡萄園採收的葡萄釀製而成，口味醇厚、濃烈（酒精含量百分之十六），以致於老浦林尼宣稱這種酒有可燃性。但更重要的是，這是羅馬世界的水晶香檳，尼祿皇帝舉行皇家大宴時，就是用這種酒款待賓客。法勒納斯酒分成三種：澀味、甜味和淡味，最佳年份是西元前一二一年，比帝國取代共和國還早了一個世紀。那我們能否就此認定尼祿根本無緣享受這種頂級佳釀？

嗯，其實不然，因為法勒納斯酒以愈陳愈香聞名，所以只要出得起天價，仍然可以在數十年後喝到這種酒。凱撒大概曾經在西元前六十年小酌一番——可能是古代版的五五年拉菲葡萄酒（Chateau Lafite Rothschild）——可是在一個世紀之後，浦林尼喝到的是釀了一百八十年的天價陳醋，不禁大失所望。上當的也不只他一個，《愛情神話》（*Satyricon*）的作者，諷刺文學家佩托尼奧（Petronius），說什麼也要讓他筆下那個粗鄙的角色——奴隸出身的富豪特里馬喬（Trimalchio）——端上同屬最佳年份的法勒納斯酒，讓在座的賓客對他刮目相看。佩托尼奧用這種方式告訴讀者，特里馬喬是個世界級的笨蛋，不過這個笨蛋的口袋很深。

法勒納斯酒名滿天下，免不了會有人仿冒，龐貝的一家客棧宣稱只要用一個塞斯特爾提烏斯（sestertius，古羅馬幣）的價格就能喝到法勒納斯酒，這就像是一個叫「老實的」特列佛（Honest Trev）的人以五十英鎊兜售的勞力士手錶，便宜到令人起疑。不過龐貝清楚證明了更廣大的羅馬民眾對葡萄酒的熱愛，在這個大約兩萬人居住的城市裡，考古學家發現了一百多家酒吧和客棧（cauponae），雖然其中有不少可能也是妓院，但應該大多數的店家都有賣酒。這其實沒什麼好奇怪的，因為龐貝算是葡萄酒的產地，因此本地產品的價格低廉。維蘇威火山爆發時，許多龐貝人可能醉得正歡欣。

因此，歷史上最早設置葡萄園的是埃及和羅馬人嗎？不，要解開這個謎題，我們必須再回一趟伊朗。

最古老的葡萄酒

泥磚打造的哈吉菲魯茲土丘村（Haji Firuz Tepe）距離戈丁土丘村不算太遠，外觀看起來也差不多。不過哈吉菲魯茲土丘村之所以這麼有吸引力，是因為這裡挖到染了葡萄酒漬的儲藏罐，大約出自西元前五千年，證明葡萄酒的釀製比啤酒早了一千五百年。在人類已知的歷史當中，這是最古老的葡萄酒，不過最令人震懾的，是當地規模龐大的釀酒工業。

哈吉菲魯茲土丘村村民展現出新石器時代普遍的前瞻性規劃，把葡萄酒儲藏在九公升的陶罐裡，用黏土封住瓶口。其中六罐是在同一間廚房發現的，顯示當地曾經刻意進行大量製造，儘管我們不禁要懷疑當時的人是不是打算同時——或許在一場史前版的辦公室聖誕派對上——把這五十四公升的酒一飲而盡。但這些陶罐在經過科學分析之後，發現了微量的阿月渾子樹脂，加入這種成分，大概是為了延長葡萄酒的保存期限。這些樹脂當然會滲進正在發酵的葡萄裡，我們不妨想像一下，新石器時代那些自以為內行的人把酒瓶拿到鼻子前面晃一晃，盛讚其中散發的堅果和木頭香，而他們受苦多年的配偶在旁邊一起翻白眼。

這種技術逐漸盛行。希臘人也想辦法保存葡萄酒，但如果你把一杯雅典人的頂級佳釀端給一位現代鑑賞家，他們很可能吐得鞋子上都是葡萄酒，然後狠狠瞪你一眼，不明白你為什麼要這樣羞辱他，因為葡萄酒裡加了樹脂、香料、香藥草、少許植物或蜂蜜。更奇怪的是，這些酒還應該用高山融雪稀釋過（在熾熱的夏天，這是一種涼爽的散熱劑），再不然就是加了鹹鹹的海水（聽起來真的不太好喝……）。在希臘人眼中，只有蠻族和傻瓜才喝純葡萄酒，主要是因為這種酒對大腦有強烈的影響……

酒中自有真理

喝過了搭配晚餐的葡萄酒，我們的客人正處於微醺時字字珠璣的黃金時刻，因為一旦壓抑解除，我們就變得更有趣也更自信。對古希臘人而言，葡萄酒（oinos，我們的wine就是從這個字衍生的）可以刺激人類的創意，戰士、國王、哲學家和詩人都應該喝葡萄酒，至於女人、奴隸和青少年不得飲用，因為他們不希望這幾種麻煩人物興起任何翻轉社會階層的念頭。葡萄酒是舉行宗教儀式、與盟國和敵國之間做出重大宣誓時最重要的奠酒，甚至有醫師開葡萄酒藥方來激勵孱弱病人的精神。不過，最重要的是，喝葡萄酒可以顯示自己的文化高人一等。

儘管如此，古人還是會提醒大家留意飲酒量，他們認為酒精似乎具有某種魔力，可以誘使人們脫口說出不為人知的祕密，所以才有這句羅馬箴言：「酒中自有真理」（in vino veritas）。希臘作家阿特納奧斯的說法更為優雅，把酒稱為「心靈的鏡子」。因此，基於相當犬儒的原因，雅典的政治演說家發表演說時最好帶著些許醉意，才不會在現場聚集的群眾面前掩飾任何卑鄙的意圖。那些拒絕從善如流的政治人物，例如偉大的狄摩西尼（Demosthenes），被大眾譏笑是「喝水的人」。不過，鼓勵那些負責做重大決策的人喝得醉醺醺，究竟是不是明智之舉？相關的爭議引發了激烈的討論。喜劇詩人安普里斯（Amplis）曾說：「我認為酒會讓我們長不少見識，那些喝水的人是傻瓜。」但歐布洛斯（Eubulus）則警告說：「酒足以蒙蔽心智。」儘管如此，大家都一致認為，喝得酩酊大醉，還喝出個大肚腩，確實不是政治家風範——雅典人應該不會投票給葉爾欽（Boris Yeltsin）才對。

在傲然挺立的狄摩西尼和橫躺在地的酒鬼之間，是金髮小姑娘（譯按：出自《歌蒂拉與三隻小熊》〔*Goldilocks and the Three Bears*〕的故事）那種醉得剛剛好的狀態。philopotes的意思是「愛喝酒的人」，然而這個字不是在委婉地辱罵酗酒成癮的人，而是以正面的口吻贊同一個人的生活態度。男人舉行的酒宴叫 symposia，與會人士會飲酒作樂，但不會縱情喧嘩，酒宴的重點在於哲學性的討論，而且這些有葡萄酒當潤滑劑的聚會和現代中產階級的晚宴差不多，充斥著危險的禮儀陷阱。連盛酒的容器（kylix，一種雙耳寬口碗）也難端得很，一個不小心就會把酒液濺到下巴，所以即使酒到嘴邊，也只能慢慢啜飲。陶碗上也可能用目光炯炯的人眼做為裝飾，提醒你別忘了整個社會都在嚴密監視你，以防有人藉著三分醉意，朝尊貴的雕像撒尿，或是點火發動戰艦取樂……

生命之水

酒精（alcohol）這個名字來自al-kohl，在阿拉伯語中，這個字指的是透過銻的化學昇華所產生的黑色粉末。乍看之下，會覺得這個字源有點古怪，因為酒不是用重金屬製成的，再說大多數的穆斯林也不喝酒。除此之外，在十八世紀之前，alcohol根本沒有休閒飲料的意思。那麼，這到底是怎麼回事？

這一切都源自於充滿吸引力的煉金術怪談。煉金術是一場中世紀知識分子的共同運動，融合科學、宗教和哲學，目的是追求更崇高的知識，以及隱約帶有巫術的法力。煉金術士大多在尋找長生不老的靈藥，或是神奇的賢者之石（philosopher's stone）。雖然這些人都是學識淵博之士，但他們的實驗可能會讓現代人覺得荒謬可笑。舉個例子，義大利貴族柏納多．

德・特列維梭（Bernardo de Treviso）浪費了大筆財產和大量的光陰，嘗試用醋、雞蛋和馬糞製成的噁心混合液塗抹鉛塊，希望把鉛塊化為黃金。不過，儘管有這種注定失敗的實驗，煉金術的研究也不是一無是處——它為世人帶來了烈酒。

技術上來說，酒精不是一種醫學上的發現。古希臘人早在兩千年前就會蒸餾液體，後來的中世紀阿拉伯人則拿葡萄酒來蒸餾，不過當這些歐洲的業餘法師首次目睹這種實驗，馬上看得著了迷，稱之為「燃燒的水」（aqua ardens），原因是葡萄酒遇到明火就會燃燒。但這不是酒唯一令人費解的特徵，因為它還會在陽光下蒸發，對身體和心智造成很大的影響，並且能防止食物腐敗。謠言很快在全歐洲自命清高的讀書人之間流傳，宣稱在水、空氣、火和土之外，還有這種新發現的基本物質——第五元素。如果這種神奇物質可以保存食物，那大概也可以保存生命？

十三世紀的西班牙煉金術士兼內科醫師阿納爾德斯・德・維拉諾瓦（Arnaldus de Villanueva）是最早把葡萄酒蒸餾成白蘭地的人之一，他還為這款白蘭地取了一個很漂亮的名字：「生命之水」（aqua vitae）。有個這麼好記的宣傳花招，可想而知，醫學界很快就把烈酒當做一種強效萬靈丹，尤其是在黑死病無情地肆虐歐洲時，發現大多數的藥物都和颱風天打傘一樣毫無作用。唉，生命之水的效果似乎也好不到哪裡去，三分之一的歐洲人失去生命，有些人還因為白蘭地引起的頭痛而死得更慘。但這仍然不代表蒸餾酒將會失去它在藥櫃裡的位置。

不是醫師開的藥

現在喝威士忌睡前酒還嫌太早，但我們的客人晚一點可能想喝一、兩杯。如果是的話，他們會希望自己不要追隨中世紀愛爾蘭人里斯德．麥格．瑞格耐爾（Risderd Mag Ragnaill）的腳步，踏上黃泉路。根據一四〇五年的《康諾特年鑑》（*The Annals of Connacht*）記載，他非常驕傲地發現如果喝太多生命之水，可能產生反效果。他很可能是不知節制地喝了太多醫療級的生命之水，但如果說他是歷史上最早喝到威士忌的人，似乎也言之成理，因為我們知道在十五世紀末的時候，已經有人蒸餾大麥麥芽，製成愛爾蘭人所謂的uisce beatha（威士忌，愛爾蘭語的意思是生命之水）。說真的，首先，麥格．瑞格耐爾居然能把自己喝死，就是一件離奇的事，因為早期的威士忌沒有放進酒桶熟成，味道恐怕和脫漆劑差不多。我們應該肯定他在喝到令人倒胃口的劣酒時，還能秉持堅定、自殺式的禁慾主義。

當威士忌往北流傳到蘇格蘭時（當地從十九世紀開始把這種酒稱為「威士忌」），其他國家也染上了蒸餾酒蟲，在十六世紀開始生產自己的地區性產品。法國人用紅酒和蘋果酒製成白蘭地；丹麥人用穀物麥芽漿加上香料調味，製成阿夸維特（aquavit）；荷蘭人在穀物中加入杜松子，製成琴酒。不過到了十七世紀，如果你是海盜或英國海軍的水兵，真正的酒只有一種。所以，我們有哪位客人想來一杯蘭姆可樂？

喲嗬嗬，再來一瓶蘭姆酒

沒有人清楚蘭姆酒（Rum）的起源為何，但它在現代這麼受歡迎，是拜加勒比海的製糖業所賜。製糖所產生黏稠副產品叫「糖蜜」（molasses），是蓄奴的農場老闆實驗的材料。他們想利用農場的廢料賺錢，開始將廢料加入煮糖的殘餘物裡，然後浸泡在清洗煮糖鍋的水中，這樣產生的混合液叫做「泔水」（wash）。接下來，讓它在熱帶的濕氣下發酵，並適時加入煤灰和柑橘類水果來平衡酸度，另外可能在冒泡的鍋裡倒入動物的死屍或人類的尿液，做為額外的調味品。我應該補充說這些不是關鍵的成分（別擔心，今晚的蘭姆可樂不是用死去的獾和排空的膀胱製成的），事實上，這種說法是為了勸阻口渴的奴隸在裝瓶時偷喝。泔水不再冒泡之後就開始加熱，讓酒的菁華揮發，再藉由管子輸入容器放涼，最後濃縮成濃烈的酒精飲料。簡單地說，這就是蘭姆酒。

在巴貝多斯（Barbados），蘭姆酒的外號叫「魔鬼殺手」（kill-devil），清楚點出它猛烈的酒力，而且有一票困惑、被太陽曬傷的移民毫無節制地拚命喝，他們到加勒比海來尋找發財的機會，結果只落得一身病痛和滿心失望。根據湯馬斯．維尼（Thomas Verney）這位絕望的目擊者表示，經常看到年輕人跌跌撞撞地從酒館出來，臉部朝下地倒在沙子裡昏倒，接著馬上有大批棲息在海灘的原生甲殼類動物跑來騷擾。在十七世紀，巴貝多斯的酒鬼連馬褲都不用脫，就能抓到多得嚇人的螃蟹。

魔鬼殺手只是個外號，蘭姆酒的正式名稱來自一個比較長的字：rumbullion，意思是「縱情喧嘩」。事實上，這種酒真的不怎麼好喝，不過因為便宜得要命，而且被認為有助於治療熱帶疾病，所以島上的人都把它當成礦泉水那樣狂飲。喝多了，免不了會產生暴力和爭執，結果就是「縱情喧嘩」。既然惡名在外，這種酒自然容易成為「黑鬍子」愛德華．迪奇（Edward "Blackbeard" Teach）、亨利．摩根（Henry Morgan）和瘋狂的精神變態者耐德．羅伊（Ned Lowe，喜歡強迫俘虜吃下自己的身體部位）等等出了名愛惹事的海盜偏愛的飲料。

老格洛格姆

眾所周知，加勒比海海盜的剋星——英國皇家海軍——也選擇讓船員喝蘭姆酒，因為喝酒比喝水安全，蘭姆酒也不像啤酒那麼容易腐壞。當然，讓船員在滿是火藥的甲板上蹣跚地走來走去，畢竟有風險。於是在一七四〇年，海軍少將愛德華．維農（Vice-Admiral Edward Vernon）把軍用的蘭姆酒稀釋，這種酒精濃度比較低的摻水蘭姆酒叫做「格洛格」（grog），是為了紀念老格洛格姆（Old Grogram），也就是維農的綽號，來自他常穿的那種滴水不透的防水斗篷（譯按：grogram是一種絲毛混合纖維）。一七五五年，醫學研究證明維生素C可以對抗敗血症，於是海軍條例規定必須同時在摻水蘭姆酒和葡萄酒裡加入萊姆（lime），因此美國和澳洲的英國人又被稱為limey，意思是「英國佬」、「英國水兵」。

回到陸地上，蘭姆酒在歐洲不是太受歡迎，不過在美國東海岸的各大城鎮，一般的美國人一天大概要喝上五小杯（我所謂一般的美國人，是指年紀超過十四歲的美國人）。由於執照法的規定很嚴格，酒吧老闆很快就設法迴避相關規定，其中一種方法就是在蘭姆酒中混合其他成分，例如萊姆、藍莓、杜松子、丁香、肉桂、薄荷和肉豆蔻。這似乎就是我們現代雞尾酒的起源，而最受歡迎的飲料是蘭姆潘趣酒（rum punch），將酒盛在大碗裡，加入切片的柑橘類水果。

參加派對的每個人手上似乎都有一杯飲料，現在我們可以坐下來輕鬆一下。不過，既然是星期六晚上，又是特殊場合，最好不要過度放縱，弄到進警局或醫院……

酒後鬧事

給挪亞（Noah）一點同情。他剛打造了一艘大船，讓每種動物都有雌雄一對，逃過上帝大洪水的詛咒。然而就像舊約聖經說的，成功逃過大洪水的災難後，挪亞喝自製的葡萄酒，脫去衣服，赤著身子，醉醺醺地倒在帳棚。更糟糕的是，到了第二天早上，挪亞的兒子含（Ham）看見昏迷的父親一絲不掛地躺在地上，馬上跑到外面告訴他的兄弟。在這故事中，被當成壞人的不是挪亞，反而是含因為告發了令人敬畏的父親而顯得不知好歹。此外，這個故事告訴我們，即使是最聖潔的人，也可能在酒後做出丟人現眼的事，那我們這些凡夫俗子還能指望什麼呢？

希臘劇作家歐布洛斯表示，對智者而言，葡萄酒喝三杯正好，喝完就晃晃悠悠地回家睡覺，但是三杯一過，每多喝一杯，後果就愈來愈嚴重：第四杯會令人驕傲，第五杯會讓人咆哮，第六杯會引發爭執，第七杯會讓人拳腳相向。第八杯會摔壞家具，警察會上門，第九杯會發酒瘋，第十杯下肚隨即不省人事。陶爾米納的蒂邁歐斯（Timaeus of Tauromenium）敘述的軼事可以算是一種「十杯傳說」，他描述有一票年輕人醉得一塌糊塗，以為自己坐在三層槳戰船上，在海上遭遇狂風暴雨，必須減輕船上的荷載才不會沉船。想像一下，看到一群神智不清、東倒西歪的醉鬼從附近的窗戶扔出椅子和床鋪時，路過的陌生人一定覺得莫名其妙。

我們都見識過，盎格魯撒克遜社會喝酒的標準可謂驚天地而泣鬼神，即使在基督教信仰傳入之後，一般人照樣舉杯互助健康（當時把乾杯祝酒稱為wassail），然後繼續喝到爛醉如泥。但不只一般人會喝醉酒，針對教會官僚制定的教規法令，也證實隱修士和神職人員會跑到淫穢的酒館狂歡飲宴。即使被當場拖走，似乎也有人回到住處之後繼續狂飲，因此十世紀的坎特伯里大主教埃爾弗里克（Archbishop of Canterbury Aelfric）才會埋怨說：「人的行為常常荒謬到居然整夜不睡覺，在上帝的殿堂喝得瘋瘋癲癲，還用可恥的遊戲及猥褻的言語來玷汙天家。」在酒館喝醉已經夠糟了，在神聖的殿堂喝醉，本質上就是對天父比中指。

有一位客人問我們家裡有沒有琴通寧可以喝？幸好家裡有，但我們要小心斟出正確的份量。琴酒喝多了，往往會暴露人性最糟糕的一面……

母親的墮落

一七五一年，政治運動藝術家威廉·霍加（William Hogarth）出版了他著名的版畫「琴酒巷」（Gin Lane）。畫中有一個母親把琴酒倒進嬰兒的嘴裡，另一個喝得醉醺醺的酒鬼，則根本沒注意到她的小孩頭下腳上地從一排石樓梯摔下去。版畫的前景是一副坐在階梯上的骸骨，手上還拿著酒杯。畫的左邊有一隻狗，和主人分食一根骨頭，主僕倆像野蠻的禽獸一般使勁地啃。是什麼激發霍加畫出這麼一幅恐怖的景象？

一六八〇年代，英國人和白蘭地的愛情變成一場苦戀。這個國家經常和白蘭地的出口國——法國和荷蘭——打仗，因此，為了用土產的烈酒彌補短缺的白蘭地，政府徹底解除對琴酒生產的管制，許多新的釀酒廠應運而生。根據資料顯示，才不過一七二六年，只有七十萬人口的倫敦幾乎被八千六百五十九家「白蘭地酒館」（brandy house）擠爆，也就是說平均每八十人就有一家琴酒館，而這還沒算進原本就在賣啤酒和葡萄酒的五千九百七十五家麥酒館。

這種前所未有的琴酒酒精中毒症，對人類危害甚鉅，甚至被稱為「母親的墮落」（Mother's Ruin）。據說光是從一七四九到一七五一年，因為酗酒父母親的疏忽，直接導致倫敦人口驟降了九千多人。甚至有人宣稱因為琴酒喝得太凶，連母乳都含有少量的琴酒。走在倫敦街頭，動不動就被男人、女人，甚至小孩的身體絆倒，大批四肢交纏的醉鬼不省人事地躺在酒館的地板上，甚至是大街上。就像吸食海洛因上癮的人，他們陷入一種惡性循環，時而極度興奮，時而委靡不振，而解癮的管道俯拾即是——每年向主管當局申報的琴酒高達八百萬加侖，除此之外黑市的產量可能不相上下。

政府一手製造了這整個惡夢之後，曾經數度提高蒸餾酒廠取得執照的成本，就像那句諺語說的，試圖亡羊補牢，無奈為時已晚。法律無法執行，行為模式根深柢固，琴酒稱霸街頭。琴酒危機（Gin Crisis）在這六十年間造成無法衡量的損害，直到一七五一年的琴酒法案（Gin Act）成功鎖定消費者和批發生產商為止。然而伴隨著琴酒危機所產生的道德恐慌，並非以酒精本身為攻擊目標。中層階級及上層階級的意見領袖認為琴酒是這場災難唯一的罪魁禍首。事實上，霍加除了版畫「琴酒巷」之外，還有堪稱姊妹作的「啤酒街」（Beer Street），畫中的倫敦人壯碩、健康、歡欣鼓舞。就像任何一個自欺欺人的癮君子，英國人把更嚴重的問題推到代罪羔羊身上。所有的混亂都是琴酒——便宜的外國馬尿——造成的，但定期喝幾杯美味營養的啤酒就一點也不礙事。

然而這種態度將在十九世紀末受到挑戰。

一場高貴的實驗

一個世紀之前，一個由好酒貪杯之徒組成的國家——美國，立法全面禁止賣酒，成為現代史上數一數二的重大事件。那麼，事情怎麼發生的？為什麼會徹底失敗？這個嘛，事實上，人類對酒的管制從來沒有真正成功過。在西元前一一〇〇年到西元一四〇〇年間，中國禁酒四十一次，但是每一次的法案都被廢除。西元前六五〇年，《尚書》指出：「民皆嗜酒，戒斷而不飲，雖聖人亦不能也。」（譯按：《尚書》沒有這段話，應是西方人以訛傳訛的結果）偉大的蒙古征服者成吉思汗也一樣務實：「設人不能禁酒，務求每月僅醉三次……不醉尤佳。然何處覓得此不醉之人歟？」成吉思汗戰功彪炳，殺人無數，廢耕的農田因而重新長出參天巨木，把二氧化碳排放量降低了七億噸——然而即便一個可以逆轉全球暖化的人，也擋不住麾下的士兵買醉。

因此，從古至今，不斷有道德主義者對國家的情況感到絕望，惡毒地咒罵在酒店地板上東倒西歪的醉鬼，但每次要設法處理，往往不知從何著手，再不然就是造成意料之外的後果。我們不妨舉中世紀的一個例子（純粹是因為此事頗具喜感）。在十世紀的英格蘭，「和平者」埃德加國王（King Edgar the Peaceful）試圖限制麥酒館的數量，並且把酒杯的尺寸標準化。他的想法是把每一個啤酒杯用刻痕分成八格，法律規定每個人上酒館一次，只能喝一格麥酒，然後就得把酒罐（pottle，相當於二分之一加侖）遞給下一位顧客。英格蘭人很機靈地發現——一方面不願意讓自己的自由被剝奪，另一方面也展現出英國人出了名的那種講究到走火入魔的禮貌——如果他們不小心喝了超過一格，下一個客人喝到的麥酒就少了，這樣當然不公平。

於是，他們習慣再喝到下一格，不讓下一個人吃虧。但這樣一來，他們可能不小心又喝過頭，如果刻痕被渾濁、濃稠的麥酒遮住，這種事很容易發生。所以他們又重來一次，但在這個過程中，他們的醉意愈來愈濃，判斷力受損更嚴重，表示他們大概又會喝過頭……嗯，你知道是怎麼回事。由於審查機構的禁酒法案經常變成這種結果，埃德加國王的法律反而讓醉酒的情況雪上加霜。既然從前每次禁酒都以大敗收場，美國的禁酒論者為什麼會認為關閉酒吧是個好辦法？

美利堅愚眾國

一八二九年，安德魯·傑克遜總統在白宮舉行就職舞會時，情況有點失控。客人一杯又一杯不停地喝，氣氛變得更加喧鬧，數千名酒醉支持者的政治熱誠迅速化為大學兄弟會的脫序行為，白宮實在難以招架。這群喧鬧的暴民歡欣鼓舞地砸爛政府財產，包括一些相當昂貴的陶器，還得用一缸缸蘭姆潘趣酒和烈酒把他們引誘到白宮前面的草地，活像是一群喝醉酒的老鼠，追著哈默爾恩的花衣吹笛手（Pied Piper of Hamelin）。而新任的總統這時還得跳窗逃跑，到附近一家旅館睡覺。倫斯斐（Donald Rumsfeld）認為「民主政治是混亂的」，用來描述這個場景再適合不過了。

看得出來，不只英國曾經屈服於酒精令人痴醉的魔力，美國也有屬於自己的飲酒文化——啤酒、葡萄酒、蘭姆酒、波特酒、威士忌、馬德拉白葡萄酒和白蘭地，全都大杯大杯地往嘴裡灌。十九世紀初，農夫發現可以把用不到的過剩穀物和玉米送到威士忌蒸餾廠賺一點蠅頭小利。於是到了一八三〇年，美國人每年平均喝掉七加侖的酒，酒量大的人很容易喝到十加侖，相當於每星期喝一瓶傑克丹尼爾威士忌（Jack Daniel's）。如果連總統也躲不過酒醉的公民亂砸東西、大肆喧鬧，情況顯然非常嚴重。

這種情況勢必會招致道德反彈，首先發難的是剛成立的美國禁酒協會（American Temperance Society）。這個由進步的改革者組成的團體，一成立便得到普遍的支持，起初鼓吹個人自我節制，但卻引起了內訌，爭吵一個人究竟喝多少才可以冠冕堂皇地稱為「節制」，因此必須制定更嚴苛的準則。戒酒協會的訊息迅速傳播到瑞典、丹麥、挪威、德國和荷蘭等地，當地志同道合的基督徒紛紛成立自己的組織。愛爾蘭的西奧波德·馬修神父（Father Theobald Mathew）成為巨星級的傳道者，招募了大約七百萬人宣誓加入他的禁酒協會，可是一八四八年的一系列革命失敗後，禁酒運動在泛歐洲得到的支持大幅滑落——看到自己的政治樂觀主義粉碎，最容易使人借酒澆愁。到了一八七〇年代，場上的強打者只剩下英國教會戒酒協會（Church of England Temperance Society）和愛爾蘭戒酒聯盟（Irish Temperance League）。

不過在歐洲對戒酒的興趣快速消散時，美國把著名的加勒比海魔鬼殺手改名叫「魔鬼蘭姆酒」（demon rum）。禁酒運動者已經不以個人禁酒為滿足，這些宗教組織決心打進國會，確保舉國上下都無酒可飲。

禁止這個髒東西！

一八七三年，女子基督教禁酒聯盟（Women's Christian Temperance Union）成立，表明以實施全面禁酒為目標。她們主張酒醉對女性造成的傷害特別大，許多女子沒辦法養活自己，在法律上幾乎沒有任何權利，而且因為丈夫酗酒施暴而長期遭受虐待。除此之外，她們秉持宗教的觀點，認為酒是上帝眼中的道德犯罪，對社會造成無法彌補的傷害，如同菸草、賣淫、都市貧窮、反移民的杯葛和其他各種社會病症。這些女性顯然不是光說不練的基本教義派，她們只是想追求一個更好、更有人性的美國，但卻遭到一批比較有興趣耍骯髒手段的政治鯊魚排擠。

從務農的俄亥俄州開始，反酒館聯盟（Anti-Saloon League）在一八九五年向全國發聲，對這些男人來說，只要目的正當，就可以不擇手段。反酒館聯盟的衍生組織：科學禁酒聯邦（Scientific Temperance Federation），恬不知恥地用偽科學的禁酒宣傳言論來教育（教壞）民眾，而他們非正式的重量級人物：三K黨（Ku Klux Klan），用暴力和脅迫的手段把酒趕出務農的南方。反酒館聯盟本身是一個政治組織，專門用激進的策略騷擾政治人物，我們現在稱之為壓力團體。一手打造這個殘酷政治運動的英明領袖叫韋恩．惠勒（Wayne B. Wheeler），是聯盟的首席律師，並且因為和喝威士忌的參議員及眾議員協商，而在聯盟內部引起公憤。但惠勒不在乎他們喝酒與否，只要能說服他們假意地支持全國禁酒即可。而且如果不能讓他們乖乖聽話，他就會露出他的真面目……

壓力政治（pressure politics）的核心，是一種激烈的報復性復仇，比較像是葛倫·克羅絲（Glenn Close）在電影《致命的吸引力》（*Fatal Attraction*）扮演的那種被一腳踢開的情人。如果有哪個政治人物拒絕了聯盟，後果可不是煮兔子這麼簡單，聯盟不把對方的政治前途徹底摧毀前，絕不罷休。拜美國的兩黨制度所賜，惠勒的黨羽甚至不必贏得多數，也能發揮巨大影響力，這個組織是造王者（kingmaker），基本上可以隨意驅逐任何人，然後找一個懂得知恩圖報的傀儡取而代之。有人形容惠勒這個人可以「讓美國參議院站起來乞食」，活像一隻討餅乾吃的小狗，雖然很聽話，但看到捲起來的報紙照樣會怕。

儘管禁酒聯盟及其同黨在農村地區所向無敵，例如三K黨可以堂而皇之地燒毀酒館，但卻無法在大城市呼風喚雨。因此，為了扭轉民心，普利·貝克（Purley Baker，一名衛理公會的牧師）轉而發動一項辛辣的政治運動，專門鎖定美國最容易下手的攻擊目標：天主教徒、猶太人和德國人，其中德國人被貼上「像豬一樣貪喝」的「貪飲者」的標籤。第一次世界大戰之前，這種反德國的政治宣傳席捲全國，等美軍開始派兵前往歐洲戰場時，全美已經有二十三個州下令禁酒。反酒館聯盟多管齊下的攻擊策略大獲全勝。美國的士兵在一九一九年凱旋歸國時，赫然發現憲法第十八條增補條文已經禁止製造或運送非醫療用途的酒精。美國會變得比戈壁沙漠更乾燥。至少理論上是這樣。

艾爾・卡彭的美國（酒）之夢

照理說，既然禁止了酒的生產，酒精造成的社會危害應該會降低才對。畢竟，琴酒危機不就是因為執照法寬鬆，從事大量生產的經濟動機過盛而引起的？這個嘛，有人真的認同這一套天真的哲學……我是說「真的認同」。據說愛荷華州各城鎮都深信一個滴酒不沾的社會不會再有犯罪，甚至還把監獄給賣了，可是這些無可救藥的樂觀主義者忽略了一個關鍵因素——美國人愛喝酒！

禁酒令一實施，地下蒸餾廠就在全國各地如雨後春筍一般冒出來，生產著名的「浴缸琴酒」（bathtub gin）。以浴缸為名，如果不是因為酒是在浴缸裡發酵，就是因為這種帶有甘油味道的酒汁是用大桶從浴缸的水龍頭裝水拌勻。賣私酒可以賺取暴利，因此就連德高望重的人物也養成這種非法的嗜好，其中包括好幾位警官，他們在一九二〇年代經營自己綿密的私酒集團。這些品質低劣的私酒——又稱為「月光」（moonshine）——以高性能汽車運送，目的是讓警車追不上（這是全球運動汽車競賽協會〔NASCAR〕賽車的起源），再不然就用被稱為「蘭姆酒列」（Rum Row）的大西洋離岸船隊，藉著潮水把漂浮板條箱沖上岸。其他的好酒必須從加拿大、墨西哥和其他海岸線走私入境，但價格也比較貴。

不管從哪裡來的酒，都會送到非法的地下酒吧，以及因為好萊塢電影而聲名大噪的密室派對。不過光鮮亮麗的畫面只留在電影裡，浴缸琴酒難喝得要命，有時還喝死人，光是一九二五年就有四千一百五十四人飲酒致死。就算死不了，仍然可能引起劇烈的頭痛，或甚至喪失部分視力。不過最慘的當然是那些嗜酒如命，以為只要用一條麵包過濾，喝了就不會有事的人，不說也知道，這樣比把鮮血抹在身上之後跳進鯊魚池更危險。

美國到處都有人因為嚴重宿醉而撞車，或是醉倒在馬路上睡覺。那些不喝酒，或是沒辦法定期解癮的人，轉而吸食古柯鹼、大麻和鴉片。經濟停滯、稅收下降、警察費用增加、司法體系瀕臨崩潰邊緣（看樣子愛荷華州那些城鎮只得把監獄買回來），而且，最糟糕的是——組織犯罪、勒索、賄賂和貪汙全部增加，正好便宜了艾爾．卡彭（Al Capone）這種黑道分子。

酒只嫌少，不嫌多

美國憲法第十八條增補條文的本意是為民除害，結果適得其反，禁酒運動就算在自己的頭上澆汽油、劃火柴，然後朝自己發射一枚熱追蹤飛彈，也不會比當時引起的反效果更嚴重。林肯（Abraham Lincoln，本身是個很有節制的飲酒者）應該不覺得奇怪，他在一八四〇年就說過：

> 禁酒令對禁酒的目標有害無益。它本身就是一種毫無節制的行為，因為禁酒令逾越了理性的尺度，企圖透過立法來控制人的喜好，把不是犯罪的事情變成犯罪，……

林肯說得一點都沒錯。立法禁止一樣顯然屬於基本權利的事情，結果激起憤怒的老百姓喝酒表示抗議，並且產生致命的後果。不可避免地，禁酒令在一九三三年遭到廢除，只不過羅斯福總統（President Franklin D. Roosevelt）的名言：「現在美國需要的是喝一杯。」顯得有些多餘，因為十三年來，這個國家一直用土製的劣質酒把自己喝得酩酊大醉。

美國需要的是正常生活，面對正常生活帶來的各種問題，因為至少這些問題沒有把驚人的權力轉移到黑道手上。畢竟，雖然全球只有百分之四十二的人口喝酒，對我們許多人而言，這是日常生活很自然的一部分。而且至少對英國人來說，社會所有好的一面都集中在酒館。表面上，我們可能是一個喝茶的國家，但如果任何人企圖禁止酒館，就算是現任的君王也會遊行到唐寧街十號，一手端著一品脫的麥酒，一手握著板球棍，隨時準備把窗戶砸爛。

我把話題扯遠了。我們今晚有的是酒，朋友一個接著一個道別。時間很晚了，我們的眼皮愈來愈沉，醉醺醺地看著用過的盤子和杯子，我們決定不管它——至少等到明天早上再說。現在，我們該上床睡覺了。

11:45 p.m.

刷牙

拖著沉重的步伐走上樓梯，我們充滿渴望地看著臥室的房門。不過，在滿懷感恩地爬進棉被之前，我們的潛意識裡有個不停嘮叨的聲音，要我們完成每天最重要的一場儀式，是我們父母親無視於我們的抗議，不斷要求我們進行的儀式。我們該刷牙了。

潔白的牙齒

在現今這個時代，明星的牙齒是一片片雪花石膏，陳列在完美雕琢、左右對稱的顎骨中，閃耀著詭異的光芒。牙齒已經超越了研磨食物的生物功能，升格成為一種美學時尚主張。但事實上，自盤古開天以來，牙齒的主要功能在於咀嚼，要是少了牙齒，我們的祖先早就餓死了。而且這不是說說而已，因為人類祖先的煩惱不是如何在露齒而笑時保持燦爛奪目的光芒，而是如何不讓牙齒離開臉孔的下半部而已。牙齒是堅固的小玩意兒，但經年累月下來，自然會出現細菌感染、逐步磨損、鈍性損傷和酸性腐蝕等現象。簡而言之，牙齒可能掉落。

因此，既然牙齒保健是必要的，難怪牙醫的歷史從石器時代就開始了。

新石器時代的牙齒

那種疼痛非常劇烈，一股猛烈的刺激感在他體內來回彈跳，從牙齒延伸到腳趾。他為了必須忍受這種折磨而感到憤怒，洩氣地用腳跟猛踹地板抗議，但仍然乖乖躺著——他無論如何也不希望拿著鑽頭的人不小心手一滑，讓鑽頭插進他舌頭的軟組織。牙醫在他的上方，像伐木工人似地來回移動鋸子，表情極為專注。鑽頭碾磨齲蝕臼齒的聲音，在病人的頭骨四處迴盪，他發不出聲音，只有隱約的磨削聲搭配他痛得齜牙咧嘴的表情。病人閉上眼，設法分散注意力，說服自己很快就結束了。時間不到一分鐘，果然結束了。

距今九千年的時候，在現今巴基斯坦的一個叫梅赫爾格爾（Mehrgarh）的地方，全球第一位牙醫可能就在這裡執業，比巨石陣藍圖的繪製早了好幾千年。這個主張似乎很大膽，不過考古學家在這個新石器城鎮的遺跡挖出了骨骸，從骨骸的牙齒看得出有接受牙醫治療的證據。在一般人眼中，〇．五到三．五公釐深的小孔應該沒什麼特別，甚至一開始看到時根本不會留意，但對考古學家而言，這些小孔的形狀統一，顯然是牙齒鑽孔的證據。早在可鍛鑄的金屬工具出現的五千多年前，這位牙醫就利用燧石尖頭的弓鑽穿過琺瑯質，鑽入產生疼痛的齒齲。這些削尖的燧石一般是用來在珠寶的珠子上鑽孔眼，先固定在木柄上，然後用細繩圈起來，綁在看似射弓的器具上，將射弓像鋸木頭一樣來回拖拉，木柄會順著中軸，朝順時針和逆時針的方向旋轉，在牙齒上鑿出小洞。

但我們怎麼知道這是治療用的牙醫技術，而不是某種宗教儀式或愚蠢的時尚宣言？在遺址發現的十一枚鑽了孔的牙齒中，至少有四顆的齒齲發炎，再加上有鑽孔的都是後面的臼齒，隱藏在凹入的臉頰裡，如果說是某種製造美麗笑容的牙齒矯正術，恐怕怎麼也說不通。如果要讓笑容顯得燦爛，當然會在朝向正面的牙齒上變花樣吧？既然這些齲蝕會造成劇痛，動這個手術應該是為了舒緩長期的牙痛才對。有趣的是，史前牙醫不只懂得鑽孔，一支義大利研究團隊最近證明，斯洛凡尼亞發現的一副骸骨，是大約六千五百年前死亡的一個年輕人的遺體，號稱擁有全球最早的補牙料——在牙齒裂開的地方灌入蜂蠟脂。梅赫爾格爾的牙醫鑽牙的目的應該是把牙齒的蛀洞挖出來，這裡補牙的目的是封住暴露在外的神經。

因此，儘管現代牙醫是一門高科技的行業，包含X光、雷射儀器和電子裝置，最常見的治療——補牙和鑽孔——卻是數千年前就有了。除此之外，我們的牙醫會告訴我們含糖食品是頭號敵人，人類的史前祖先對這個問題也很熟悉。新石器時代的農業革命促使人類攝取更多類似麵包和粥的澱粉類食物，導致口腔的天然糖分增加，因而造成嚴重的蛀牙和酸性齲蝕。但古代破壞牙本質的頭號兇手，是潛藏在麵包裡的粗糙砂礫，這是用磨石研磨麵粉時產生的不良副產品。

最著名的一位受牙齒磨損所苦的古代人，應該算是我們死去已久的兄弟，來自提洛邦的新石器時代命案死者：冰人奧茨。他牙齒的狀況很糟糕：變色、有好幾個地方碎裂，還有些地方嚴重磨損。他有一枚臼齒少了一個尖點，恐怕是因為大口咀嚼含有碎石的麵包；他的門牙有一枚受到嚴重損傷，顯示臉部受到某個人或某樣東西重擊。後來他背部被射了一箭，看樣子大概不是什麼善男信女。或許冰人奧茨特別倒楣，不過他的嘴巴廣泛代表了史前時代的正常齒列。牙齒並非刀槍不入，新石器時代的人在臨終之際，甚至是四十幾歲的時候，如果想像湯姆・克魯斯（Tom Cruise）那樣露齒而笑，看起來恐怕比較像是有人在這位電影明星的嘴裡引爆迷你手榴彈——牙齒還在，但當然好看不到哪裡去……

牙蟲帶來的麻煩

微小岩石和天然糖分或許是蛀牙真正的兇手，但背黑鍋的代罪羔羊卻邪惡得多。到了銅器時代，巴比倫人和埃及人都堅決相信有一種恐怖的小蟲子，類似《小精靈》（*Pac-Man*）遊戲那些再生的鬼，會在口腔裡自然產生，叫做「牙蟲」（tooth worm）。羅馬人讓這個說法流傳千古，直到十八世紀仍然盛行，這表示牙醫師花了幾千年的時間，想像如何治療其實不存在的小蟲子。

因此，銅器時代的人處理牙痛的方式，往往是吟誦迷信的咒語：巴比倫人把具有保護作用的神奇護身符戴在身上，萬一這卑鄙的蟲子冒出來，就懇求智慧之神把牠們摧毀。萬一這一招行不通，牙醫可能會用煙把牠們燻出來。到了西元前二二五〇年，煙燻口腔成了固定的治療法（把天仙子的種籽揉進蜂蠟裡，在嘴巴附近燃燒），把牙蟲殺了以後，再用乳香脂和更多的天仙子填滿蛀洞。然而，儘管新石器時代鑽孔技術人員的前景可期，巴比倫人對開刀或補牙都沒興趣。他們牙醫技術的科技含量低得令人吃驚。

法老的御用牙醫

薩卡拉（Saqqara）的殯葬建築群是一座專為死人興建的人造景觀，雖然做為墓地的時間並沒有很久。這裡曾經是埃及銅器時代的首都孟斐斯（Memphis）的官方墓地，左塞爾（Djoser）的階梯金字塔位於此地，是埃及第一座金字塔，象徵性地見證了古代君王的權力。然而，我們對薩卡拉的了解不多，有些樂觀的埃及學家相信，左塞爾金字塔的祕密只揭曉了百分之三十，並打趣說只要隨意把鏟子往地上一擲，大概就會挖到寶。

到的。這片無垠沙漠最近的一次考古發現，是二〇〇六年出土的一座墳墓，最初是被盜墓者挖到的。這座墳墓的地位崇高，大約出自四千年前，以石灰岩和泥磚建造，墓穴內部裝飾華麗，還有一批留待死後使用的陪葬品。但陵墓並不屬於任何王妃或貴族，反而是三個毫無血緣關係的人在此長眠，分別為亞·姆爾（Iy Mry）、凱姆·姆斯瓦（Kem Msw），以及謝凱姆·卡（Sekhem Ka）。雖然他們的木乃伊莫名地消失，但牆上的象形文字清楚說明了他們的身分，這幾個人是法老的牙醫。六百年前還有一位法老牙醫，叫赫賽—雷（Hesi-Re），是歷史上第一位記載了名字的牙醫，也是左塞爾法老本人的官方牙齒管理者。

儘管身居要職，這幾位牙齒醫師和巴比倫人一樣，對施行外科手術非常謹慎。赫賽—雷和幾位後進應該是用乳香、沒藥、洋蔥、小茴香、黃赭石和蜂蜜等各種芳香材料製成的咀嚼劑、漱口水和膏藥來進行治療。坦白說，這聽起來不像藥物，反而更像一道野心太大的翻炒料理。此外，也不是每一種藥方都這麼開胃，有一種特別古怪的療法，是把死老鼠尚未冷卻的屍體切成兩半，然後抹在蛀牙上。

埃及人生性虛榮，對自己的外表極為自豪，但沒想到竟然幾乎沒留下任何證據，來說明他們對牙齒漏風的人採取哪一種美容療程。目前唯一留下的牙齒修復術的線索，是把歪斜的牙齒用金線串起來，製成人造牙橋，放回木乃伊的下顎裡。這似乎是讓死者保留「全屍」的一種殯葬裝飾，而不是每天配戴的人工植體，相當於古代的遺體化妝術。

我們多半會藉由漱口水、牙線、牙膏、外加定期看牙醫來對抗牙齒感染的威脅，但埃及人可沒這麼好命。舉例來說，我們知道姆特奈得梅特（Mutnodjmed，哈倫海布法老〔Pharaoh

Horemheb」的皇后，哈倫海布原是圖坦卡門的軍事顧問）四十幾歲過世時，滿嘴的牙齒一顆不剩，成了無齒木乃伊（對不起……）。我們發現有這種毛病的不只她一個，令我們恍然大悟。最近針對三千具木乃伊進行的一次科學分析，顯示其中百分之十八的牙齒患有嚴重疾病，有幾個人感染的程度足以致命。和新石器時代蛀牙的人一樣，食物可能是牙齒出毛病的主要原因，連富人或權貴也無法倖免。歐洛克（P. J. O'Rourke）曾經這麼諷刺懷舊的吸引力，「當你想到美好的往日時，想一個詞就好：牙醫。」

我們不知道為什麼埃及人沒辦法動手術，當時的人似乎已經用鴉片做為麻醉劑，用來舒緩嚴重的疼痛，偶爾還會在顎骨鑽孔來清除膿瘍，但幾乎沒有埃及人會刻意摘除蛀牙（這樣或許可以讓許多病人免於一死）。那些牙齒發炎的人反而任其自然發展，一本叫做《安柯舍尚克的教諭》（*Instruction of Ankhsheshonq*）的智慧之書推崇這麼一句格言：「牙齒爛了就不該留在原位。」這是可憐的姆特奈得梅特的切膚之痛，或許正是因為這個原因，埃及人才沒有類似牙仙子的傳說——放在枕頭底下的落齒不斷累積，這可憐的傢伙幾乎立刻就會破產……

相形之下，古希臘人對於動手術就很熱中，而且拔牙鉗（odontagogon）正是醫學之父希波克拉底本人想出來的點子。希波克拉底是古代世界偉大的理性主義者，通常會摒棄對神的迷信，依據可見的症狀，憑經驗做診斷。基於這種精神，他大膽試吃病人的尿液、汗水、耳屎和鼻涕，從中尋找線索來判斷病人罹患什麼病。事實上，在科學的精確性方面，他也有失手的時候，他和亞里斯多德都相信男人的牙齒比女人多。你會以為像這樣的天才，可能會想到要看一、兩張嘴來找證據，但他們恐怕太過忙碌於解剖駱駝和喝尿。

黃金笑容

如果牙齒掉了（可能是因為不小心撞上玻璃門），我們會預期牙醫幫我們裝牙橋。最早運用這個點子的是西元前七百年的伊特魯里亞人（義大利北部的農業民族），他們很聰明地發展出一種技術，可以更換或穩定缺漏或搖晃的牙齒。用壓扁的金條當做矯正牙齒的托架，任何脆弱的牙齒都可以靠兩側堅固、健康的牙齒支撐，就像把我這種虛弱的人和英式橄欖球隊的前鋒隊員緊緊綁在一起一樣。

如果牙齒已經掉了，那可能會從牛的嘴裡拔一顆假牙，用鑽頭從中間打個洞，固定在金屬托架上，然後巧妙地放進缺牙的空位，繼續先前拔掉的牙齒所執行的重要任務。雖然閃著金光的笑容比較容易讓人聯想到詹姆斯·龐德（James Bond）那位咀嚼鋼索的死對頭：大鋼牙（Jaws），然而這些古代假牙最了不起的地方，恐怕在於它們不僅僅是基於美觀，把缺牙的嘴巴填滿就好。這些可能是可用的假牙，讓使用者有能力咀嚼食物，不用日復一日、千篇一律地喝湯度日。

兩百年後，到了西元前五世紀，在地中海東岸，鑽研字母、以航海維生的腓尼基人用金線，而非扁平的托架，把搖晃的牙齒捆在一起，就像農家庭院組成籬笆的樁柱。值得注意的是貝魯特美國大學的考古博物館（Archaeological Museum of the American University of Beirut）收藏了一副用金線固定的下顎，這副顎骨被稱為「福特下顎骨」（Ford Mandible）——聽起來比較像是推銷影印機的業務員駕駛的車款——顯然有牙周病的跡象，這種惡疾會使得牙齒在正常情況下脫落。不過就這個例子而言，在病人的餘生中，一直用金線把牙齒牢牢固定。古代牙醫不但能夠施行贋復補綴牙醫術，在面臨自然界本身頑強的抵抗時，還能保存大自然的原始設計。

等到羅馬帝國時代，美容醫學的技術已經相當精進，除了用木頭和象牙製成的假牙，鑲黃金齒冠的牙齒也非常普遍，還勞動司法體系介入，主張這種貴金屬必須和死去的擁有者一起埋葬或火化，以免亟欲把祖母的葬禮套現的貪婪親友爭相分一杯羹。但是，裝金屬假牙未必是出於需要。十四世紀初，謎樣的義大利旅行家馬可・波羅表示，他遇到中國一個神祕的部族，叫做薩爾丹丹（Zar-Dandan，在波斯語的意思是「金牙齒」），他們仿效伊特魯里亞人，把黃金薄片插在牙齒表面，不過這純粹是為了美觀。薩爾丹丹人因此成了金屬網格的先驅，遠比在嘻哈音樂錄影帶裡炫耀金牙的小韋恩（Lil Wayne）要早得多。

還有一個類似的例子，早期的維京人似乎會用銼刀在牙齒上銼出溝紋，大概是某種恐嚇戰略，用來驚嚇敵人。而在世界的另一端，地位崇高的阿茲特克人和馬雅人會進一步在門牙和犬齒上鑽孔，然後嵌入石英、黃金、玉或土耳其石等美麗的鑲嵌物，創造出終極版的一口亮晶晶的笑容。

刷、漱、吐

我們帶著醉意，蹣跚地走進浴室，看到我們在鏡中睡眼惺忪的模樣，不由得嚇得往後退。希望我們不是整個晚上都這副德行。我們用一隻手拿起牙刷，另外一隻手握著壓扁的牙膏管。打開蓋子，專注地瞇起眼睛，想在刷毛上擠出豆子大小的一坨薄荷味牙膏。在大多數的日子裡，這是一件連小孩子都能辦到的小差事，但在酒醉導致複視之後，就成了難度超高的手眼協調測試。

羅馬人會不會做類似的事情？嗯，會的。博學多聞的歐路斯・康尼利烏斯・塞爾蘇斯（Aulus Cornelius Celsus）建議要經常清潔牙齒，特別是那些狂吃大量精緻食物的貴族，他理所當然地懷疑這些食物可能加速牙齒的齲蝕。不過，即使羅馬上流社會強烈推崇那些白得離譜的笑容，有錢人卻不打算放棄他們奢華的晚餐，他們真的想魚與熊掌兼得。那麼，羅馬貴族如何妥善照顧牙齒呢？或許不難猜到，答案是規律地刷牙，但他們不會自己動手。為了不必裝假牙，有奴隸在柔軟的小樹枝沾上牙粉，然後輕刷主人的牙齒和牙床，清除飯後留下的殘渣。

牙膏的選擇很多樣化，但克勞狄烏斯皇帝的妻子，據稱性慾強烈的梅莎麗娜（Messalina），選擇用磨成粉的牡鹿角來製造亮白的笑容，牡鹿角也被認為是一種強效的春藥——顯然角（horn）會產生好色（horniness）——而且羅馬人和我們一樣，會使用某種形式的藥用漱口水，使口氣清新，只不過沒什麼薄荷味，或者說味道不是很好。對，我們聽了恐怕會大驚失色，他們選擇用未經稀釋的人類尿液來漱口，而且最好是大老遠從葡萄牙運來的產品，他們相信葡萄牙人的尿液含有較多的阿摩尼亞，因此效用超強。知道了這一點，不由得驚訝梅莎麗娜居然還找得到老公……

在南亞，神聖的吠陀著作也對牙齒保健提出了明智的建言。印度阿育吠陀醫學的第一把交椅是蘇許魯塔（Susruta），普遍被認為是西元前六世紀的一位學者，但也可能是許多不知名醫師的傳說合體。無論如何，他對牙齒矯正的建議是用磨損的小樹枝當做牙刷（dantakashtha），樹皮要帶有香味，而且他建議要規律地刷牙，同時輔以蜂蜜、粉和油製成的牙膏。除了這種聽起來很美味的牙膏以外，還可以靠咀嚼荖葉來改善口氣，荖葉有輕微的刺激作用，而且也被認為是一種春藥，或許是因為這個原因，《慾經》（*Kama Sutra*）才會加以記載——在印度，嚼荖葉就像是咀嚼某種帶有薄荷清香的威而剛。

荖葉至今依然盛行於南亞和東南亞一帶，特別是和檳榔果搭配食用，這個組合在印度被稱為paan。不過長期咀嚼檳榔，會將牙齒染成紅中帶黑的恐怖顏色，也可能導致口腔癌。然而，儘管各界再三警告，似乎無損檳榔在越南、印度和巴基斯坦受歡迎的程度。

在中國……

用棍子和破布刷牙，在全球許多不同的地方都很普遍，不過最早發明牙齒專用刷的是中國人。在唐朝中葉（大約是盎格魯撒克遜人和維京人爭奪英格蘭控制權的時代），中國人把豬鬃縫進骨頭做的牙刷柄裡，雖然可能更早之前就有人這麼做。

中國的醫療哲學稍稍有別於希臘的「四種體液說」（Four Humours）和巴比倫的迷信，儘管中國人也相信真的有人人聞之色變的牙蟲（三千五百年前，中文「齲」這個字的象形文字是一隻自鳴得意的蟲子，以勝利者的姿態立在被征服的牙齒上，彷彿站在珠穆朗瑪峰頂的登山客）。無論如何，傳統中醫奠基於傳說在四千五百年到五千年前，統治華夏地區的黃帝和炎帝所寫的神祕經文。他們率先提出金、木、水、火、土的「五行說」，五行是宇宙五種基本元素的互動，不能和「地、風與火」（Earth, Wind & Fire）混為一談，後者是美國靈魂樂團，寫下了無比動聽的「布基樂園」（Boogie Wonderland）。

炎、黃二帝在經文中也談到「陰陽」這個宇宙學常數，這是一種兩極相生相剋的遞回反饋系統，根據這個原理，無女則無男，無明則無暗，無善則無惡。簡單地說，中醫鼓吹在體內達到一種和諧的平衡，一旦五行分配不均，疾病就會產生。的確，基於這種整體論的身體觀，中國牙醫學不會在牙齒上戳洞，而把重點放在針灸、按摩和草藥上。如果這樣行不通，牙醫可能會大膽靠過去，用大蒜、山葵、人奶和硝石製成藥丸，但不是丟進嘴裡，而是塞進病人的鼻孔。如果這一招也失敗，或者如果發現了卑鄙的牙蟲，那麼牙醫在道德上不反對把砒霜丸吊在蛀牙附近。這種做法特別危險，因為萬一不小心吞下去，可能會出人命。我們現代人對牙醫的恐懼突然顯得無聊到幼稚的地步，對吧？

牙痛的守護聖徒

回到中世紀的西方和中東，當時的牙醫學仍然是古代那個血氣方剛的初生之犢，而且和滾石合唱團（The Rolling Stones）差不多，在永無休止的巡迴演出中重彈舊調：牙蟲、四種體液說和放血。雖然伊斯蘭宗教極為重視口腔衛生，而且穆罕默德會用芥末樹砍下的樹枝（miswak）刷牙——就連十一世紀的天才伊本．西那（Ibn Sina）在治療牙痛時，也很放心地繼續使用羅馬的口腔煙燻法。只不過許多阿拉伯外科醫師對流血有一種宗教性的反感，故而仿效中醫的做法，用砒霜把蛀牙慢慢殺死，而非直接拔除。

不過在西歐，古羅馬的智慧在經過天主教教義的篩選之後，一代一代流傳下來，牙醫大多延續傳統，把各種古怪的材料——包括蠑螈、蜥蜴、青蛙、烏鴉糞便、草藥，甚至人類的糞便——磨粉、煮沸、製漿、塗抹，這是一種千古不變的蛀牙療法。如果內服外敷都不見效，他們隨時可以去找附近的放血人，趕快放個血。如果真的不敢動刀，可能會去一間專門祭拜聖阿波羅妮亞（St Appollonia）的聖堂，這是一位著名的基督教殉道者，她在行刑時受盡折磨，牙齒被一顆顆拔下來或敲碎，然後被活活燒死。只要向她祈禱，或許能得到上帝的一絲垂憐，不過假如我是聖阿波羅妮亞，應該會提筆回覆：「你以為你那個叫牙痛嗎？」

等待神明插手相救，是樂觀主義者的選擇，很多虔誠的基督徒當然都能舉出許多公認的奇蹟來強化他們的信仰，但比較偏向實用主義的人可能覺得長痛不如短痛，乾脆拔掉算了，儘管中世紀的牙醫其實沒有什麼漂亮的拔牙資歷……

要拔牙？找理髮師就對了

吵鬧的群眾紛紛湧向舞台四周，入迷地看著眼前演出的場景，一起捧腹大笑、大呼小叫。一個穿著丑角服裝的小丑拿蘋果表演雜耍，有人拿著一副鉗子對現場觀眾說話：「你們誰有牙痛啊？」他伸指戳著前排觀眾的臉問道。觀眾緊張地低語，但沒有人站出來。那人又問了一次，這次聲音比較響亮。有一個聲音從擁擠的群眾之間傳來：「我牙痛，你能救救我嗎？」台上那人笑笑，示意牙痛的病人走上舞台，躺在地上。表演雜耍的小丑放下蘋果，爬上病人的胸膛，讓他動彈不得。現在群眾蜂擁上前觀看，看到鉗子伸進那個年輕人的嘴裡，拔出一顆齲蝕、發黃的牙齒。台上傳來極其痛苦的喘息聲，然而……一滴血也沒有流出來。病人高興地揮揮手，「我好了！真是奇蹟！」群眾歡聲雷動，許多飽受牙痛之苦的人口袋裝了錢，開始排隊，巴不得趕快享受自己的無痛手術……

在中世紀歐洲的各大城市，大概經常看到這樣的場景。台上那個人是眾多自稱為拔牙者的江湖郎中之一，如果臉皮夠厚的話，他們甚至可能自稱為大善人。然而，吃過他們苦頭的日耳曼人對這種自我吹噓一點也不買帳，給他們取了個綽號，叫「裂牙者」（zahnbrecher）。事實上，這些江湖郎中是一群聲名狼藉的騙子，在歐洲各地惡名昭彰，應該受到無盡的唾罵。然而，群眾被拔牙者強大的感召力和他耍寶的助理——歡樂的安德魯或薩尼（Merrie

Andrew or Zany）——的表演迷得團團轉，容易被哄騙的樂觀主義者禁不起蛀牙的痛苦，照樣趨之若鶩。除此之外，就像賭城的魔術表演，助手藏在群眾之間，等待享受一次無痛的假拔牙手術，藉此激勵群眾的信心。等到真正的牙齒被從不停掙扎的下顎撬出來，溫熱的鮮血噴到前排觀眾的身上時，尖叫聲大概也被觀眾激昂的喧鬧聲給淹沒了。或者事實可能不然。

當我們愉快地刷牙時，帶有薄荷味的水一點一點往下巴流，我們可能突然發現嘴裡有個疼痛的膿瘡，或者有哪一顆牙齒在搖晃，然後我們第二天早上大概會打電話給牙醫，相信他們牆壁上掛的鑲框證書可以證明他們大概不會害我們受傷。但中世紀的人如果不看牙醫，也可以找另外一種人幫忙，這些人的店面擺著一根柱子，纏著染血被單，窗戶和牆上掛著一個個濺出人血的桶子，和一個擺滿各種恐怖工具的架子。在店面布置這些染血的道具是為了顯現牙醫的經驗豐富，好叫病人放心，雖然看在我們眼裡，只能證明他是個心理變態的瘋子，正在炫耀自己的戰利品。最令人發毛的是，這個準備把鉗子伸進病人嘴裡的傢伙，很可能也是他們的理髮師，因為在拔牙的專業技術方面，懂的人固然不少……但每一個都很恐怖。

其中最不濟的是單純的理髮師，本質上就是兼差拔牙的美髮師。然後是訓練比較精良的理髮手術師（barber-surgeon），他們擁有基本的醫學知識，可以執行最簡單的手術。這兩個相互競爭的階級又受到讀過大學的醫師所鄙視，後者幾乎完全不動手術，主要的興趣是研究醫學理論。數百年來，政府在不同的階段給這幾個不同等級的專業人士設定界限，然而只有醫學受到官方的管制，表示牙痛的病人可以合法地被揮動刀子的理髮師按在地上，如同被擊倒的拳擊手，手腳不停地掙扎，想在裁判數到三之前爬起來。

從這裡不難看出為什麼人人都應該努力避免拔牙手術，並且保持健康的牙齒和牙床。

女王的牙齒

那麼，中世紀口腔保健最重要的訣竅是什麼？哦，又要列出一張清單了！

1. 使用木頭或羽毛製成的牙籤，當做早期的牙線。
2. 經常用牙棍（類似芥末樹枝）或口腔擦拭布刷牙。
3. 用具有研磨作用的糊狀物或磨成粉的墨魚來清除牙垢。
4. 經常用酸性漱口水（通常是葡萄酒、醋或甚至硫酸鋁）漱口。
5. 用薄荷、丁香、肉桂、鼠尾草、迷迭香、麝香或玫瑰水清新口氣。

我們沒什麼理由相信中世紀人的嘴巴特別難看或難聞，你或許不想湊上去親一口，但沒幾個人的笑容會讓你嚇得倒退三步，或是噁心得捏住鼻子。然而，當美洲和充滿異國情調的東方輸入更大量的糖，精緻的糖藝甜點——基本上是巨大、可食的雕像——開始成為富人餐桌上的主角，引發了貴族的牙齒危機。英格蘭的伊莉莎白一世素來熱愛這種甜死人的精緻美食，牙齒齲蝕的程度自然驚人，牙齒經常疼痛，連覺都睡不好。但是，伊莉莎白一世雖然常常牙痛，卻不足以迫使她非去看牙醫不可，直到倫敦主教自告奮勇當白老鼠，證明看牙醫其實沒有那麼恐怖之後，她才在一五七八年拔了一顆蛀牙。

到了晚年，伊莉莎白幾乎三天兩頭鬧牙痛，而且只剩下一口稀疏、雜亂的黑牙，痛得她把手指含在嘴裡，在宮廷來回踱步，並且在兩頰塞布墊，讓凹陷的嘴巴顯得豐滿一點。英國的盛世女王不是歐洲唯一需要好好拉牙線的統治者。五十年後，英吉利海峽對岸的路易十四的口臭薰天，連他的情婦孟特斯班夫人（Madame de Montespan）都得在身上噴灑濃郁的香水，這樣站在他身邊時才不會忍不住乾嘔。

甜甜一笑

路易十四在十八世紀初過世時，在時髦和富有階級之間興起一股追求堅固、健康牙齒的新潮流。擁有健康的口腔，說話也比較清晰，十八世紀，英國興起了標準發音（Received Pronunciation）——死星（Death Star，譯按：《星際大戰》電影的太空站）經常可以聽到這種矯揉造作的英語發音，顯然是因為達斯．維達（Darth Vader）麾下的軍官個個都是赫特福德郡（Hertfordshire）人。因此，少了牙齒就發不出漂亮的口音，可是，隨著人們攝取的糖分愈來愈多，保住一口牙齒的難度也愈來愈高。

在我們現代的浴室裡，水龍頭輕輕地噴水，我們會小心不要刷得太用力，不然可能嚴重傷害牙床。這是十八世紀貴族學到的慘痛教訓，他們的牙齒保健做得太超過，而且有害無益。舉個例子，契斯特菲爾勛爵（我們已經領教過他對於上廁所的建言）後悔年輕時刷牙太用力，對兒子埋怨說：「（他用了）棍子、鐵等等，徹底弄壞了（牙齒），所以現在剩下不到六、七顆……」的確，為了在微笑時露出一口貝齒，人們用具有研磨作用的粉末來刮擦牙齒，包括白堊、鹽巴、蘇打粉和灰燼，同時過度熱心的理髮手術師會把硝酸塗在琺瑯質上，無意間摧毀了大自然防止牙齒齲蝕的唯一屏障。

但三流的牙醫不是唯一的問題。隨著大英帝國的勢力在全球興起，糖不再專屬於富有的帝王和戴著假髮的紈褲子弟。普羅大眾愈來愈容易吃到糖，從前那種簡單的擦拭布和牙棍太過簡陋，沒辦法應付蔗糖大舉入侵。更麻煩的是，醫學界執迷於催吐療法，定期迫使胃部產生強效的胃酸，用大自然頂尖的腐蝕劑來攻擊飽受侵害的牙齒。就當時的情況看來，牙醫學顯然必須揚棄理髮外科學的桎梏，才能對抗這個日益嚴重的威脅。十八世紀的牙醫界需要一個英雄，不是身穿用彈性纖維製作的連身衣，而是受過優質醫學訓練的英雄。

牙醫學之父

皮耶．費查（Pierre Fauchard）在巴黎有「牙醫學之父」的美譽，他在法國海軍學會牙醫技術，曾修復過各種碎裂的顎骨和搖晃的牙齒。他的第一項重大成就是用顯微鏡推翻了牙蟲的神話——抹去五千年來熾熱的信念，光憑這一點，就足以讓他成為改革者——但他的激進作風不僅如此而已。凡是戴過矯正牙套的人，都必須感謝皮耶．費查，即使你和我一樣痛恨被人家叫做「鐵嘴」，或許「感謝」不是最好的說法？

事實上，現代牙醫施行的好幾種治療方法，都是源於他喜歡追根究柢的頭腦。你小時候矯正過牙齒嗎？那是費查的點子。你用黃金或鉛補過牙嗎？又是他的主意。認識裝假牙的人嗎？對，正是這位了不起的法國人仿效古代的假牙技術——用象牙雕出新牙齒，再用金線裝入下顎。他還設計出更好的拔牙鉗（被稱為「鵜鶘」〔pelican〕）、更精準的鑽頭（在研究過鐘錶匠手指靈活的功夫以後），並且選擇讓病人坐在直立的扶手椅上，從此病人再也不用被迫躺在地上，讓理髮手術師像地下電影（video nasty）的刑求者那樣壓在身上。

在許多方面，費查都是一位傑出的科學家，他對遇到的郎中和庸醫窮追不捨，憑自己在牙醫學上的經驗斥責他們，並且把他們只有三腳貓功夫的不當醫療行為公諸於世。儘管如此，他的種種革新並未阻止他把人尿推崇為無與倫比的衛生漱口水，或是堅信中世紀的放血療法。不過沒有人是完美的。

滑鐵盧牙齒

費查對植牙也有所涉獵，在前幾個世紀，植牙已經是牙醫學實驗的主題。不過，十八世紀的植牙技術多半被歸功於和費查同時代的英國外科醫師約翰．杭特（John Hunter）。雖然有人基於道德立場而表示反對植牙，且認為植牙可能會散播梅毒，不過對牙醫師而言，最大的障礙是哪裡才能找到足夠的牙齒移植體。在某些個案裡，有人會買通貧窮的孩童，犧牲自己的牙齒，移植到多金的富人嘴裡，但從屍體下手的可能性要高得多。被處決的罪犯、病死的人，甚至陳屍沙場的士兵，都可能被拔下牙齒，循環再利用，因此有人把這種做法叫做「滑鐵盧牙齒」（Waterloo Teeth），紀念一八一五年發生的那場戰爭。

因此，拜齒顎矯正學的想像力所賜，露齒的笑容在十八世紀再度興起，最具體的例子就是瑪莉—路易絲—伊莉莎白·維傑·勒·布倫（Marie-Louise-Elisabeth Vigée Le Brun）一七八七年那幅引起爭議的自畫像，打破了數百年的傳統，描繪美麗的藝術家像柴郡貓（Cheshire Cat）一樣露齒而笑。藝術界可以接受正面全裸的畫像，但在畫中露出牙齒，無異於傷風敗俗，就像一位記者說的：「（這是）一種虛矯……藝術家、鑑賞家和品味之士應當同聲譴責。」

賣假牙的列維爾與裝假牙的華盛頓

喬治·華盛頓和保羅·列維爾（Paul Revere）是美國的兩位革命英雄，以參與獨立戰爭（War of Independence）而聞名，但兩人還有一個沒這麼輝煌的共同點都跟牙齒有關。列維爾是法國移民的第二代，也是一位才華洋溢的銀匠，他曾追隨費查的腳步，沒事喜歡自己治療牙齒，並且推薦一種用奶油、糖、麵包屑和火藥製成的牙膏——我們只能暗自祈禱他的顧客沒有一個會抽菸草。既然列維爾真的會把糖和火藥抹在牙齒上，難怪賣假牙的市場欣欣向榮，而且列維爾也是知名的假牙供應商。我忍不住要為他這種投機的功利主義喝采。

那華盛頓呢？難道他是業餘的牙醫，在不用打革命戰爭的時候，幫人洗洗牙來打發時間？不，剛好相反。據說他因為老是用牙齒夾碎巴西堅果，弄得整張嘴只剩一顆牙齒，只好戴著一位費城牙醫為他訂製的一副笨拙假牙。這些人造假牙是用動物的牙齒、人齒、黃金和鉛製作的合成品，雖然讓這位偉大的軍人有機會咀嚼和說話（這對一位主宰國家命運的人來說相當重要），但也弄得他非常不舒服，逼得華盛頓必須經常靠鴉片酊（一種類似海洛因的鴉片）來止痛。無論是想像他牙齒痛得呼天搶地，或是吸食一級毒品成癮，都讓我們對這位革命英雄的形象略微改觀。但是，如果我們考量到華盛頓二十幾歲就開始掉牙齒，卻沒有屈服於更為平凡的命運，這或許更加令人刮目相看。

幫我止痛

當然，如果必須動牙齒手術，應該會用藥物止痛。然而，牙科麻醉劑的歷史很奇怪，因為麻醉劑來得太遲，讓許多可憐的病人最多只能吞一大口琴酒，然後雙眼突出，露出一副痛苦不堪的表情。畢竟十八世紀是剛開始實驗麻醉氣體的年代，應該也是止痛藥品的起點，但歷史卻沒有依照這個邏輯發展。

在華盛頓生前，英國化學家約瑟夫．普利斯利（Joseph Priestley）已經發現了氧化氮（有時被稱為笑氣），直接稱之為「去燃素氮氣」（dephlostigicated nitrous air）。過了沒多久，英國科學界的明日之星，年輕的漢弗里．戴維（Humphrey Davy）接續普利斯利的研究，很愉快地吸入大量氣體——我是說真的吸進去。戴維建造了一個很複雜的呼吸艙，好讓他在裡面吸個過癮。此外，他還舉辦笑氣派對，招待他那些放蕩不羈的朋友，例如吸毒成癮的詩人塞繆爾・柯律志（Samuel Taylor Coleridge），以及比較節制的勞勃・騷塞（Robert Southey），後來騷塞寫說：「我相信天堂的空氣一定是這種具有奇效的愉悅氣體。」

顯然普利斯利和戴維都發現了一種強效的麻醉劑，各地的牙醫應該直接加以運用，但兩人完全沒有針對這種目的來行銷，即使戴維曾經實驗用氮氣來治療牙痛。其後，這位大吸笑氣的年輕人出任英國皇家學會化學講師這個尊榮職位，而普利斯利則是向天國報到去了。因此，儘管氮氣顯然很可能具有醫療作用，但卻淪為巡迴舞台表演和科學演講時取悅觀眾的新奇花招，讓自願上台的倒楣鬼在觀眾周圍愉快地手舞足蹈、失足絆倒、敘述他們的幻覺，逗得觀眾哈哈大笑。

可想而知，醫學專業人士對這種騷亂不甚滿意，笑氣——可能讓手術不再疼痛的藥物——反而被當做一種逗群眾發笑的工具，獲取不誠實的聲譽。事實上，等到終於有人注意到它的麻醉功能，事情的發展仍然令人意外。美國牙醫何瑞斯・威爾斯（Horace Wells）在一八四四年看了場公開演出，想到以後病人在開刀時，只要利用笑氣，就不會產生疼痛，頓時非常嚮往。但是，儘管何瑞斯私下的試驗成功了，他的首度公開示範卻是一場不折不扣的災難。在過程中，笑氣的操作出了問題，病人從椅子上跳起來向前狂奔，大喊「殺人了」。原本可能成為奇蹟止痛法的笑氣，就這樣名譽（再度）掃地，在後續的二十年裡，笑氣不再用來治療牙齒。幸好一八四六年——緊接在古柯鹼和氯仿之後——出現了一種新的手術麻醉劑，叫做「乙醚」（ether），讓各地的病人大大鬆了一口氣。

牙齒保健

環顧四周，我們的浴室裡存放著各式各樣的護牙產品：牙刷、牙膏、牙線、漱口水，雖然未必始於現代，但這些產品的普及是相當晚近的趨勢。我們手裡拿的牙刷或許是中世紀中國的科技，但伊莉莎白女王或口臭嚴重的路易十四卻買不到。為什麼？看樣子中國這種科技就是沒有流行起來，而且根據歷史記載，從十六世紀到十八世紀之間，只有少數歐洲人使用這些發明。現代牙刷更重要的幕後功臣，應該是一個叫威廉・艾迪斯（William Addis）的人，一七八〇年，他在倫敦因為煽動暴亂而服刑期間，重新發現了牙刷的概念。據說他對擦牙布的清潔力很失望（這是可以理解的），於是在晚飯剩下的豬骨上鑽洞，然後順手把地板刷的鬃毛插進凹洞裡。在中國人發明牙刷僅僅一千年之後，艾迪斯就發明了牙刷。當然，他的行銷能力強得多，而且他創立的公司至今仍然在製作衛生產品。

好，牙刷得差不多了，主要是因為牙膏都流了下來。我們赫然驚覺應該先拉牙線才對，不過現在拉也沒關係，於是我們拿起牙線捲，用手指拉出來。這當然又牽涉到另一個問題：如果艾迪斯勉強算是發明牙刷的英雄，那牙線的發明人是誰呢？嗯，同樣地，我們的祖先大概幾千年前就開始清潔牙床，但如果要具體說出究竟是誰讓拉牙線的習慣普及化，那就要歸功於美國牙醫師勒維・史派爾・帕姆利醫師（Dr Levi Spear Parmly），他在一八一五年大力宣揚牙線對於預防性牙齒保健的好處。

帕姆利醫師到過許多地方，曾經在英國、加拿大和法國行醫，思想非常進步，認為口腔衛生的重點在於規律性的維護，而非醫師大動作的介入。他無償為兒童看牙——大好人一個——為他的歷史評價加分。他的弟弟伊里亞薩・帕姆利醫師（Dr Eleazer Parmly）是亞當斯總統（President John Quincy Adams）的私人牙醫，但是有手足默契的不只他們兩個。事實上，帕姆利家總共有五兄弟，其中四個是牙醫（剩下那個兄弟想必很害怕家族聚會，還有永遠說不完的那些有關牙垢的小故事）。從十九世紀開始，民眾能夠買到護牙產品，關心口腔衛生的帕姆利兄弟們應該很樂於看到這一點。

現在不只牙醫執業的診間裝有特殊設備，例如配有一七九〇年剛發明的躺椅，到了一八五〇年代，病人家裡也有比較好的潔牙器具可用。如今牙刷在歐洲、北美洲和東亞都非常普遍，到了一八七〇年代，浴室櫃子裡的煤煙灰、墨魚粉、鹽巴和白堊等傳統除垢粉，逐漸被一罐罐大量生產的牙粉取代。這些牙粉以新奇的肥皂為主要成分，表示真的可以把嘴巴洗個乾淨。不過，雖然牙膏的殺菌效果改善了，人們對口臭的討論卻迅速增加，而非減少，這都是因為有個狡猾的行銷活動，把一款沒沒無聞的產品捧成了全球的超級品牌。

口氣清新

刷過牙、拉過牙線，現在我們要用一種帶有詭異刺激感的調合液來漱口，好讓我們的口氣清新，並且摧毀潛伏在看不見的凹洞裡的細菌。雖然羅馬人樂於狂飲葡萄牙人的尿液，香藥草也在中世紀普遍使用，但具有殺菌效果的漱口水卻到十九世紀才出現在我們祖先的浴室櫃裡。為了紀念發現苯酚（phenol）具有殺菌功能的蘇格蘭外科醫師約瑟夫．李施德（Joseph Lister），苯酚的商業名稱就叫李施德霖（Listerine），起初苯酚只是用來治療口腔感染，或是清潔地板的化合物。

不過一九二〇年代的一個廣告高招，運用社交焦慮症行銷法——除臭劑品牌Odorono就是用類似的方法打入公眾的意識中——使苯酚現象幾乎在一夕之間爆發。雖然是路易十四的嘴巴發出類似死屍的臭味，被迫用甜味的麝香來抵擋的卻是他的情婦。但如今加害者再也跑不掉，受害者也不必被迫受罪，可以用李施德霖解決剛冒出名號的「口臭危機」，同時確保任何人都沒有薰死人的藉口。李施德霖的銷量驚人，短短七年，公司獲利就上升百分之七千，接下來的故事我們照例都知道了。

儘管衛生漱口水一夕爆紅，不過大概要到一九四〇年代，才對現代的牙齒保健產生最深遠的影響。另一個普遍的改革是在供水系統中加入氟化物，這是年輕的美國牙醫斐德烈．馬凱醫師（Dr Frederick McKay）和比較年長的布雷克醫師（Dr G.V. Black）從一九〇九年開始，經過不屈不撓的研究，所得到的發現。他們蒐集的資料顯示科羅拉多噴泉市（Springs）百分之九十兒童的牙齒出現褐斑，不過，說也奇怪，這種斑點——他們命名為「科羅拉多褐斑症」（Colorado Brown Stain）——不知道為什麼，竟然可以預防齲蝕發生。馬凱想不通這是怎麼回事，但建議居民更換水源，而且成效非凡。

後來馬凱到阿肯色州布克塞市（Bauxite）調查當地兒童是否因為地方上的鋁礦坑而產生

類似的褐斑。他聯繫這家製鋁公司的首席化學家，對方很驚訝地發現水中含有高濃度的氟化物。兇手抓到了！只不過到了一九三一年，美國國家衛生研究院（National Institute for Health）的牙科研究員丁恩醫師（Dr H. Trendley Dean）仍然在思索馬凱和布雷克最初發現的氟化物預防齲蝕之謎。丁恩推斷微量的氟化物可以預防齒齲，而又不會讓牙齒產生褐斑。一九四五年，密西根州格蘭瑞比市（Grand Rapids）成為全世界第一個在供水系統中加入氟化物的地方，不到十一年，全市三萬名孩童蛀牙的比率降低了百分之六十。

然而，口腔衛生的提升，不僅僅是因為科技的改善，還有在日常生活習慣上的文化變遷。我們早就知道，健康的士兵需要健康的牙齒，在第二次世界大戰期間，美國陸軍制訂新政策，要求部隊每天刷牙，結果令人倍感鼓舞。戰爭結束不到幾年，全球各地的牙醫都倡導每天刷兩次牙和規律拉牙線。雖然契斯特菲爾勛爵遵從這個建議，結果很悲慘地把牙齒給毀了，但使用現在質地比較軟的塑膠牙刷，把牙齒從有齒刷成無齒的危險已經被降到最低。

現在有了尖端的牙醫學，加上浴室櫃塞滿了廉價的口腔衛生產品，我們幾乎沒有任何讓牙齒齲蝕的藉口。我們今晚的浴室行程顯然已經完成，於是用冷水漱口，用毛巾擦擦嘴，醉醺醺地拖著雙腳走向臥室。

11:53 p.m.

上床睡覺

我們的牙齒乾淨了，肚子飽飽的，血液中流著過量的紅酒。雖然照例很想弄一點宵夜，但現在還是乖乖上床睡覺的好。儘管我們人類可能是卓越的科技創新者，卻仍然擺脫不了生物的需求，必須用人生三分之一的時間來睡覺。我們把派對服裝換成舒服的睡衣，走向床鋪。

床在我們生活中占有舉足輕重的地位，步入老年之後，我們挨著枕頭打鼾的時間將高達二十五萬小時左右。許多人是在醫院的病床上誕生；到了調皮的童年時期，我們拚命不讓大人打發我們去睡覺；然後到了乖戾的少年時代，我們非得睡到日正當中才肯起床；接下來我們會想盡辦法把我們心儀的對象弄上床，直到我們找到了「命中注定的那個人」，就換成了讓我們沉醉於床笫之歡的蜜月新床；但最後我們又要回到醫院的病床，身邊環繞著會發出輕微嗶嗶聲的機器，有的人就這樣躺著，在睡夢中平靜地離世。所以床有很多不同的形式，代表了床的主人在社會學上的各種層面。有高級飯店裡的奢華四柱床、帳棚裡被雨水浸濕的睡袋、朋友客廳裡的破沙發、剛粉刷的嬰兒房裡必備的那種兩側裝了圍欄的嬰兒床、侷促的潛水艇裡節省空間的雙層床、主臥室鬆軟的雙層床墊、甚至航髒巷弄裡摺起來的紙箱。

然而，儘管床的花樣繁多，卻普遍存在於人類的生活中。事實上，我們所有人都是以仰臥的姿勢開始和結束我們的每一天，而且數萬年來沒有改變。

石器時代的床

七萬七千年前，在現今南非的誇祖魯—納塔爾（KwaZulu-Natal）省，像你我這樣的人棲身在砂岩峭壁深處的西布度（Sibudu）山洞。這些智人很先進——他們的後代離開了非洲，到歐洲殖民，迫使尼安德塔人絕種，並且征服了地球——他們的創新科技包括黏膠和縫針，有了這些靈巧的器具幫忙，可以製造出有用的東西。我們每天早上鋪床，其實只是把被子拉直，不過對這些人來說，所謂的鋪床，應該是動手把收集好的一堆葉子和燈芯草縫在一起。

考古學家挖掘這些山洞時，發現了植物床墊的遺跡，當中夾雜著石器工具、燒焦的骨頭和動物脂肪，顯示人類古代的祖先晚上喜歡蓋著被子吃烤肉當宵夜。我們很多人都知道，世界上最過癮的事，莫過於在床上頑皮地大嚼不該吃的宵夜，不過這種玩法也很危險——床墊上的麵包屑是熟睡者的眼中釘、肉中刺，每次都等到凌晨三點，才對暴露在外的皮膚發動攻擊。不過我們的史前祖先要應付的另一個敵人，可比餅乾屑厲害得多——潮濕的山洞也是大批爬行昆蟲的巢穴，想當然耳，是被吃剩的動物骨頭上殘留的腐肉引來的。穴居人如何應付不停跑來跑去的蒼蠅、甲蟲和蚊子呢？

當時似乎有兩種附帶的預防系統：首先，材料的選擇。這些古代床墊包含一層用野生河桲（River Wild-Quince）的葉子組成的薄片，這種樹木會自然產生一種驅蟲的化學成分，且可能也把瘧疾帶來的致命傷害降到最低。其次，等這些床墊因為蒼蠅的糞便或動物油脂過多的關係，而變得有點粗糙，人們就會將它燒成灰燼，然後直接用新床墊把灰燼蓋住。這兩種技術的結合似乎創造了一種長期的解決方案，因為考古學家在同一個洞穴系統裡，發現了至少十五層經過焚燒的有機灰，分別來自七萬七千年前到三萬八千年前。因此，數萬年以來，人類似乎經常睡在床上，不過就像我們自己的床架、床墊和床單，這些床的壽命也是有限的。

奧克尼群島的斯卡拉布雷遺址（一個風景優美的新石器時代村落）顯示，儘管沒有金屬工具，村民照樣能在家裡擺滿永久性的家具，例如架子、櫥櫃、梳妝台、座位，當然還有床。現在還是石器時代，不過在德國，例如符騰堡（Württenburg）的新石器時代遺址，木頭開始被雕刻成這幾種家用品，然而斯卡拉布雷的人住在沒有樹木生長的地方。因此，以上證明摩登原始人並非純屬虛構，他們的家具基本上都是用石頭做的，只不過絕對不會有寵物恐龍在客廳橫衝直撞。

人類最早的床似乎是嵌進牆壁裡，但後來的設計轉而把床擺在地板上，兩邊有類似嬰兒床的圍欄，而且有兩種不同的尺寸，可能分成「男用床」和「女用床」。這看起來好像很不舒服，因為我們不難想像要蜷縮在冰冷的石板上打盹兒，是多麼難受的事。不過，他們當然願意睡在麥稈床墊上，用柔軟的動物皮墊著自己的身體。曾經有人表示，有的床可能裝了簾子來維護隱私，只不過這句話透露的，可能是在挖掘遺址的愛德華時代考古學家的社會習俗，而非斯卡拉布雷居民的習慣。

與法老共枕

今晚，我們睡的不是石塊。不，我們馬上就會睡在有四枝床腳支撐的床架上，當小孩／意外出現的配偶走進房間時，怪物／通姦者就可以躲在這種床底下。我們或許可以就此斷定，床腳是比較現代的床才有的設計……不過它們沒那麼現代。或許是注定的，歷史上最早的四腳床架又是來自埃及——這句話你大概已經聽膩了，不過再撐一會兒……本書就快要結束了！

有別於社會地位一律平等的斯卡拉布雷居民，埃及帝國是以壁壘分明的階級區分為基礎，人的社會地位會影響他們的睡眠方式。高階層的人睡的是單人床，用編織成格狀的皮帶或緊綁在床架上的蘆葦來支撐體重，四枝床腳把睡覺的人懸在地板上方。菁英階級睡的這種床，在實質和象徵意義上，都凌駕於睡在床墊上的低下農民階級，所以很值得為這幾枝床腳加上優雅的裝飾，以強調這種區隔。畢竟，如果花得起錢，你難道不會把床腳雕刻成獅爪？

不過埃及人除了虛榮外，他們還異常迷信，就像獨自躺在黑暗中的小孩，一想到黑暗中不知躲著什麼，就會嚇得驚慌失措。當時公認的驅魔大法是把保護神的畫像刻在木床架上，使床鋪充滿法力，阻止邪惡的鬼魅入侵，只可惜這張床不像迪士尼電影《飛天萬能床》（*Bedknobs and Broomsticks*）那樣可以遠距傳物。有一種次要的保護措施，帶有世俗的實用主義，是避免散播瘧疾的蚊子在晚上吸血。埃及人不知道這種疾病是怎麼傳播的，但不喜歡在睡覺時被蚊子叮咬，於是有錢人在床架周圍架起網狀的簾子來保護自己。此外，希羅多德告訴我們，窮人是睡在自己的魚網下面，睡覺時自然會聞到一股有點刺鼻的魚腥味。

石器時代的人睡覺時要靠動物毛皮和蘆葦來保暖，埃及人卻和我們一樣，床上有柔軟的被子可以保暖。埃及的富人買得起品質精良的寢具，這些床單可能一年四季都能使用，因為有時候奢華的主臥室會有比較厚的牆壁，在寒冷的冬天和熾熱的夏天，可以穩定極端的溫度。以上在我們聽來，是普通得不得了，但也不乏讓我們覺得非常離奇的地方。

我們習慣以水平的方式睡覺，但埃及人的床架似乎刻意把中間做成弓形，或甚至緩緩往下傾斜，因此必須在床尾放一張腳凳，避免床上的人滑下去。此外，更古怪的是，埃及的有錢人就寢時不用農民階級睡的那種舒服的枕頭和墊子，反而選用象牙、雪花石膏或木頭製成弧形頭靠（headrest）。這種頭靠多半安裝在裝飾柱上，可以牢牢固定頭部，這麼做可能是為了避免精心梳理的髮型在早上變形——要是在夜裡翻個身，不知道會不會折斷鼻骨或是壓扁耳朵？當然，他們可能給脖子加上軟墊，但我們無從證明。就目前遺留的證據看來，菁英階級的埃及人寧願讓頭睡在硬邦邦的頭靠上。

席地而睡

相比之下，埃及的農民住在只有四個房間的小泥磚屋，可以說是家徒四壁。在這四個房間裡，可能有一間是婦女的寢室，男人就一起睡在鋪了布墊的土台或蘆葦台上，這裡也兼做白天的沙發和用餐區，這聽起來很舒服，像是你小時候用沙發椅墊搭建的那種堡壘。一群人共寢當然必須容忍同寢者的睡眠習慣，不難想像凡是得了鼻竇炎的人，都會抱著莎草床墊被趕去屋頂睡覺，在那裡，他們惱人的擤鼻和打呼聲只會吵到鳥兒。

我們很想套用一條放諸四海皆準的定律：床鋪愈靠近地板，必然表示此人生活愈貧苦，要不然就是奴隸之身。這句話在中國或許是真的。大約三千年前，比較富有的階級睡的是架高的床，而窮人差不多只能滾到地上，白天把火堆的灰燼大量灑在一個叫做「炕」的土台上，一家人就在炕上吃飯、放鬆和睡覺。這讓人聯想到灰姑娘的童話故事，狠心的後母逼孤苦伶仃的灰姑娘睡在廚房的爐灶邊，而她惡毒的繼姊則躺在乾淨的床上，準備參加舞會要穿的華服。可惜的是，恐怕沒幾個中國農民能為自己釣到一位英俊的王子，但後來中國發展出比較先進的地下供暖系統，叫做「火地」，讓地板永久保持溫暖，而且不會有骯髒的煤灰，農民的生活也有所改善。

不過日本人就不同了。在他們的文化裡，不論階級高低，一律打地鋪。這不是說身分低下和高貴的人睡的床鋪沒有差別——窮人睡的是粗糙的稻草床墊，有錢人則選用莎草編成的榻榻米，既有彈性、又可摺疊。八百年前，榻榻米的規格開始符合一個人的身材尺寸，因此變得非常普及，可以說是現代野營捲墊的中世紀先驅，只是少了偶爾跑來咀嚼帳棚的牛。老式的榻榻米（大約180×90公分）至今仍是日本的測量單位，儘管這些墊子在十五世紀就擴大成地毯的尺寸。

雖然富有的貴族可以把自己裹在昂貴的絲綢被子裡保暖，但榻榻米聽起來不是很舒服，當時應該有很多重要人士拖著蹣跚的腳步，埋怨腰痠背痛——可惜大多數的武士電影都沒有拍攝這樣的場景。在西方人眼中，傳統的日本枕頭也一樣古怪，常常是一個塞滿蕎麥的圓柱體，用紙包起來，放在一個漆木盒上。和埃及人一樣，日本人是用枕頭來支撐頸部，而不是給頭部當靠墊，這樣就能保護精美的髮型。枕頭也有其他的款式，例如網格狀的竹枕，另外還有瓷枕，可以灌入熱水或冰水來加熱或冷卻。

十七世紀的商業蓬勃發展，棉花好買得多，於是發展出名氣比榻榻米響亮許多的「床褥」。說到這裡，我必須承認我從前一直以為床褥是一種可以變成床的低矮木製沙發，不過這是對床褥的一種西方化的摧殘。事實上，日本的床褥不需要砍樹，最簡單的床褥反而是一套床組，其中包含兩個元素：一張叫做「敷布団」的薄床墊（鋪在榻榻米上面）和一條叫做「かけ布団」的棉被，雖然長久下來，逐漸出現了其他的被子，包括類似袖毯的「夜着」——一種帶有袖子的棉被，可以穿在身上，冬天甚至可以把袖子塞滿，蓋起來更暖和。

邊走邊睡

明天早上，希望可以抽空鋪床，但這要看我們的宿醉嚴不嚴重。讓我們想像一下，鋪床不是把枕頭拍鬆，把皺成一團的被子拉直，而是拿起枕頭，摺起毛毯，從地上拿起羊毛墊子，一起塞到布織帳棚的角落，讓床鋪整個從地板上消失。有些吉爾吉斯人（Kyrgyz）現在的生活正是如此。雖然有幾件簡單的家具，身上穿的也看得出是現代服裝，但這些傳統游牧民族所睡的床，往往只是把塞了動物毛皮的絎縫毛毯（tushuks）蓋在蘆葦、氈製品或毛料編織的墊子上。既然真的必須每天鋪床，我好奇吉爾吉斯的青少年會不會仍然像那個年紀的我一樣懶惰，但我想大概不會。自從西元前八世紀，著名的西徐亞部落強盛以來，這些游牧民族生活中的每一樣東西，即使是居住的帳棚，都可以摺起來，馱在馬匹、驢子或駱駝的背上。

到了中世紀，偉大的突厥游牧民族（包括匈奴、馬札爾人、塞爾柱土耳其人和蒙古人），以摧枯拉朽的速度橫掃歐亞，把強大的歐亞帝國當成抓著他們腳踝不放的小孩一樣除之而後快。在這些掠奪者當中，某些部族——例如塞爾柱土耳其人——落地定居，並吸收波斯的影響，但仍然保持他們身分的核心元素。即使塞爾柱土耳其人後來被鄂圖曼土耳其人推翻，戰功彪炳的鄂圖曼蘇丹穆罕默德二世（Sultan Mehmed II）在布置奢華的托普卡比宮（Topkapi Palace）時，仍然延續游牧民族的傳統。或許蘇丹晚上不能把他的宮殿摺起來，丟到馬匹的背上，但他不打算在房間裡擺滿家具，宮殿裡不會有桌子、椅子或床。他不願意離開地板，堅持睡傳統的床鋪，把枕頭和墊子鋪在地板上（雖然我們可以肯定那些墊子一定非常舒服）。說起來真的很諷刺，在十九世紀受到英法帝國勢力的影響之前，鄂圖曼帝國數以百萬計的居民對家具毫無興趣，但「鄂圖曼」現在卻是一種有襯墊的低矮椅凳。

到了近現代時期，日本人和韓國人差不多，一直在地板上睡到二十世紀末，直到不久之前，西方的床征服了商業旅館之後，才悄悄滲入一般社會。然而古老的傳統似乎沒有徹底消失的跡象，在未來的數十年，人們可能照樣喜歡床褥或絎縫毛毯甚於床架和床頭板。不過今晚我們會睡在架高的床上，那麼，這種習俗當初是如何成為西方社會的主流呢？

古代沙發床

埃及農夫睡地鋪，他們的主人則一動也不動地躺在架高的床上，活像被送進核磁共振機的病人。對希臘人而言，最完美的解決方案就是結合兩者的優點。或許是因為他們對自己的髮型毫不在意，精雕細琢的頭靠被丟棄，換成了舒服的枕頭（proskefaleion）和彈性的床頭板（anaklintron），以免枕頭滾下床。於是出現了類似沙發的躺椅（kline），從而衍生出「斜躺」（recline）這個字。

這種對舒適史無前例的講究，讓希臘人晚上可以盡情翻滾，此外躺椅也可以充做白天的家具，特別是用來吃飯，以及和純屬男性的客人社交。從此床架擁有雙重功能，從一件擁有專屬房間的正式睡眠裝置，轉而模仿埃及農夫使用的那種公用地鋪，但現在這種兼具用餐和睡眠功能的家具主要是供個人使用，而非讓好幾個男人像抱著加了墊子的救生筏一樣擠在一起。當然，如果必要的話，舉辦盛宴時也可以讓好幾個人同坐一張躺椅。對於生活拮据的人而言，或許也有能力在床墊裡塞入野草、麥稈或羊毛，擺在簡陋的木床架上，然後鋪一張粗糙的亞麻布或皮革。當黑夜降臨、氣溫降低，疲倦的雅典人把自己裹在叫做stromata的厚羊毛被裡，然後慢慢進入夢鄉，想必會夢到畢氏方程式和奧運的榮耀。

希臘人的床鋪聽起來舒服得不得了，但古代世界的鋪床專家——波斯人——對這種難看的實用風格嗤之以鼻。只有那些手握大量現金的人，才搶得到著名的塞浦路斯織工：薩拉米的赫利孔（Helicon of Salamis）製作的布料，可以勉強和波斯的奢華媲美。至於大多數的人，即使相當富有，也只能拿粗糙的寢具湊合著用。堅忍的斯巴達軍人和同袍在戶外紮營，躺在薊屬植物上鍛鍊體魄，就連雅典的僕人和奴隸也享有比較好的、比較舒適的基本設備，可以躺在蘆葦床墊或大包麥稈上，有時甚至會睡在和腳踝一樣高的床架上，讓他們的地位比小狗高一級……或是和狗差不多。

然而，儘管希臘富人和窮人睡的床大同小異，中庸之道卻很快就在地中海世界走入歷史。羅馬人極力模仿希臘人——主要的手段是在戰場上擊敗他們，然後把聰明人全都貶為奴隸——把躺椅依照自己的用法改良，重新命名為lectus discubitorious，在堅苦卓絕的羅馬共和國初期，希臘躺椅的樣式幾乎沒有改變。到了一世紀的羅馬帝國盛世，波斯的華麗風格經由羅馬統治的埃及大量傳入地中海沿岸諸國。此外，紫色和金色的中國絲綢是貴族最愛使用的寢具素材。不過，不單只有布料能夠表現奢華，羅馬人也會花大錢購買雕刻雅致的木床架，以象牙、銀、黃金或其他貴金屬裝飾，做為寢宮和宴會廳最醒目的家具擺飾。

家裡愈有錢，沙發床就愈炫麗。生活糜爛的少年皇帝埃拉加巴盧斯（Emperor Elagabalus）——也是放屁椅墊的發明者——吃飯用的沙發和私人的床都是以純銀雕刻而成。純銀的沙發和床雖然是飯桌上的好話題，卻沒有辦法分散侍衛的注意力，好阻止埃拉加巴盧斯的侍衛在他年僅十八歲的時候刺殺了他。諷刺的是，埃拉加巴盧斯憑著強烈的第六感，為自己蓋了一座鑲有珠寶的自殺塔，打算一旦苗頭不對，就在塔裡用絲綢繩索上吊，或是用黃金刀子自戕。唉，真是人算不如天算？

與羅馬人同床

前面那位不得好死的皇帝睡的床叫做lectus cubicularis（寢室床），我們可以假定這張床是依照羅馬的新風潮，從地板往上架高，因此需要一張腳凳才能爬上去。此外，這張床很可能會罩上布製遮篷，為睡在床上的尊貴人士擋住灰塵、迷路的鳥、蚊子或其他任何魑魅魍魎。這種隱蔽性高的床分成單人和雙人兩種尺寸，而且無論睡覺或做愛都極為舒適，雖然有人爭論新婚夫妻圓房的地方究竟是這張私密的床，還是在叫做lectus genialis的婚禮床。

婚禮用的床也叫做lectus adversus（對面床），因為它非常公開地擺在大宅的露天中庭，位在門神傑納斯（Janus）的正對面。大多數的學者都表示這只是一張象徵性的沙發，新娘和新郎坐在這裡接待來到他們新家的賓客，但幾位很有想像力的古典學者曾經懷疑，新婚夫妻是不是當著受邀賓客的面，在這張床上行周公之禮？儘管聽起來很尷尬，但總比在生鏽的豐田汽車後座失身要舒服一點。

古典學者遭遇的主要問題在於羅馬時代的臥室很難辨識，而且留下來的床也不多，所以我們不確定一般的羅馬人如何就寢。但我們或許可以假定希臘貧窮百姓睡的那種低矮的麥稈床墊，在羅馬世界也很普遍。儘管處於輝煌盛世，這個古代帝國首都裡的赤貧百姓，一點也不比狄更斯筆下的倫敦少。

大床

我們爬上架高的床，小心不要醉醺醺地讓床架碰到腳趾或是撞到膝蓋，在這種時候，我們很容易忘記，以前的人很少擁有這種家具。如果看撒克遜人睡覺的習慣，他們似乎很少單獨一個人或是成雙成對地就寢。著名的詩篇《貝奧武夫》（*Beowulf*）指出：族長和國王的木造宴會大廳裡擺著多功能的長椅，倚著室內的牆壁，酒醉的戰士可以在長椅上睡一晚。但這首詩也描述一隻怪物衝進宴會廳，把這些戰士的手腳扯斷，所以這首詩的事實正確性有一點可疑。

中世紀的習慣是許多人一起睡通鋪。城堡和貴族家裡的僕人在空曠的大廳裡擠在一起取暖，躺的是塞了麥稈的麻袋，把頭靠在木頭上，很不舒服。事實上，隨機和各色人等同床根本是家常便飯，中世紀專為外國觀光客編纂的旅遊指南甚至翻譯了一些實用會話，用來斥責打呼的人、搶被子的人，以及會在睡夢中動來動去的傢伙。但說是這麼說，四下一片漆黑，要是找不到、看不見、也搞不清楚要用你的破英文斥責同床的哪一個人，實用會話手冊也沒什麼用。

當然，不是每個人都要被迫忍受別人髒兮兮的腳丫子踢到自己臉上。受到信任的僕人或許有資格在主人和女主人的臥室（solar），像一隻人形看門狗似地蜷縮在一張裝了輪腳的小床上。而且，屋主的床舒適的程度確實遠勝過任何人，因為他們——或許也只有他們——睡的是一張手工雕刻的木床。說來有趣，手稿、插圖和畫作中經常看得到中世紀的「大床」，往往描繪君王和聖徒非常雀躍地躺在床上休息，不過在這樣的畫面中，他們常常是直立的姿勢，看上去會以為床往下傾斜。這或許純粹是一種藝術傳統——把人畫成仰躺的樣子，看起來就像死了一樣——但其實背後或許有一個比較偏向物理學的原因。到了這個時代，儘管有些中世紀的床已經採用木板製作，仍然有很多床是把繩索綳在床架上來支撐床墊。這些床墊必然會像吊床一樣，中間會陷下去，無意間讓床上的人只好把身體扭曲成駝背的姿勢。因此，必須經常把這些繩索拉緊，因而產生了sleep tight（睡個好覺）這句有趣的晚安用語，我們到現在仍然用這句話跟小孩說晚安。

然而，即使有木板，上流社會的中世紀床鋪也會在枕頭底下塞個墊枕（bolster），把床上的人撐高一點，那麼這或許只是上流社會的人睡覺時應有的姿勢？無論如何，像這樣不能完全平躺在床上，從而發展出厚重的床頭板，以確保那些墊枕和枕頭——有些充滿了芬芳的香藥草和香料的氣味——不會從後面滑下去。綳上繩索的簡單床架先鋪上一層麥稈薄床墊，叫做paillasse，然後再蓋上一層叫做matelas的亞麻床墊，和一層叫做courtpointe的手縫棉被，然而捨得花錢的人可以享受羽絨的coquette（被子），僕人必須用特別設計的一種叫做baton de lit的棍子把被褥拍鬆拉平。如果你是有點潔癖的人，現在心裡可能想著：「哦，這真是個好主意」，但要小心，如果在巴黎的旅館下榻，千別要開口要這種東西，因為現在法文的baton de lit是男性性器官的委婉說法。

鋪床的工作聽來或許辛苦，不過在貴族的寢室裡當差是很大的榮耀，而且偉大的英國作家喬叟，在一三六七年擔任英王愛德華三世的貼身男僕時，鋪床可能也是他的工作之一。這位《坎特伯里故事集》（*The Canterbury Tales*）的作者運氣好，不是負責從爆怒的鵝身上拔床墊羽毛的倒楣鬼，而且那個倒楣鬼的勇氣還給了他另一個好處，讓他可以隨意拿剩餘的鵝毛管寫作。事實上，愛德華國王才不會委屈自己用鵝絨，要製作頂級的被褥，必須從貴氣許多，但同樣可怕的天鵝身上偷拔羽毛。

表面看來，床或許是寢室裡的永久設施，但中世紀的貴族每年有好幾個月不住在主要居所，因此他們所有心愛的財產，包括床和掛毯，都常常和他們一起上路。上流社會的床經過特殊設計，可以像組裝家具一樣拆解、隨身攜帶，然後用鐵鏈組裝起來，雖然應該不會有任何國王必須忍受少了一顆螺絲的那種令人發狂的挫折感。最後，中世紀的大床變得更大，成為地位的象徵，自然比較不可能拆解。

到了十三世紀，木作的雅致床架包含了厚重的床頭板，床頭板逐漸向前突出，然後演變成完全遮住床鋪的木造屋頂，稱為「天蓋」（tester）。從床架的四個角落向上伸出的柱子支撐著天蓋，可以用來吊掛絲綢簾子或毛皮，創造出一個密閉空間，避免床上的人被僕人窺看，或是藉此防止熱氣外洩。在文藝復興時期的義大利，天蓋和四柱床普遍換成了獨立式的床，利用繩索和滑輪，讓吊在天花板上的布製遮篷在床上優雅地擺盪。如果這聽起來很像劇院的布景，那麼恐怕就是他們想達到的效果，因為每天上床和下床時，僕人和準備上床睡覺的人就像在跳一支編好的舞，確保不會有人意外受困在昂貴的簾子裡。

國王的龍床

這種莊嚴宏偉的床不必只當做私人睡眠場所，也可以做為皇權所在地。直到路易十六的腦袋在一七九〇年代被狠狠砍斷為止，中世紀法國的君主甚至坐在他的所謂「正義之床」（lit de justice）上接見國會議員，這張床基本上是一張舒服的王座，由五個精心放置的椅墊構成，頂部罩著一張精緻的遮篷，叫做「華蓋」（baldaquin）。這整個布置的用意是提高君主的威儀，不過國王的背部應該也靠得很舒服……而且有何不可？

在群眾看不見的地方，太陽王路易十四把他位在凡爾賽的奢華宮殿變成專門頌揚他個人榮耀的聖堂，其中一個主要焦點就是他的臥室。路易年輕時親眼目睹貴族之間可怕的政治內鬥，於是想出一個辦法，指派給他們毫無意義、卻很尊貴的儀式性職責，藉此管理這些自以為是的麻煩製造者。每天早上，路易起床睜開眼睛，會在房間裡看到一批位高權重的人，但他們不是來行刺君主，其中會有一個人掀開路易床上的簾幕，下一個靠過來擦去他身上的汗珠，第三個人可能會向國王獻上預熱好的襯衫。

這一場「朝覲」（levée），或稱為「小朝」（petit levée），是君王與他的御醫，以及事先花錢疏通的親信寵臣之間一種相當親密的互動。接下來，國王會移駕到第二個房間，那裡會有上百位地位較低的貴族目睹他刮鬍子、挑選衣服，展開一天的活動。除此之外，晚上睡覺的時候，也要把這個過程反過來進行一遍（稱做coucher）。朝覲聽起來固然相當瘋狂（事實上，路易和他的後裔有時會打獵幾個鐘頭，才能做好心理準備，面對這種偷窺狂式的古怪行為），但效果卻相當顯著：貴族把全副精力用來爭奪國王襪子由誰掌管，卻遺忘了昔日叛變的念頭。英國宮廷很快有樣學樣，只不過稍微樸素一點，叫做「梳妝」（toilette）。

就算不是皇室成員，也會在臥室注入一些戲劇化的場景。如今我們大多數人只有在醫院養病，或是需要有人從藥房買感冒藥的時候，才會讓朋友待在床邊。不過在凡爾賽宮，貴族仕女在被窩裡會客，以紀念人生的重要時刻，無論是丈夫慘死，或是孩子美好的誕生。床不只是睡覺和做愛的地方而已。

和衣同床

這個青年不敢相信自己這麼走運。他大老遠跑來追求年輕的愛人，而且被她的家人當成乘龍快婿來款待。不過天黑了，馬上就是就寢的時間，他發現自己沒地方睡覺，情況突然變得很尷尬，不過未來岳父巧妙的回答卻讓他出乎意料：「你可以睡在她的房間。」想到可以和未過門的妻子親密接觸，青年不禁興奮起來，於是脫去身上的衣服，只穿內衣褲，正準備上床的時候，女方的父親拿著一個麻袋走進來。「把這個套在身上，」他說。青年乖乖照辦，這時才發現他等於穿上一件瘋人院的束縛衣。然後年輕女子身上套著一模一樣的東西，拖著腳步走進臥室，兩人爬上床時，不禁笑說他們所處的困境多麼荒謬。今晚他們或許沒辦法做些什麼事情，但至少可以相視而眠。然後突然有一塊木板從兩人中間滑下來，所有浪漫的希望一掃而空——他們或許睡在同一張床上，但其他什麼也不能做。

和衣同床（bundling）是十七世紀英國和美國的習俗，相戀的情人儘管睡在同一張床上，也能在晚上硬生生把他們分開。最近一項研究顯示，十八世紀的英國新娘有百分之四十在結婚之前已經懷孕，和衣同床的設計大概就是為了防止這種醜聞。要如何脫去身上的麻袋，並且跳過中間的隔板，這個令人筋疲力竭的難題，可能連脫逃大師胡迪尼（Harry Houdini）也解決不了，我們可以假設許多情侶大概只好認栽了。

一旦缺乏空間，常見的解決辦法就是讓大家同睡一張床，而且一直到二十世紀，愛爾蘭比較貧窮的農村家庭仍經常擠在同一張床上睡覺，這種習俗有個很可愛的說法，叫做「擠豬窩」（pigging）。既然有這麼多人要塞進一個小空間，必然會發展出相應的規定，例如男生和女生要睡在兩端，年紀最小的孩子要睡在中間，靠近父母。這種睡法產生一種照性別區分的俄羅斯娃娃效應，可能也啟發了這首童謠：「十個睡在床上，然後最小的那個說：『翻過去。』」但說來古怪，依偎在同一張床上的不只是家庭成員，如果我們入住旅館時，發現有另外一家人睡在我們的房間，我們一定驚駭莫名。不過這種出租家庭床鋪的行為，最初是荷蘭的一種傳統，叫做queesting，在十七世紀殖民時代的美國尤其盛行。上門拜訪的客人，或甚至付錢的陌生人，有時會和全家躺在一起取暖。如果現在這種習俗再次復興，許多右翼的報社編輯應該會因為強烈的道德怒火而自燃。

暖烘烘

意外殺死巨人歌利亞的以色列大衛王如今年老體弱，就算蓋了好幾層被子，晚上還是覺得很冷。於是他的臣僕好不容易找到一種新奇的熱水瓶，把一名美麗動人的童女送到老邁的國王那裡，和他同床。《列王記》（*Books of Kings*）第四章第一節的作者詳細指出大衛沒有引誘這位美貌的女子，不過就喜劇效果的角度來說，這樣有點可惜，因為她的名字叫亞比煞（Abishag，譯按：英文的shag為性交之意）。我們可以想想八卦報紙的標題會怎麼下。

我們爬進被窩時，可能決定打開電毯——這取決於有沒有人和我們同床共枕——不過，看大衛的例子就知道，這其實不是什麼現代的點子，而且人類嘗試過各種不同的方法，在晚上睡覺時取暖，其中有些方法的危險性比較高。想想納瓦拉國王查理二世（King Charles II of Navarre），他之所以離開這個世界，就是因為一場可怕的意外：好像是他機械暖床爐裡的火紅木炭把床單點燃，導致不良於行的君王像火燒聖誕布丁一樣，化為一團火焰。

查理國王不得民心，甚至被取了「惡棍查理」（Charles the Bad）這個綽號，因此有些道德主義者宣稱此事展現出上帝的殘酷正義。儘管如此，我認為歐洲各國的君主聽到這個消息，當天夜裡睡覺時應該有一點擔心自己會變成人形火種，畢竟他們大多使用相同的科技：在銅製或銀製的暖床爐裡填滿了火熱的木炭。還有一種效果較差，但安全性較高的做法，是把燒熱的石頭裹在毛毯裡。此外，生活比較拮据的人偏好裝滿熱水的陶器暖腹壺，這直到二十世紀仍然相當盛行。當然，水不是唯一可用的液體，維多利亞時期的英國首相威廉．格萊斯頓（William Gladstone）就在上床睡覺前來一壺茶來暖暖肚子。說真的，我們英國人是真的嫌人家對我們的刻板印象還不夠深，不是嗎？

孤枕獨眠

數人同床入眠，一般是需求使然，但到了十七世紀，新興的中產階級開始舒舒服服地睡在專為兩人設計的夫妻床上。不過就知名的日記作者塞繆爾．皮普斯的例子來說，這種親密關係反而數度引發尷尬的場面。有一次，他的妻子逮到他調戲女僕，於是連續三個晚上對他厲聲尖叫，後來還把他從睡夢中叫醒，從爐火中抽出燒紅的炭夾來威脅他。皮普斯事先或許沒想到一次拈花惹草會變成他揮之不去的惡夢，但這是他老母豬尿窩——自作自受。

單張床的使用人數降低，不只是因為社會變得更加富裕。特別是在英國和美國，新建的十八世紀住宅運用一種新穎的動線構造，各個房間以中庭或樓梯為中心向外放射，互相隔離，所以不必先經過其他房間，就能直接走進主臥室。因此而增加的私人空間，對社會習俗產生了連鎖效應，對隱私的執著頓時大量湧入公眾意識中。維多利亞時期的藝術家擔心引起公憤，從此不在作品中呈現臥室的場景。

不過另一個有趣的發展，是兩千年前被淘汰的單人床重出江湖。在一個肺結核和霍亂流行的時代，使用自己乾淨的床單，具有衛生上的正當性。而且那些喜歡胡思亂想的人普遍相信，小孩和大人同床會變得體弱多病，因為乾癟的老太婆會像某種皺巴巴的靈魂寄生蟲，吸取他們的青春活力。不是每個人都認同這種有點被害妄想症的觀念，著名的營養學家約翰．哈維．家樂，就在其著作《婦女健康與疾病指南》（*The Ladies' Guide in Health and Disease*）中取笑這種觀念。話雖如此，家樂對於兄弟姊妹睡在同一張床上感到擔憂，因為在他看來，這樣必定會導致「雜交」，或者是我們所謂的「亂倫」。想到這裡，你一定吃不下早餐的玉米穀片。說句公道話，他也認為不應該讓嬰兒睡在父母的床上，以免不小心窒息，根據法醫報告和中世紀聖堂收到的捐獻，前幾個世紀經常發生嬰兒意外被悶死的慘劇。

然而，當時的人不但認為孩童的處境危殆，就連已婚伴侶應不應該同床，也引發激烈爭辯。有人認為，被迫躺在打呼、放屁的伴侶身旁，只會讓浪漫氣氛一掃而空；也有人認為夫妻有一個人太熱、太冷、壓力太大或睡得太淺，免不了一定會干擾對方；道德主義者——照例——擔心兩人這麼親近，會引起不當的性誘惑；醫師則認為在別人的身體分泌物裡打滾很不衛生。德國學者柏恩哈特．克里斯多夫．佛斯特（Bernhardt Christolph Faust）在他的《健康問答教學法》（*Catechism of Health*）書中總結表示：「每個孩童，以及每個成人，最好一個人睡，才能好好睡一覺。」因此，夫妻為了健康著想，往往分開睡在兩張床上，或是兩個不同的房間。

徹夜不眠？

皮普斯或許會徹夜不眠，鼓起如簧之舌，討回妻子的歡心，不過在此之前，他未必不曾從事夜間活動。根據一套很有趣的推論，在整個中世紀，一直到十八世紀為止，人們都不會睡上一整晚，而是「首寢」（first sleep）四小時左右，然後起來閒晃一下：或許是做點菜、打掃一下、禱告、和配偶享受魚水之歡，甚至展開一場午夜連環犯罪，然後再回床上繼續睡，稱為「晨眠」（morning sleep）。法國人把中間這段時間稱為dorveille，這是一個合併詞，把「睡覺」（dormir）和「醒來」（reveiller）這兩個字組合在一起。這樣聽起來，好像法國舉國上下在集體夢遊，宛如高盧版的僵屍啟示錄，不過人們在這段時間是非常清醒的。儘管我們一定覺得很怪異，像這樣把八小時的睡眠分成各有四小時的兩個階段，其實比較符合我們的生理時鐘。或許有一天科學家會向我們大家推薦這種睡眠法。

別讓臭蟲咬了

我們窩在被子裡，床單簇新乾淨，但就算有點髒，只要丟進洗衣機，所有汙垢就會被肥皂泡的漩渦沖洗乾淨。但我們的祖先沒有這種奢華的現代設備，又是怎麼應付骯髒的寢具呢？嗯，說真的，他們不是很能應付。從石器時代和古埃及的情況看來，蚊子、虱子和其他寄生蟲是古代許多不受歡迎的床上同居者。

中世紀的情況也一樣，雖然聽說有些特別喜歡苦修的隱修士故意把跳蚤弄到床單裡，希望有機會體驗基督受的苦，但像這樣一面睡覺、一面自我折磨，是相當極端的做法，大多數的人則是想辦法趕走這些小討厭鬼。雖然卡爾特教團（Carthusian）的隱修士宣稱他們已經用吃素解決了蟲害的問題（大概是認定素食者的血可能很難聞），但一般中世紀的人還是會用各式各樣的方法來保衛床鋪不受攻擊。這些方法包括用蕨類或赤楊木的嫩枝、粗布、點燃的蠟燭、泡過松節油的麵包、一碗含有野兔膽囊的牛奶、用蜂蜜和洋蔥汁浸泡的破布，或甚至在床上鋪狼皮斗篷來布置房間。

把每天晚上想像成一場中世紀的蟲蟲大戰，布置了各式各樣的陷阱。但有趣歸有趣，這些戰術恐怕沒辦法連成一氣，而且不管怎麼說，其效果也值得懷疑。儘管如此，另一個常用的方法：把跳蚤關進上鎖的箱子裡悶死，這聽起來固然有一種卡通式的傻氣，不過理論上倒是說得通，畢竟就連跳蚤也得呼吸。床上的臭蟲多到人們根本不以為意，塞繆爾．皮普斯就寫道：「起床，看到我們的床好端端的，只不過有虱子。我們高興得很。」從我們的標準看來，這實在是一種奇怪的矛盾。

義大利人開始採用鐵床架來解決蟲子問題，因為鐵床架對虱子的吸引力低得多，但鐵了心要堅忍度日的英國人繼續使用木床架。一八一九年，一本叫做《年輕女子的美德，經濟與幸福指南》（*Young Woman's Guide to Virtue, Economy and Happiness*）的出版品建議，把生了害蟲的木家具全都放進裝滿硫酸溶液的金屬大鍋煮沸，好殺死害蟲，這實在是莫名其妙。看到這裡，腦子裡不禁浮現令人稱奇的畫面：有一個年輕女子卯足勁地把臥室的家具搬進滾得冒泡的鍋子裡。不過在實務上，我們可以假設比較聰明的女子會選擇把液體硫酸擦在家具上，而不是把整張床像一塊巨型餅乾似地泡進茶杯裡。

唉，連這一招也不是每次都有效。一八二四年，倫敦市長官邸那張掛著繡金線的花緞簾子、充滿異國風情的宏偉大床，在仔細檢查後發現「是裝了各種害蟲的容器」，只好放火焚燬。就連食古不化的英國人也必須承認，木床架命不久矣。到了十九世紀中葉，金屬床架加上可以用沸水清洗的棉床單，這樣的雙組合總算終結了臭蟲的長期統治。

別忘了翻床墊

既然十九世紀的高級住宅就有這麼多張床要鋪，照理說應該會把程序簡化才對，但這是不懂得欣賞英國維多利亞時期擇善固執的精神。在這段時期，鋪床反而成了女僕一場艱苦的耐力賽，過度積極的女主人可能每天要求她們把家裡每一張床的床單拆下來通風。值得注意的是，當時一張裝備齊全的床，可比我們現在的床要複雜得多：包括一張鴨絨被、幾個枕頭套、四張毛毯、三張床單、一張保暖墊、羽毛床墊和鋪在彈簧上的馬毛床墊。

因此，一個寬敞的住家可能只有五、六張這樣的床，但家裡的寢具卻足以讓現代的旅館用一個星期。至於笨重的床墊，女僕必須抬到窗口，然後翻過來。到了十九世紀末，高價床墊大多裝了金屬線圈做的彈簧，只不過在床墊內最上層的天鵝羽毛和最下層的稻草之間，還是塞了種類多到令人咋舌的填充物，包括馬毛、海草、木屑和樹葉。但說也奇怪，儘管羽毛床舒服得很，家樂和佛斯特之類的醫學大師卻滿懷疑慮，建議小孩絕對不可以睡在上面。

雖然鋪一張維多利亞時期的床要耗費大量精力，令人吃驚的是，居然一直等到一九七〇年代，羽絨被（slumberdown）才從瑞典傳入英國，讓這件日常家務只要一分鐘就能完成，而非耗上半小時。不過，話說回來，如今在數以百萬計的青少年眼中，光是把羽絨被拉直就是一項要命的負荷，絕對侵犯了他們的人權。

當然，我們明天早上才需要鋪床，現在該睡了。噢，不過等一下，我們記得設定鬧鐘了嗎？可惡！在需要的時候，那個該死的鐘到哪裡去了？

11:59 p.m.

設定鬧鐘

在我們讓自己有一搭沒一搭地闔眼之前，我們必須先設定第二天早上起床的鬧鐘，不然一定會睡到中午。

接下來將進入本書的最後一個部分，我們繞了一圈，又回到原點。在本書的開頭，我們談的是人類如何測量時間，但現在我們要談個人如何分割一天的時間。當然，我們的一天是從清晨的起床鈴聲開始。人造燈、厚窗簾和科技裝置讓我們得以改變日與夜的界線，我們再也用不著天一黑就睡覺，也不用天一亮就起床。然而，鬧鐘才沒有我們想像的這麼現代，從幾千年前開始，人們就在一大早掙扎著起床。這麼說來，這場晨間儀式到底進行了多久呢？

柏拉圖的煩惱

雅典學院位在一個僻靜的地點，遠離古代雅典的市中心，橄欖樹和滿牆的布簾，把這個昔日的公共花園變成一個隱密的封閉世界。遠離都市生活的喧嘩，學院裡有個地方很適合學子安靜地內省、或是激烈地辯論。這裡原先是一間體育館，充滿著生殖器晃來晃去，全身都是汗水的年輕人，但現在成了史上最偉大的教育機構所在地，哲學家柏拉圖（Plato）創辦的知名學院。照理說，一個人擁有這樣崇高的名譽，應該有大批胸懷大志的學生在門口排隊，就像在男子樂團的旅館窗外徹夜守候的忠實歌迷。然而，學生的出席率問題似乎讓柏拉圖有點苦惱——看樣子，他的學生沒辦法及時起床上他的課。

我說「看樣子」，是因為這則軼事的來源非常不可靠，不過在西元前四二七年，這位偉大的思想家——大概是被懶惰的學生傷了心——有可能打造出一個精巧的裝置，來解決他們賴床的問題，或許這就是人類歷史上最早的鬧鐘。我們對這個機械裝置一無所知，這則故事唯一的根據是阿特納奧斯筆下的一句話：「柏拉圖製作了一個鬧鐘。」後來，許許多多學者和工程師都曾想像這個鬧鐘可能是什麼樣子，其中一個說法是這樣的：鬧鐘的構造是把三個容器疊在一起，最上面的容器裝滿了水，透過一個狹窄的漏斗，慢慢流進下面的容器裡。預先設定的幾小時過去之後，一滴一滴往下流的水可能終於填滿了第二個容器，因此從側面的排氣口裡把空氣擠出去，可能就這樣產生了吹氣笛的聲音。或許只要氣笛聲一響起，水就會流進第三個容器，接下來可以用手把水重新倒回最上面的容器裡。

柏拉圖的鬧鐘聽起來也許像是個隨便拼湊出來的原始裝置，但無論原始設計是什麼樣子，在概念上來說，這似乎是一個全自動計時器，具備可設定的鬧鈴功能。因此，在我們把手伸過去撥弄鬧鐘上的按鍵時，其實只是在重複柏拉圖每天晚上可能進行的儀式。如果他想早點起床，只需要減少鬧鐘裡的水量，讓氣笛聲響得早一點。簡單得很！柏拉圖的弟子亞里斯多德顯然修改了設計，把氣笛換成了聲音更大的銅球，只要時間一到，就會掉進一個金屬盤，發出震耳欲聾的鏗鏘聲。

當然，仰賴機器是一回事，請其他人叫醒我們，也不失為一個好點子。現在旅館的櫃台人員照例會詢問客人，早上要不要打電話叫我們起床。有時我們接到的是飯店的自動晨呼服務，用聽起來像是機器人的詭異音調，透過電話向我們表達問候。不過在我的經驗裡，多半是一位很有禮貌的員工，拿起電話，在撥盤按下房間號碼，一面聽我毫無條理地咕噥著：「是誰啊？你想幹嘛？天啊，旅館失火了嗎？等一下！我失火了嗎？沒有，沒事。我沒有著火……你是哪位？」一面耐心地設法叫醒我。這種殷勤的款待聽起來或許很現代，但這種原則同樣經常出現在十九世紀忙碌的英國城市，當時的英國人會花錢請敲窗人（knocker-upper）在大街上走來走去，用一根細長的桿子敲打窗戶，直到屋裡的人清醒了為止。

這些人形鬧鐘有時是自由工作者，知道客戶的個人偏好，客戶可能用粉筆將他們希望的起床時間寫在大門或窗戶上。但如果是在占地廣大的紡織廠或工廠附近興建的一排排出租公寓，敲窗人就是公司的員工，負責在凌晨三點把工人統統叫醒。所以工人根本沒辦法糊弄他們，而且要是假裝沒聽見敲門聲，就會被老闆罰錢。令人高興的是，即使是敲窗人，也得有人及時把他們叫起來值班，所以把敲窗人從床上拖下來的人有個很漂亮的頭銜，叫做「敲窗人的敲窗人」（knocker-upper's knocker upper）——這個證據證明，即便是英語這種詞彙豐富的語言，品管偶爾也會出問題。

無論如何，可以設定鬧鈴功能的發條機械鐘在一八七〇年代首度問世，讓睡覺的人自己負責叫自己起床。這種精巧的裝置是怎麼出現的？這個嘛，要了解這個問題，我們必須大老遠回到古代，看看自動計時裝置是怎麼演進的。

滴、滴、滴

柏拉圖的氣笛裝置（如果真的存在的話）叫做clepsydra，也就是水鐘，雖然他可能加上了鬧鈴的功能，把它變成一種新奇的發明，但用水測量時間的想法恐怕起源於古埃及。大約在西元前一五〇〇年，阿蒙霍特普法老（Pharaoh Amenhotep）統治期間，有一位很有企圖心的祭司決定利用水鐘，測量白晝與黑夜的長短。不知怎麼的，他推斷出夏至的白晝有十八個小時，黑夜只有六小時，冬至這一天則剛好顛倒。我不是科學家，不過冬夜長達十八小時，這麼極端的情況似乎一定出現在北極，而他當時當然是住在溫暖的埃及。這樣看來，他是用只有四十分鐘左右的冬令季節時辰來測量時間。再不然就是他當時醉得一塌糊塗。

如今在雅典的羅馬阿哥拉（Roman agora）或許還看得到古希臘最有名的水鐘——一座

八角形的建築物，叫做「風之塔」（The Tower of Winds），可能興建於西元前二世紀。這座優雅的建築物每一邊都有一尊精緻的風神像，是古典科學界的瑞士刀，具有令人讚歎的科技三件組：日晷、風向標和水鐘……只可惜沒有牙籤。水鐘是古希臘人最喜歡的玩具，他們把水鐘當做碼表，從設定的時間開始倒數，藉此在法律審判時限制發言時間。不過，水鐘也可以度量一律以六十分鐘為基準的時辰，然而這未必是希臘人想要的。

如果和日照的步調不一致，準確的時鐘其實也沒什麼用處——當你在黑暗中跌跌撞撞，然後不小心摔下樓梯井時，自以為是的學究氣幫不了什麼忙——所以古代的工程師必須設法讓水鐘反映出日照時間的變化。儘管聽起來很古怪，不過他們面臨的挑戰就是如何把時鐘變得比較不準。最簡單的做法，是改變最上頭水箱裡的液體從外流管流出的速度，這樣可以讓填滿時鐘水箱的速度加快／減半，分別產生較短／較長的時辰。有一個可能的方法是把一個錐狀的塞子（想像一個現代浴缸排水孔的塞子）吊在一個蹺蹺板上擺盪。在夏天，蹺蹺板往下傾斜，塞子就會減緩水往外滴流的速度；到了冬天，蹺蹺板往上傾斜，把塞子拉出排水孔，讓水外流的速度更快。

或許是因為水在愛琴海燦爛的陽光下很容易蒸發，除了液體之外，還有其他類型的時鐘。裝砂粒的沙漏同樣是很容易取得的發言計時器，只不過每小時必須倒轉一次，這就像意圖打開收納刀子的抽屜，拿刀子來玩的頑皮小鬼，必須三不五時留意一下。可是羅馬帝國在四七六年滅亡以後，歐洲變得有點自暴自棄——經常被誣指為黑暗時代——有些像這樣的精密科技突然不知道失蹤到哪裡去了。如此一來，當昔日的歐洲強國企圖重新適應新環境時，其他的文化正在科技的競賽中飛躍前進。

遠方來的禮物

在九世紀初，坐在位於亞琛（Achen）的王座上，偉大的查理曼（Charlemagne）深信自己是當代無可匹敵的重量級政治人物。身為神聖羅馬帝國的皇帝——統治法國和德國的許多地方——他花了很大的心血和四面八方的國家建立外交關係，他在公關方面的排場做得很大，刻意強調他所向無敵的至高權威。四年前，他派人送禮物給他眼中的「波斯國王」，大概是希望和阿拔斯（Abbasids）結盟，聯手對付西班牙南部的伍麥亞王朝（Umayyad Dynasty），而且每次查理曼送出禮物，就期待得到對方恭敬的臣服，連教宗也不例外。所以當使節團大老遠從「波斯」帶著禮物抵達神聖羅馬帝國時，查理曼看到這位粉絲俱樂部的新成員送給他的寶物，一定高興得不得了。但這種快樂大概很快就結束了……

阿拔斯王朝的第五任哈里發：哈倫．拉希德（Sultan Harun al-Rashid），送的禮物令人大吃一驚——絲綢、燭台、香水、一頭活生生的大象。這份禮物所費不貲，而且看起來非常盛大。不過最大的禮物是一座華麗的水鐘，以黃銅製成，造型優雅，伊斯蘭的工匠似乎採用了亞里斯多德的報時鬧鐘，而且製作得盡善盡美，上面有十二扇小門，每過一個小時，就會有小球滾下來，在鐃鈸上敲一下，同時會有雕工精巧的騎士從一扇小門冒出來，活像製作精美的打地鼠遊戲機。這個鐘不但可以計算發言的時間，也是精巧的科技。

查理曼一向驕傲自負，收到這份禮物，他的感覺必然就像買一張圖書禮券給伴侶當聖誕節禮物，對方卻送了你一台包裝精美的水上摩托車。法蘭克人試圖扭轉自己在歷史上的劣勢，隱修士「結巴的」諾特（Notger the Stammerer）便寫道：

看到這幅景象，哈倫，這個名字最勇敢的繼承者，理解到查理更勝一籌的力量……因此脫口讚美說：「……我如何才不會辜負他賜與的光榮？」

但儘管大肆宣傳，蘇丹令人炫目的禮物戳破了神聖羅馬帝國自命偉大的說法。哈倫．拉希德創立了巴格達備受讚譽的「智慧之家」（House of Wisdom），查理曼原本企圖得到他的欽佩，結果就像開著一輛二手本田汽車上門炫耀，卻發現對方的車道上停著一輛嶄新的藍寶堅尼。

從這個讓人眼花撩亂的水鐘判斷，伊斯蘭世界在科技精密度上的領先不可以道里計。彷彿是為了證明這一點，在查理曼自討沒趣七十年後，中世紀另一位英勇的統治者，英國的阿弗雷德大帝（Alfred the Great），率先製作一款另類的沙漏，叫做「蠟燭鐘」，而且蠟燭燃燒的恆定性相當可靠，所以從蠟燭的融化狀態看得出時間過了幾個小時。這個想法當然很好——在水、砂和陽光之外，又加上蠟燭這個計時工具，顯示出一種講求實用的新穎設計——不過就是有一點……嗯，無趣。是我太苛刻了嗎？嗯，也許吧，不過先看看同一時間的中國在做些什麼。

「聞」得到的時間

我們現在是怎麼看時間的？選擇相當有限：我們可以請別人告訴我們，也可以看時鐘，或是像鱷魚先生（Crocodile Dundee）一樣，瞇起眼睛看太陽。要弄清楚時間，基本上不是靠視覺就是靠聽覺。但能不能用嗅覺來判斷時間呢？在阿弗雷德國王過世兩個世紀以後──中世紀中國的宋朝年間──有人發明了「香鐘」，把線香或末香放進精緻華麗的香爐裡，經過仔細校準，香焚燒的時間被標準化，如此將蠟燭鐘的技術升級，而且多了一股幽香。香燒完之後，繫有重物的鐘鈴會從香爐往下掉到一個金屬盤，發出悅耳的鐘鳴──這個類似的機械構造據稱是亞里斯多德發明的鬧鐘。這個構造本身很巧妙，但真正精巧的地方，是在每個時辰燃燒不同的香，這樣當一個人走進室內，只要聞一下就知道是什麼時辰。香鐘在住家和廟宇很受歡迎，而且傳到了日本，不過在亞洲以外的地方並未盛行。這一點實在令人費解，因為中世紀的中國比西方進步很多，西方人其實只要盜用他們的點子就行了。

中國發明家非但利用不會蒸發或凍結的水銀，改善了水鐘的可靠性，而且還把複雜的機械構造和大規模的工程學傑作合而為一。博學家蘇頌在一〇八八年製作的水運儀象台（又叫做「天衡」），就是兩者結合之後的最佳範例。水運儀象台大約十公尺高，共分三層，擺滿了時刻表、追蹤星辰運行的天文學裝置，以及會敲鐘報時的自動化小木人。令人吃驚的是，這整套裝置完全仰賴底座內部的樞輪運轉，以水迴圈，生生不息，是歷史上第一個自動化時鐘（譯按：《宋史》敘述如下，「授以古法，為台三層，上設渾儀，中設渾象，下設司辰，貫以一機，激水轉輪，不假人力」）。

水運儀象台耗時多年興建，但說來悲哀，落成不到半世紀，入侵的金兵搶奪之後拆開來搬走，後來試圖重新裝回去，才發現自己渾然不知其為何物，巨大的水鐘就此摧毀。可惜蘇頌本人一心想保有水運儀象台的祕密，將部分的設計圖藏了起來，他一死，就再也沒有人能重建水運儀象台。我指的不僅僅是中世紀的人，中國中世紀機械精巧的程度之高，就連在台中自然科學博物館委託下，負責重製縮小版水運儀象台複製品的一組現代研究人員，也難以解開蘇頌留下的謎題。

滴答

天衡是真正的「時鐘」。技術上來說，任何時間裝置都是「鐘錶」（horologue），這個字誠然比較像是哈利．波特系列小說裡的儀器，但clock這個字出自拉丁文的「鐘／鈴」（clocca），原本只是用來指涉會發出聲響的時鐘。這個語言學的演變發生在十四世紀，而歐洲在十四世紀普遍採用機械時鐘，教會例行事物的安排不必再承擔計時的責任，自然不是巧合。因此，現代鐘錶和創新的中世紀時鐘有什麼差異？又是在什麼時候從市民鐘塔轉移到家裡的客廳呢？

最早的時鐘設計方式不是非常正確，這句話說得很客氣。儘管設計相當簡單，但要描述這些時鐘的機械構造，可謂難上加難，是這樣的……中世紀的時鐘以重力驅動，但別以為這是什麼科幻小說裡的酷炫時鐘。我所謂的重力推進（gravity propulsion），指的是某種巨大重錘吊在繩索末端擺盪。這個裝置利用所謂的機軸擒縱器（verge escapement），這是一根細長、直立的桿子，上面裝了兩塊小東西（掣板）當做掣子——一塊在桿子的左邊，一塊在右邊。機軸桿同時做為一根水平橫桿的樞軸，橫桿兩端各吊著一個重錘。

一個鋸齒狀的擒縱輪——想像一頂有著大量鋸齒狀三角形尖角的王冠——抵著機軸，擒縱輪裝在一個曲柄軸的末端，緊緊盤繞曲柄軸的繩索則繫著一塊無比巨大的石頭。如此一來，因為重力的關係，石頭巨大的重量會把繩索往下拉，捲開繩索，從而帶動水平的曲柄軸旋轉。這使得擒縱輪轉動一小段距離，直到機軸桿上的掣子（掣片）擋住輪子上的鋸齒，阻止擒縱輪繼續轉動。鋸齒和掣子撞擊產生的能量使機軸桿順著軸心轉動，讓吊著重錘的橫桿（foliot）像風中的曬衣繩一樣擺動（foliot正好衍生自法語的follet，意思是像瘋子一樣跳舞的人，概括總結了我這裡的意思）。

這樣的擺動會把掣子鬆開一會兒，讓擒縱輪再次轉動，不過受到橫桿兩端的重錘影響，橫桿會擺回另外一邊，讓掣子再度卡住擒縱輪。這整個過程會一再重複，產生鋸齒撞擊掣子的滴答聲，直到纏在曲柄軸上的繩索全部鬆開，得找個倒楣的工程師爬上一排排的樓梯，把繩索重新繞回去。呼！好，我們暫時歇一會兒……畢竟現在是午夜時分，我們的腦子裡泡了一些酒精。好點沒？好，繼續。

這些時鐘雖然是絕無僅有的科技成就，也是城市文化卓越性的象徵，但安裝起來卻會弄得人仰馬翻。每一枚鐘的重量大約是四公噸左右，而發條是以笨重的鑄鐵製成，橫桿的重錘必須和現代的汽車差不多一樣重。可想而知，把這種巨大的裝置搬進五十呎高的鐘塔，是一項艱鉅的作業，需要鐵匠、繩索編織工、木匠、砌磚工人、石匠、鑄鐘匠和鐘錶製造者之間多年的細心合作。而且，就算搬上去了，一旦安裝完成，這些恐怖的東西經常故障，必須維修或更換。儘管如此，到了十四世紀，由於機械發條裝置的改良，時鐘也可以敲出整點數字，這樣下午四點一定會發出噹噹噹噹四聲鐘響，藉此提醒人們實際的時間，而不是只有噹的一聲，不知道究竟是幾點鐘。

不過當時還沒發展出現在所知道的時鐘，我們完全看不懂中世紀的鐘面。在十四世紀之前，時針的位置是固定的，由整點的數字在鐘面上旋轉，機軸鐘的準確度太低，根本沒必要裝分針。當時需要的是一個天生就比較穩定的系統，確保時鐘按照規律的拍子滴答滴答，就像……嗯，發條。螺旋彈簧（coiled spring）讓機軸鐘開始有了進步，促進了時鐘的迷你化，英格蘭的伊莉莎白一世才能在聖誕節收到別人餽贈的精緻腕錶。不過，螺旋彈簧並非解決這個問題的靈丹妙藥——後來的鐘擺反而才是鐘錶史上改變遊戲規則的大玩家。

鐘擺效應

傳說大約在一五八一年，一位年輕的醫科學生在比薩的仿羅馬式穹頂大教堂望彌撒的時候，開始東張西望。這座大教堂蓋得美輪美奐，讓人忍不住打量錐形的圓柱如何從地板冒出來，變成黑白相間的大理石圓拱，然後向上攀升，仰望著天空的方向，凝視內圓頂裡貼了金箔、繪製了壁畫的天花板。或許是上方圓頂的這種美讓他無法專心望彌撒，或許他只是覺得神父講道的聲音很沉悶，但這個年輕人抬起頭，發現有一樣東西有趣得不得了，他不由得看呆了。一盞香爐燈吊在中殿的天花板上，輕輕地來回擺盪，把神聖的芳香劑灑在信徒身上（這是阿奎那的建議）。青年被香爐宛如節拍器的節奏吸引，開始用自己的脈搏測量香爐燈擺一次要多少時間。

但這不過是個普通的香爐，在渾然不覺的信徒頭頂上來回擺盪，為什麼讓這位青年看得這麼入神？這個嘛，這是因為它有一種反常得很詭異的能量，把香爐擺過來，然後再盪回去，然而依照常理來說，香爐應該在本身重量的拖累下停止擺盪。幸好他看得這麼仔細，因為他無意間發現了自然界迷人的鐘擺效應。這個好奇、很容易分心的年輕人是誰呢？對教堂裡大多數的人來說，他只是一個在彌撒過程中做白日夢的普通學生，不過歷史雖然把其他望彌撒的人都遺忘了，卻對這個叫伽利略（Galileo Galilei）的年輕人手下留情。

從這個單純的偶然開始，伽利略對鐘擺的研究持續了許多年，並且率先發現一個違反直覺的定律：兩個長度相同的鐘擺會以相同的速率擺盪，即使其中一個鐘擺的速度比較快，擺盪的弧度也比較大。當然，這不過是這位義大利名人的諸多重大知識成就之一，他在天文學方面也有卓越的成就，但我們不能只讚美伽利略一個人。畢竟十七世紀有許多偉大的科學研究，他在歐陸的同儕——他們很多人把彼此的理念像打排球一樣你來我往，互相激盪——包括笛卡爾、布萊茲・帕斯卡（Blaise Pascal）和馬蘭・梅森（Marin Mersenne），全都是參加酒吧機智問答的好幫手，只要不問太多和板球有關的瑣碎問題就好。

但天賦異秉的人也不只這些。在伽利略過世短短二十五年後，英格蘭的皇家學會匯集了一群優秀的知識分子，包括實驗哲學界的披頭四：牛頓、克里斯多夫．雷恩（Christopher Wren）、勞勃．胡克（Robert Hooke）、勞勃．波以耳（Robert Boyle）。有這幾位科學家坐鎮，鐘錶學的發展一定會更上一層樓，但伽利略日後雖然對時鐘稍有涉獵，卻始終沒有真正做出屬於自己的時鐘——他太忙於罵教宗白癡，以及為「波西米亞幻想曲」（Bohemian Rhapsody）式的盛名做準備（譯按：「波西米亞幻想曲」是皇后合唱團〔Queen〕的暢銷金曲，也是英國史上第三大暢銷單曲），所以反而是荷蘭科學家克里斯蒂安．惠更斯（Christiaan Huygens）率先在一六五七年把鐘擺加進時鐘的構造裡，取代中世紀的計時器所用的橫桿。但儘管有所改善，惠更斯設計的時鐘一天短少了六十秒。十七世紀科學界的巨擘當然不會只有這點本事吧？

嗯，當然不只。事實上，法國神學家馬蘭．梅森（公平地說，只稱呼他神學家，就像把米開朗基羅〔Michelangelo〕當做室內設計師一樣）早在一六四四年就發現三十九．一吋長的鐘擺搖晃的時間剛好是一秒鐘，為惠更斯的時鐘帶來突破性的進展。然而，儘管有了這個發現，還是不能把秒擺（Seconds Pendulum）安裝在惠更斯一六五七年設計的時鐘裡，因為秒擺必須和另一種新工具搭配才行。記得中世紀時鐘裡的桿式機軸擒縱器嗎？嗯，把鐘擺放進那個擒縱器裡，必須擺盪大約八十度才起得了作用，而且把三十九．一吋的鐘擺塞進一個大到足以讓它搖晃八十度的時鐘裡，就像試圖在上鎖的衣櫃裡跳康康舞，在實務上窒礙難行。

英國科學家勞勃・胡克——他是皇家學會的喬治・哈里遜（George Harrison，譯按：披頭四合唱團的吉他手），才華洋溢，卻總是被世人遺忘——另闢蹊徑，發明了錨式擒縱器（anchor escapement）。基本上，這是把一個金屬爪懸在鋸齒狀的擒縱輪上方，把三十九・一吋的鐘擺搖晃的弧度縮小到四度。如此一來，鐘擺不必使勁搖晃八十度，只要像熱鬧的迪斯可舞廳裡放不開的舞客，稍微左右晃一下就好。有了這兩個巧妙的搭檔，我們如今在牆壁上看到的鐘面——疾走的分針追趕著慢吞吞的時針——終於產生了。這種時鐘一天的誤差恐怕不到一秒，更重要的是，人們其實可以把時鐘裝在自己家裡，不必從樓梯拖上巨大的鐘塔。

最早製作這些家用時鐘的人，是一六七〇年代的英國工匠威廉・克萊門（William Clement），他把細長的鐘擺和雙指針的鐘面塞進一個用木材和黃銅打造的高聳木箱，這樣的設計旋即風靡一時，至今仍在古董界相當流行。事實上，你說不定曾經從親戚那裡繼承這種老爺鐘，或是在拍賣會買過。不過，雖然我們覺得這些是漂亮、有點過時的老古董，在三百五十年前，這種機械時鐘卻是迷人的科技。在喜歡追求時髦的查理二世統治期間，背心是標準的時髦裝束，專為這種背心設計的懷錶雖然價格不斐，卻可以讓人充滿自信地四處炫耀。而且，如果對城市感到厭煩，在設備齊全的家裡也有一座優雅的老爺鐘，宛如世界級的捉迷藏玩家，以堅定不移的耐心在客廳默默數著一秒又一秒。

時間不再受到教會或勢力強大的中世紀行會所規範，擺脫了高聳鐘塔的日常禱告通知和重大宣告。在幾千年之後，時間終於可以任由人們隨意運用和浪擲。人們唯一要做的就是定期上發條，而且最後連這個工夫也可以省去。畢竟，我們的鬧鐘是電子式的，但我們或許覺得這是二十一世紀才有的奢侈品，但電子時鐘真的有這麼現代嗎？別管我們的老爺鐘，我們的曾曾爺爺看不看得懂電子時鐘？令人驚奇的是，他們恐怕真的看得懂。

「現在」時間？

我們躺在床上，在黑暗中笨拙地設定鬧鐘。這是一個插電的塑膠盒，顯示數位鐘面，放在床頭櫃上，如果把它敲開——老實說吧，很多人早上都會氣呼呼地用力捶這個東西——我們在裡面看到不會是小鐘擺，反而比較可能是一個晶體。一九二九年，有人發現石英在電子迴路裡會產生高頻率的共鳴，這種自然振盪會釋放出極度恆定的節奏脈衝，這讓石英征服全世界，成為製造大眾市場計時器的關鍵科技。不過，過了將近四十年，才有廠商用石英晶體來製造消費性產品，這表示在一九七〇年代之前的一百五十年間，還有其他幾種電子時鐘。

最早的電子時鐘，可以追溯到一八一五年，拿破崙和威靈頓在滑鐵盧戰場火併的時候。義大利物理學教授朱塞佩．贊波尼（Giuseppi Zamboni）製作的靜電鐘，是把兩個電性相反的乾電池放在鐘擺的兩側，然後靠靜電荷使鐘擺盪來盪去。雖然看起來很像我們在小學物理課做的基礎實驗，但乾電池的電荷其實很高，據說足以讓時鐘滴答滴答地走上五十年，因此可謂一鳴驚人。

但儘管這個電子時鐘的原型很省電，靜電鐘沒有被大量行銷，十九世紀最成功的大眾產品反而是電磁鐘，看名字就知道，這種時鐘是用帶電的磁鐵來排斥和吸引鐘擺，讓它來回擺盪。從一八四〇年代以後到第一次世界大戰之前，我們的祖先如果夠有錢，就可能會擁有這台計時裝置，只不過普及的程度還遠不及機械鐘。到了一九三〇年代，許多民宅都接上了輸電網，電磁鐘便被同步電子時鐘取而代之，後者的驅動力來自輸送到民宅插座的交流電產生的自然振盪，大約五十到六十赫茲。

同步電子時鐘徹底揚棄了鐘擺，鐘擺絕佳的恆定性在將近三百年後成了過去式，未來要慎防小孩把金屬物品塞進通電的插座（我弟弟小時候在法國做過這種事，結果咻地一聲飛到房間的另一頭！）現在我們床頭櫃上的鬧鐘可能還是靠交流電驅動，不過從一九七〇年代以後，大多數的時鐘和手錶都改用石英晶體的振盪來驅動機芯。剛開始的時候，這種計時器是尖端產品，能弄到一支LED手錶，足以讓人樂得神魂顛倒，但現在一支基本石英錶的價格，連個像樣的三明治都買不到。我甚至看過石英錶被放在早餐玉米穀片的盒子裡當贈品。

無論是靠什麼動力驅動，大多數的時鐘依然維持傳統，繼續讓分針和時針在鐘面旋轉，威廉·克萊門一六七〇年代的美學，在一九七〇年代依然盛行。不過，從七〇年代到現在，數位顯示變得更為普及。幸好，我們不用被投射到螢幕上的內部運算弄得頭昏眼花，螢幕不會顯示數位雜訊快速變動的頻率，而是透過某種聰明的數學換算，把這些頻率變成二進位數字，然後轉換成顯示螢幕上的時、分和秒，讓我們看一眼，別過頭，等到上班要遲到了，再對它大聲咆哮。

但今晚鬧鐘是我們的朋友，不是敵人，等我們好不容易按下正確的按鍵，設定了明天叫我們起床的時間，總算鬆了一口氣的時候，只覺得房間的景物愈來愈朦朧，肌肉累得動不了。我們在二十一世紀的家裡度過了一個疲倦又愉快的星期六。我們今天做的一些事，是我們曾祖父一輩子都辦不到的，現代的服裝、食物、水管設施和衛生裝置的品質都讓人放心，把我們生活的危險降到最低，而且舒適宜人。

然而，如果石器時代的祖先「烏」和「努」搭乘某種精巧的時光機來到我們家，我們的每一種日常儀式，他們應該幾乎都看得出來。他們一樣用水洗澡、吃農作物和動物、喝醉酒、和其他人同桌吃飯、剔牙、看時間，而且在床上睡覺。

自從人類出現以來，已經有一千零七十億人辛苦地應付著每天的生存問題，而且隨著每個新世代的到來，會有一個評估的過程，決定要保存或更換舊有的做法。但這種永無休止的文化變動的最核心，正是像你我這樣盡力改善自己的命運，同時手忙腳亂地應付日常生活困境的人。歷史不會自我重複——人類才會。

明天我們又要自我重複一遍。但現在我們應該說一句「晚安」、睡個好覺，而且別讓臭蟲咬了……

誌謝

本書的幕後有許多功臣，如果要一一致謝，恐怕要多寫一章，因此請原諒我長話短說。

我之所以有今天，要感謝我親愛的家人。尤其是我優秀的哥哥從來不在我面前炫耀他過人的聰明才智，他很好心。而我父母親則是世上最仁慈、最支持兒女的父母。我對人類的行為有這麼大的熱情和好奇，當然是拜他們所賜。

我也很幸運能交到幾個堅定、慷慨、聰明又有趣的朋友。有的是我五歲就認識的，有的是前幾年才認識的朋友，但他們幾位對我的人生都有難以估量的助益。我恐怕得請他們喝很多酒，即使只是為了我每次一開口就說：「你知不知道…？」而向他們賠罪。

我也必須感謝獅子電視台的理查·布萊德利（Richard Bradley）和比爾·洛克（Bill Locke）讓我到電視台工作，即使我每次到他們的辦公室上班時，總是頂著一頭藍色的頭髮、穿著印上撒旦骷髏的重金屬T恤。同樣地，我深深感謝《糟糕歷史》（*Horrible Histories*）節目的喜劇天才：卡洛琳·諾里斯（Caroline Norris）、吉爾斯·皮爾布羅（Giles Pilbrow）和多明尼克・布瑞格斯塔克（Dominic Brigstocke），在我用我考究的歷史事實摧毀他們的笑話時，他們信任我對歷史的判斷，除此之外，在我笨拙地嘗試喜劇創作的神祕藝術時，他們也不吝賜教。

至於這本書，它的誕生完全要歸功於我了不起的經紀人唐諾・溫契斯特（Donald Winchester）。在他同意和我簽約之前，我和他在一家咖啡廳碰面，花了九十分鐘的時間向他推銷一個構想，其實他聽了五分鐘就知道基本上沒辦法出版。其他經紀人也許會直接叫我走人，但唐諾慈悲為懷，等我喋喋不休地把話說完之後，才問我有沒有其他的構想。幸好有。後來我們一直合作愉快。

我在奧萊恩（Orion）出版社的編輯碧・海明（Bea Hemming）聰明過人，是她提議這本書要以現代為背景。她讓我第一次有機會成為作者——我一直想寫書，但總是不知道從何寫起——並且很有耐心地教我好文章的關鍵在於剪裁，所以我對她有雙重的感激。誰不知道？她已經刪得很客氣了。

當然，出版一本書要動用大批人力，而奧萊恩出版社高手如雲。雖然我想對每一位同仁致謝，不過最應該感謝的當然是永遠帶給人快樂的荷莉・哈利（Holly Harley）、行銷大師克蕾兒・布列特（Claire Brett）、瑪莉莎・荷賽（Marissa Hussey）與漢娜・艾金森（Hannah Atkinson），以及公關天后凱特・萊特—莫里斯（Kate Wright-Morris）。我的文稿編輯凱・麥克穆蘭（Kay Macmullan）表現得可圈可點，把我的標點符號改到讀者看了不會傷眼，還揪出了很多未完成、不知所云的句子。改好之後，看到我的文字被海倫・艾文（Helen Ewing）

排版排得這麼漂亮，忍不住打從心裡高興。史提夫・馬京（Steve Marking）和哈利・海森姆（Harry Haysom）設計的封面看得我眼珠子都快掉下來了。我也必須向保羅・荷賽（Paul Hussey）致敬，全靠他這位准將讓整個作業順利進行。

我寫這本書的時候沒有請研究助理，因此也要衷心感謝專業級的推特史學家，他們很仁慈地看我的草稿，並建議如何改善／指出嚴重的錯誤。他們不僅是德高望重的學者，也很友善、機智、充滿魅力。如果你有上推特，儘管追蹤他們：彼得・法蘭克歐磐博士（Dr Peter Frankopan）、約翰・蓋勒格博士（Dr John Gallagher）、安柏・布夏特博士（Dr Amber Butchart）、佛恩・瑞德爾博士（Dr Fern Riddell）、凱特・懷爾斯博士（Dr Kate Wiles）、蘇菲・海伊博士（Dr Sophie Hay）、莎拉・歐文博士（Dr Sara Owen）、馬修・波普博士（Dr Matthew Pope）、蕾貝嘉・希吉特博士（Dr Rebekah Higgitt）、凡妮莎・海吉博士（Dr Vanessa Heggie）、克里斯・諾頓博士（Dr Chris Naunton）、吉莉安・肯尼博士（Dr Gillian Kenny）和莎拉・佩瑞博士（Dr Sara Perry）。

推特不只讓我認識了這些優秀的史學家，也讓我一天獨自在辦公室坐上十六小時也不會發瘋。如果你曾經發推特文給我，或是一起玩過我充滿雙關語的文字遊戲，那麼大可驕傲一下，因為你，我才沒有把我的許多書拿出來，蓋出一座臨時避難所，在裡面冬眠。真的，我一個月至少有一次想這麼做。謝謝，推特！

最後，我必須向我美麗的妻子致敬。雖然我們在一起十年，可是一直到這次寫作期間，我們才訂婚、買房子、結婚。我本來就是個不好相處的人，而且情緒起伏不定。不過，儘管我有諸多缺點——加上她兩年來必須和一台過熱的筆電和一間大圖書館分享老公——她的耐心、支持和愛心總是永無止境。有她在我身邊，我非常感激。謝謝妳，凱特。

精選書目

我在寫作前的準備過程中讀了幾百位卓越史學家的研究，在你放下這本書之前，我只想向他們表達謝意。歷史是一門協力完成的學科——包含大量不停變化的知識——而且全靠一批批努力不懈的學者打造而成，他們在自己的領域勤奮鑽研，然後把他們的發現和我們分享。若非他們超人的好奇心、勤奮和天分，我根本不可能有機會寫這本書。嗯，除了他們，也多虧了大量的巧克力餅乾。

牛頓有一句名言，說他是「站在巨人的肩膀上」，猶如一位自信的天才從高處傲然俯瞰這個世界。我其實有懼高症，所以只能笨手笨腳地爬上巨人的小腿，偷聽他們的對話，盡可能擷取他們淵博的知識。這本書的用意不是要寫一本權威性的日常生活史，而是料理一道美味的歷史拼盤，把我十年來因為職業好奇心所蒐集的美味一起端上桌。不過，如果讀者想深入了解得更深入，以下我列了一份精選書單，值得各位仔細品味。如果想知道完整的書目，請上我的網站：www.gregjenner.com。

時間

Empires of Time: Calendars, Clocks, and Cultures, Anthony F. Aveni (Basic Books, 1989)

Time's Pendulum: The Quest to Capture Time-From Sundials to Atomic Clocks, Jo Ellen Barnett (Perseus Books, 1998)

The History of Clocks and Watches, Eric Bruton (Black Cat, 1989)

At Night's Close: Time in Times Past, A. Roger Ekrich (Phoenix, 2006)

The History of Time: A Very Short Introduction, Leofranc Holford-Strevens (Oxford University Press, 2005)

Seize the Daylight: The Curious and Contentious Story of Daylight Saving Time, David S. Prerau (Thunder's Mouth Press, 2005)

廁所

Privies and Water Closets, David J. Everleigh (Shire Publications, 2008)

Flushed: How The Plumber Saved Civilization, W. Hodding Carter (Atria, 2007)

Sitting Pretty: An Uninhibited History of the Toilet, Julie L. Horan (Robson, 1998)

Bum Fodder: An Absorbing History of Toilet Paper, Richard Smyth (Souvenir Press, 2012)
Clean and Decent: The Fascinating History of the Bathroom and the Water Closet, Lawrence Wright (Penguin, 2000)

食物

Food in the Ancient World, Joan P. Alcock (Greenwood Press, 2006)
Oxford Companion to Food, Alan Davidson (Oxford University Press, 1999)
Food: A Culinary History, Jean-Louis Flandrin & Massimo Montanari (eds.), Albert Sonnenfeld (trans.) (Columbia University Press, 2013)
Feast: Why Humans Share Food, Martin Jones (Oxford University Press, 2008)
The Cambridge World History of Food (2 vols.), Kenneth F. Kiple & Kriemhild Conee Ornelas (eds.) (Cambridge University Press, 2000)
Bread: A Global History, William Rubel (Reaktion, 2011)
An Edible History of Humanity, Tom Standage (Atlantic, 2008)

洗滌

Clean: An Unsanitized History of Washing, Katherine Ashenburg (Profile, 2011)

The Book of the Bath, Francoise de Bonneville (Rizzoli International, 1998)

Bogs, Baths & Basins, David J. Everleigh (Sutton, 2002)

Clean: A History of Personal Hygiene and Purity, Virginia Smith (Oxford University Press, 2008)

寵物

Amazing Dogs: A Cabinet of Canine Curiosities, Jan Bondeson (Amberley, 2013)

A Perfect Harmony: The Intertwining Lives of Animals Throughout History, Roger A. Caras (Purdue University Press, 2001)

Some We Love, Some We Hate, Some We Eat: Why It's So Hard to Think Straight About Animals, Hal Herzog (Harper Perennial, 2011)

Looking at Animals in Human History, Linda Kalof (Reaktion, 2007)

Reigning Cats and Dogs: A History of Pets At Court Since the Renaissance, Katherine MacDonogh (Fourth Estate, 1999)

In the Company of Animals: A Study of Human-Animal Relationships, James Serpell (Cambridge University Press, 1996)

Medieval Pets, Kathleen Walker-Meikle (Boydell, 2014)

溝通

Masters of the Post: The Authorized History of the Royal Mail, Duncan Campbell-Smith, (Penguin, 2012)

America Calling: A Social History of the Telephone to 1940, Claude S. Fischer (University of California Press, 1994)

Revolutions in Communication: Media History from Gutenberg to the Digital Age, Bill Kovarik (Continuum, 2011)

The Invention of News: How the World Came to Know About Itself, Andrew Pettegree (Yale University Press, 2014)

The Victorian Internet: The Remarkable Story of the Telegraph and the Nineteenth Century's On-Line Pioneers, Tom Standage (Bloomsbury, 2014)

Writing on the Wall: Social Media-the First 2000 Years, Tom Standage (Bloomsbury, 2013)

衣服

The Devil's Cloth: A History of Stripes, Michel Pastoureau (Columbia University Press, 2001)

Cotton: The Fabric that Made the Modern World, Georgio Riello (Cambridge University Press, 2013)

Japanese Fashion: A Cultural History, Toby Slade (Berg, 2009)

The Berg Companion to Fashion, Valerie Steele (ed.) (Berg, 2010)

用餐禮儀

Food in Chinese Culture: Anthropological and Historical Perspectives, K.C. Chang (ed.) (Yale University Press, 1977)

Around the Roman Table: Food and Feasting in Ancient Rome, Patrick Faas (Chicago University Press, 2009)

The Art of Dining: A History of Cooking & Eating, Sara Paston-Williams (National Trust Books, 2012)

The Invention of the Restaurant: Paris and Modern Gastronomic Culture, Rebecca L. Spang

(Harvard University Press, 2001)

The Rituals of Dinner: The Origins, Evolution, Eccentricities and Meaning of Table Manners, Margaret Visser (Penguin, 1992)

Consider The Fork: A History of How We Cook and Eat, Bee Wilson (Penguin, 2013)

酒

Man Walks into a Pub: A Sociable History of Beer, Peter Brown (Pan, 2011)

The Spirits of America: A Social History of Alcohol, Eric Burns (Temple University Press, 2004)

And a Bottle of Rum: A History of the New World in Ten Cocktails, Wayne Curtis (Three Rivers, 2007)

Drink: A Cultural History of Alcohol, Iain Gately (Gotham Books, 2009)

An Inebriated History of Britain, Peter Haydon (The History Press, 2005)

The Story of Wine, Hugh Johnson (Mitchell Beazley, 2004)

Uncorking the Past: The Quest for Wine, Beer, and Other Alcoholic Beverages, Patrick E. McGovern (University of California Press, 2011)

Champagne-Classic Wine Collection, Maggie McNie (Faber and Faber, 2000)

A History of the World in Six Glasses, Tom Standage (Atlantic Books, 2007)

牙齒衛生

Medicine in the Days of the Pharaohs, Bruno Halioua & Bernard Ziskind (Harvard University Press, 2005)

The Making of the Dentiste, c. 1650-1760, Roger King (Ashgate, 1998)

The Greatest Benefit to Mankind: A Medical History of Humanity from Antiquity to the Present, Roy Porter (Fontana, 1999)

The Excruciating History of Dentistry, James Wynbrandt (St Martin's Press, 2000)

床

At Home: A Short History of Private Life, Bill Bryson (Black Swan, 2011)

Sleeping Around: The Bed from Antiquity to Now, Annie Carlano & Bobbie Sumburg (University of Washington Press, 2006)

The Time Traveller's Guide To Medieval England, Ian Mortimer (Vintage, 2009)

If Walls Could Talk, Lucy Worsley (Faber and Faber, 2012)

總類

The Horse, The Wheel, and Language: How Bronze Age Eurasian Riders Shaped the Modern World, David W. Anthony (Princeton University Press, 2010)

Pompeii: The Life of a Roman Town, Mary Beard (Profile, 2009)

China's Golden Age: Everyday Life in the Tang Dynasty, Charles D. Benn (Oxford University Press, 2004)

Handbook to Life in Ancient Mesopotamia, Stephen Bertman (Facts On File, 2003)

Daily Life in Ancient Rome: the People and the City at the Height of Empire, Jerome Carcopino (Penguin, 1991)

The Oxford Illustrated History of Prehistoric Europe, Barry Cunliffe (Oxford Paperbacks, 2001)

Cro-Magnon: How the Ice Age Gave Birth to the First Modern Humans, Brian Fagan (Bloomsbury, 2010)

Science: A 4000 Year History, Patricia Fara (Oxford University Press, 2010)

Daily Life of the Ancient Greeks, Robert Garland (Hackett, 2008)

The Leopard's Tale: Revealing the Mysteries of Catalhoyuk, Ian Hodder (Thames and Hudson, 2011)

Furniture: A Concise History, Edward Lucie-Smith (Thames and Hudson, 1979)

A Cabinet of Roman Curiosities, J.C. McKeown (OUP USA, 2010)

Ancient Worlds, Richard Miles (Cambridge University Press, 2008)

The Prehistory of the Mind: A Search for the Origins of Art, Religion and Science, Steven Mithen (Phoenix, 1998)

The Indus Civilisation: A Contemporary Perspective, Gregory L. Possehl (AltaMira, 2010)

The Lost Civilisations of the Stone Age: A Journey Back to Our Cultural Origins, Richard Rudgley (Century, 1998)

The Cambridge Companion to the Aegean Bronze Age, Cynthia W. Shelmerdine (Cambridge University Press 2008)

Life of the Ancient Egyptians, Eugen Strouhal, Deryck Viney, Werner Forman & Geoffrey T. Martin (Liverpool University Press, 1997)

【Historia歷史學堂】MU0053

用一天說歷史：從石器時代到數位時代，你的一天是人類累積的百萬年

A Million Years in a Day: A Curious History of Everyday Life

作　　者❖葛瑞格．詹納（Greg Jenner）
譯　　者❖楊惠君
封面設計❖萬勝安
排　　版❖張彩梅
校　　對❖魏秋綢
總 編 輯❖郭寶秀
責任編輯❖邱建智
行銷企劃❖羅紫薰

發 行 人❖凃玉雲
出　　版❖馬可孛羅文化
104台北市民生東路二段141號5樓
電話：886-2-25007696
發　　行❖英屬蓋曼群島商家庭傳媒股份有限公司城邦分公司
104台北市中山區民生東路二段141號11樓
客服服務專線：(886) 2-25007718；25007719
24小時傳真專線：(886) 2-25001990；25001991
讀者服務信箱：service@readingclub.com.tw
劃撥帳號：19863813　戶名：書虫股份有限公司
香港發行所❖城邦（香港）出版集團有限公司
香港灣仔駱克道193號東超商業中心1樓
電話：(852) 25086231　傳真：(852) 25789337
馬新發行所❖城邦（馬新）出版集團 Cite (M) Sdn. Bhd.
41-3, Jalan Radin Anum, Bandar Baru Sri Petaling,
57000 Kuala Lumpur , Malaysia
電話：(603) 90563833　傳真：(603) 90576622
讀者服務信箱：service@cite.my

製版印刷❖中原造像股份有限公司
二版一刷❖2023年2月
定價420元 (紙書)
定價294元 (電子書)

ISBN 978-626-7156-54-4 (平裝)
ISBN 9786267156568 (EPUB)

城邦讀書花園
www.cite.com.tw

國家圖書館出版品預行編目(CIP)資料資料

用一天說歷史：從石器時代到數位時代，你的一天是人類累積的百萬年／葛瑞格．詹納（Greg Jenner）著；楊惠君譯. -- 二版. -- 臺北市：馬可孛羅文化出版：英屬蓋曼群島家庭傳媒股份有限公司城邦分公司發行, 2023.02
面；　公分. --(歷史學堂；MU0053)
譯自：A million years in a day : a curious history of everyday life
ISBN 978-626-7156-54-4（平裝）

1. CST: 文明史　2. CST: 世界史　3. CST: 生活史

713　　111020520